U0913648

权威·前沿·原创

皮书系列为
“十二五”“十三五”国家重点图书出版规划项目

中三角蓝皮书

BLUE BOOK OF

CHANGJIANG MIDDLE REACHES MEGALOPOLIS

长江中游城市群发展报告（2017）

DEVELOPMENT REPORT ON CHANGJIANG MIDDLE REACHES MEGALOPOLIS (2017)

主　编／秦尊文

副主编／彭智敏　张　静

社会科学文献出版社

SOCIAL SCIENCES ACADEMIC PRESS (CHINA)

图书在版编目（CIP）数据

长江中游城市群发展报告．2017／秦尊文主编．--
北京：社会科学文献出版社，2017．11
（中三角蓝皮书）
ISBN 978－7－5201－1617－6

Ⅰ．①长…　Ⅱ．①秦…　Ⅲ．①长江中下游－城市群－
发展－研究报告－2017　Ⅳ．①F299．275

中国版本图书馆CIP数据核字（2017）第256241号

中三角蓝皮书
长江中游城市群发展报告（2017）

主　　编／秦尊文
副 主 编／彭智敏　张　静

出 版 人／谢寿光
项目统筹／邓泳红　吴　敏
责任编辑／宋　静

出　　版／社会科学文献出版社·皮书出版分社（010）59367127
地址：北京市北三环中路甲29号院华龙大厦　邮编：100029
网址：www.ssap.com.cn
发　　行／市场营销中心（010）59367081　59367018
印　　装／北京季蜂印刷有限公司

规　　格／开　本：787mm×1092mm　1/16
印　张：17.75　字　数：268千字
版　　次／2017年11月第1版　2017年11月第1次印刷
书　　号／ISBN 978－7－5201－1617－6
定　　价／89.00元

皮书序列号／PSN B－2014－417－1/1

本书如有印装质量问题，请与读者服务中心（010－59367028）联系

中三角蓝皮书编委会

主要编撰者简介

秦尊文 湖北省社会科学院党组成员、副院长，博士生导师，长江中游城市群研究中心主任，湖北发展战略研究院执行院长；“中国区域经济50人论坛”成员，中国社会科学院生态文明研究智库研究员，科技部特聘专家，中国城市经济学会副会长；湖北省人大立法顾问，湖北省政府咨询委员，湖北省政府学位委员会学科评议组成员，湖北省区域经济学会会长，武汉大学、中国地质大学、中南财经政法大学、中南民族大学、长江大学、江汉大学等高校兼职教授（研究员）。《长江中游城市群发展规划》《长江中游区域市场发展规划》编制专家组组长。

彭智敏 湖北省社会科学院长江流域经济研究所所长，研究员，区域经济学专业硕士研究生导师组组长，长江中游城市群研究中心副主任；湖北省人民政府参事，湖北省区域经济学会副会长兼秘书长。参与了长江中游城市群发展规划研究和发展战略研究。

张　静 湖北省社会科学院长江流域经济研究所副所长，副研究员，硕士生导师，长江中游城市群研究中心副主任。近年来主持国家社科基金课题和国家社科基金重大招标项目子课题各一项。湖北省社会科学院首届和第二届青年学术骨干，先后获湖北省社会科学院第一届、第二届李达青年学术奖。参与了长江中游城市群发展规划研究和发展战略研究。

路洪卫 湖北省社会科学院财贸研究所副所长，副研究员，长江中游城市群研究中心副主任，赛马彩票研究中心副主任。湖北省社会科学院首届青年学术骨干。曾主持省社科基金课题“长江中游城市群体制机制创新研究”和“复兴大武汉与长江中游城市群协同发展战略研究”等。科研成果获省政府颁发的二等奖1项、三等奖2项。

摘　要

国务院正式批准《长江中游城市群发展规划》以来，湖北、湖南、江西三省按照“一极三区”的战略定位，奋力推进长江中游城市群建设。“一极”就是“中国经济新增长极”。改革开放以来，长三角、珠三角、京津冀被公认为中国经济发展的三大增长极，但都在沿海地区。长江中游城市群第一个被国务院明确为新增长极，可以说是“第四极”。“三区”就是“中西部新型城镇化先行区、内陆开放合作先行区、‘两型社会’建设引领区”。

全书由总报告、专题报告和区域报告三部分组成，共计13篇研究报告。总报告重点分析长江中游城市群“一极三区”建设概况，认为通过打造中西部新型城镇化先行区、内陆开放合作先行区、“两型社会”建设引领区，可以将长江中游城市群建设成为绿色增长极，为全球可持续发展做出中国示范。专题报告有6篇研究报告，主要开展长江中游城市群协同发展、城市综合实力、生态环境保护、产业发展、军民融合、对外开放等专题研究。区域报告有6篇研究报告，分别研究湖北、湖南、江西三省各自推进长江中游城市群建设的做法和成效，还对跨省的长江中游城市群省会城市合作、通平修次区域合作进行了专门研究。正是跨区域合作的不断推进，才使长江中游城市群保持着旺盛的活力和强大的发展后劲，才使中国经济新增长极的打造不断取得新进展、新成效。

目　录

Ⅰ　总报告

Ⅱ　专题报告

Ⅲ 区域报告

皮书数据库阅读**使用指南**

总　报　告

General Report

B.1 打造中国经济新增长极

秦尊文　彭智敏　张　静*

摘　要：国务院批准《长江中游城市群发展规划》以来，湖北、湖南、江西三省努力打造“中西部新型城镇化先行区、内陆开放合作先行区、‘两型社会’建设引领区”，取得了丰硕成果。应进一步加强合作，共同将长江中游城市群建成中国经济绿色增长极。

关键词：长江中游城市群　湘鄂赣　新增长极

* 秦尊文，湖北省社会科学院副院长、长江中游城市群研究中心主任，研究员，博士生导师，博士；彭智敏，湖北省社会科学院长江流域经济研究所所长、长江中游城市群研究中心副主任，研究员；张静，湖北省社会科学院长江流域经济研究所副所长、长江中游城市群研究中心副主任，副研究员，硕士生导师，博士。

2015年3月26日，国务院正式批准《长江中游城市群发展规划》，明确了“一极三区”的战略定位。“一极”就是“中国经济新增长极”。改革开放以来，长三角、珠三角、京津冀被公认为中国经济发展的三大增长极，但都在沿海地区。长江中游城市群第一个被国务院明确为新增长极，可以说，就是“第四极”。“三区”就是“中西部新型城镇化先行区、内陆开放合作先行区、‘两型社会’建设引领区”。我们认为，“一极”是长江中游城市群的总目标和整体定位，“三区”则是“一极”的三大支柱和功能定位。

一　打造中西部新型城镇化先行区

湖北、湖南、江西三省按照国家要求，努力在探索与东部沿海异地城镇化不同的模式上下功夫，以城市圈（群）为主体形态推进新型城镇化，打造农业转移人口“就近城镇化”的典范。

（一）湖北省以武汉城市圈引领新型城镇化建设

1. 进一步做强武汉城市圈

“武汉城市圈”由湖北省社会科学院学者于2001年底提出。由武汉以及周边黄石、鄂州、孝感、黄冈、咸宁、仙桃、潜江、天门等8个中小城市构成的武汉城市圈，总面积5.8万平方公里，占全省的31.2%；2016年常住人口3144.81万人，占全省的31.2%；2016年完成地区生产总值20147.78亿元，占全省的59.5%。

武汉城市圈纳入国家战略十年来，重点推进了五个一体化建设。一是推进交通一体化。目前已建成武汉至黄石、武汉至黄冈、武汉至咸宁、武汉至孝感等城际铁路。武汉城市圈环线高速公路东西环进一步完善，并在全省率先实现村村通客车。二是推进产业一体化。东湖高新区在圈域内共建“园外园”已达20余家，围绕汽车、化工、纺织、临空经济等产业，武汉、孝感、黄冈、潜江等市进行产业有序流动与双向转移。三是推进市场一体化。

武汉城市圈市场主体冠名已基本实现同城化，圈域内异地冠武汉市行政区划名称的企业超过1000家。积极搭建武汉城市圈银企合作平台，开展集中营销，2015年以来多次组织重点项目银企对接活动，项目企业共获得银行授信支持超过1000亿元。工商登记注册机关的协调联动机制进一步健全。四是推进生态环境保护一体化。建成17个跨界断面水质自动监测站。规模化推广应用可再生能源。制定并组织实施《武汉城市圈可再生能源建筑应用发展规划（2015～2020年）》，大幅提高可再生能源在建筑中的应用比例。五是推进基本公共服务一体化。重点支持武汉市优质医疗卫生资源向圈内其他城市转移，目前，华中科技大学同济医学院附属同济医院等医院托管了黄石、咸宁、鄂州及汉川等市人民医院。武汉城市圈公共文化服务体系基本完备，实现城市圈公共图书馆的文献通阅服务，尝试通借通还。

2. 加快推进宜荆荆城市群建设

2010年初，湖北省政府开始推动宜荆荆城市群建设。宜荆荆城市群范围包括宜昌、荆州、荆门3市26个县市区，面积约4.65万平方公里，占全省的25.01%。2016年常住人口1373万人，实现地区生产总值6957.2亿元，分别占全省的23.33%和21.54%。宜荆荆城市群地处长江中游，是《长江中游城市群发展规划》中长江发展轴与二广发展轴的交汇区域。交通条件便利，铁路、公路、水路、航空、管道等多种运输方式齐备。宜昌是全国性综合交通枢纽，荆州是长江重要港口城市，荆门是国家通用航空业综合示范区。三市中心城区相互距离不到100公里，在地理上构成一个等边三角形，并形成“一小时交通圈”。

宜荆荆城市群在继续做强三个中心城区的同时，通过新区建设强化三市空间相向发展。一是宜昌三峡新区向荆州方向拓展。目标是打造一个集承接长江下游转移产业和中上游转移人口、优化提升三峡船闸通过能力、促进三峡区域生态环境保护等诸多功能于一体的国家级新区。二是荆州李埠新区向宜昌方向发展。利用高新技术产业开发区品牌，依托太湖港农场、李埠镇，以公路、水运为集疏运，利用荆州市两江转运节点区域、物资集散中心带动产品包装、农副产品加工产业发展。三是荆州纪南生态文化旅游区向荆门方向发展。四是荆门漳河新区向宜昌方向发展。五是荆门纪山产业集中区与荆州纪南文化旅游区和荆州城区对接发展。

3. 谋划启动“大武汉城市圈”建设

早在2002年初，“武汉城市圈”概念尚未正式提出，湖北省社会科学院学者提出建设“大武汉都市圈”，认为“大武汉只能以江汉平原为腹地”，“应当有个二级城市群，即宜昌、荆州、荆门构成的江汉平原西部城市群”。[①] 2003年武汉城市圈刚刚形成之初，湖北省社会科学院学者就提出“武汉城市圈范围偏于鄂东，它还应当向西扩展。要构建湖北长江中游城市群，就必须把荆州、荆门、宜昌包括进来”。[②] 2008年7月25日，首届泛长三角合作与发展论坛在上海举行。湖北省社会科学院学者在论坛上提出，我国正在形成“长江中下游城市群连绵区”，这一城市群连绵区由五大城市圈（群）连接而成：大武汉城市圈、大长株潭城市群、环鄱阳湖城市群、大皖江城市带、大长三角城市群（其中包括安徽4市）。[③] 这个“大武汉城市圈”就是武汉城市圈加上宜荆荆城市群。

2015年3月经国务院批准的《长江中游城市群发展规划》，又将襄阳市全域纳入长江中游城市群范围。2016年9月26日，长江中游城市群暨武汉城市圈首届发展改革合作学术论坛在武汉召开。武汉、襄阳、宜昌、荆州、荆门及武汉城市圈各市发改部门负责人参会。[④] 会上，湖北省社会科学院秦尊文副院长介绍了长江中游城市群暨武汉城市圈合作与发展的历史、现状及发展趋势，并提议将《长江中游城市群发展规划》划定的湖北省范围命名为“大武汉城市圈”，即武汉、黄石、黄冈、鄂州、孝感、咸宁、仙桃、潜江、天门、襄阳、宜昌、荆州、荆门。该提议得到有关方面的重视。

---

① 秦尊文：《大武汉“集团城市”发展层次分析》，《长江论坛》2002年第2期。

② 秦尊文：《长江中游经济区的建立与发展》，《江汉论坛》2003年第12期。

③ 秦尊文：《长江中游城市群构建》，湖北人民出版社，2010，第159页。

④ 武汉市发改委区域经济发展处：《长江中游城市群暨武汉城市圈首届发展改革合作学术论坛召开》，武汉市发改委网，2016年9月27日。

（二）湖南省以四个城市圈建设做实环长株潭城市群

1. 发挥长株潭城市群先导作用

湖南是新中国最先由政府推动城市群建设的省份，早在1984年就开始推进长沙、株洲、湘潭经济区建设（后被称为“长株潭城市群”）。2006年以后，范围扩大到岳阳、常德、益阳、衡阳、娄底五市，称为“3+5城市群”，后定名为“环长株潭城市群”。围绕率先成为全国“两型社会”建设示范区、重要的先进制造业基地、高技术产业基地和现代服务业中心、具有湖湘文化特色的现代化生态型城市群等定位，长株潭城市群突出抓了三个方面：一是完善基础设施条件，缩短城市群内部的时间距离，加强与外部联通；二是推进生态环境保护工作，妥善处理长江与洞庭湖的关系，增强洞庭湖调蓄能力，有效保护湿地和物种，扎实推进长株潭城市群的生态“绿心”、湘江流域综合治理、洞庭湖区生态环境保护等重大“两型社会”项目；三是加强水系管理，发挥最大效益，合理调度水资源，发挥最大作用。

2. 发挥岳阳城市圈长江门户作用

岳阳是湖南唯一临长江的城市。《湖南省“3+5”城市群城镇体系规划》提出建设岳阳城市圈。其范围是岳阳主城区、临湘市区、岳阳县城。岳阳城市圈建设基础较好，岳阳是洞庭湖生态经济区最早的呼吁者、建设的发起者，岳阳城陵矶港是湖南唯一通江达海的深水口岸，先后获批综合保税区、进口肉类指定口岸、汽车整车进口口岸、进口粮食指定口岸和固废进口指定口岸。应借助洞庭湖生态经济区上升为国家战略的机遇，将岳阳打造成湖南对外开放第一门户，做大岳阳城市圈。

3. 推进常德城市圈内部融合

根据《湖南省“3+5”城市群城镇体系规划》，常德城市圈包括常德主城区、临澧县城、桃源县城、石门县城。近期，常德市明确提出，以常德市区（武陵区、鼎城区及德山开发区）为中心，以澧县、津市为副中心，以长张高速和207国道为发展轴，辐射带动全市加速发展。澧县、津市位于湘西北、洞庭湖西岸，地处澧水下游澧阳平原，彼此相距很近，可共同建设湘鄂边界的中心城市。随着长江经济带、洞庭湖生态经济区等国家发展战略的实施，常德市澧县、津市两县市的战略地位显著提升。为了积极配合并落实国家发展战略，澧县、津市大力推进融城化建设，共建湘西北增长极，已成为两地社会经济发展的必然趋势。

4. 增强衡阳城市圈发展活力

根据《湖南省“3+5”城市群城镇体系规划》，衡阳城市圈包括衡阳主城区、衡阳县城、衡山县城、衡南县城、衡东县城。衡阳城市圈建设十分注重增强中心城区辐射能力。深入推进交通融城战略，先后启动城市轨道交通前期工作，加快推进怀邵衡铁路衡阳段、瓦松铁路及湘江2000吨级航道衡阳至株洲段等项目建设。加快“西延、北延、南延”建设。提升城市群管理水平，大力建设海绵城市、智慧城市，构建城市防洪防涝、山洪地质灾害防御体系。加强城市供水及能源通道建设。

（三）江西省建设“一主两翼”城市群

1. 以环鄱阳湖城市群为主体

环鄱阳湖城市群位于江西北部、长江中下游南岸，包括南昌、鹰潭、景德镇3市全境，以及九江、新余、宜春、抚州、吉安、上饶的部分区域，共38个县（市、区），面积为5.12万平方公里（含鄱阳湖全部湖体），约占全省面积的30%。在资源能源压力不断加大、生态环境承载力日益趋紧的情况下，江西积极探索出生态与经济协调发展、人与自然和谐共生的新型城镇化路子。

一是做强南昌大都市区，其包括以南昌市中心城区为核心、周边100公里范围的区域，即包括南昌市中心城区、抚州市中心城区、南昌县、新建县、安义县、奉新县、高安市、丰城市、樟树市、进贤县、东乡县、余干县、永修县等在内的“一小时经济区”。

二是做大九江都市区。以九江市中心城区为核心，沿江联动瑞昌市、九江县、湖口县、彭泽县，向南联动德安县、共青城市、庐山市，强化城镇发展和资源要素集聚，推进沿江开放开发，带动修水县、武宁县、都昌县发展，打造鄱阳湖生态经济区建设新引擎、中部地区先进制造业基地、长江中游航运枢纽和国际化门户、全省区域合作创新示范区。

三是深入推进昌九一体化。目前，昌九一体化规划体系基本形成，交通一体化顺利推进，公共服务同城化迈出大步，产业对接互补扎实推进，工作取得初步成效。重点建设好 2016 年 6 月国务院批准设立的江西赣江新区。其范围包括南昌市青山湖区、新建区和共青城市、永修县的部分区域，规划面积 465 平方公里。把建设好江西赣江新区作为实施国家区域发展总体战略、推动长江经济带发展的重要举措，为促进江西经济社会发展和中部地区崛起发挥更大的作用。

四是深入建设鄱阳湖生态经济区。20 世纪 80 年代以来，江西省实施“灭荒”造林、“山上再造”和“跨世纪绿色工程”三大战役，下大力气治理水土流失，森林覆盖率提高近 1 倍，鄱阳湖水面增加 40% 多，使鄱阳湖成为我国五大淡水湖中水质最好的湖泊。

2. 以新宜萍城镇群为西翼

新余、宜春、萍乡属赣西地区，未被纳入鄱阳湖生态经济区，但在长江中游城市群中占有较重要的地位，《长江中游城市群发展规划》中专门有一段表述：“长沙、株洲、湘潭 - 新余、宜春、萍乡。共建湘赣开放合作试验区，统筹规划跨省市铁路和高速公路、省际连接线等重大基础设施建设，推动城际客运公交化建设，加强产业分工协作，打造赣湘边界红色旅游带和跨省产业合作示范区。”在这一大背景下，新余、宜春、萍乡联手建设新宜萍城镇群，并启动了《新宜萍城镇群发展战略规划（2015～2030）》编制。规划提出：“将以重大基础设施的建设为先导，转变发展方式，加强区域协调，重塑空间体系。依托咸宜井铁路、渝长厦铁路和蒙吉铁路分别途经宜春、萍乡和新余的优势，将目前的东西发展轴升级为网状经济带，尽快融入长江中游城市群。”新宜萍城镇群将建设新余 - 分宜、宜春 - 万载、萍乡 - 芦溪等三大组合城市，形成“组合城镇群”。从省域层面看，新宜萍三市之间距离相近，城镇发育密集。与昌九经济带“两头重，中间轻”的哑铃结构不同，新宜萍城镇群的县域规模更平均，其中不乏丰城、樟树这样的经济强县在周边支撑。在经济发展新常态下，赣西地区作为全省老工业基地，迫切需要经济转型，抱团提升产业竞争力。此前江西省提出的《关于支持赣西经济转型加快发展的若干意见》，也需要通过新宜萍城镇群的构建予以落实。[①] 根据规划，还计划建设一条赣西城际快速路，将城镇群串联起来，并强化与南昌大都市区空间衔接，与长株潭城市群合作对接，促进长江中游城市群真正形成一个有机整体。

3. 以信江河谷城镇群为东翼

国务院批复的《长江中游城市群发展规划》在“构建多中心协调发展格局”一节中，提到了“信江河谷城镇群”。信江河谷城镇群，以上饶市中心城区为核心，包括周边的广丰、玉山、横峰、弋阳、铅山五个县，面积达1万多平方公里，又称“1+5”城镇群。

打造信江河谷城镇群，是推动上饶科技创新、产业升级，进一步激发市场活力，加快城市建设步伐，做大做强中心城区的重大战略举措。要全面提升信江河谷城镇群和经济带建设水平，努力把信江河谷城镇群打造成上饶产业转型升级和经济发展的“引擎”，为建设四省交界现代化区域中心城市和江西绿色崛起重要增长极做出新贡献。

2014年通过的《上饶市“1+5”信江河谷城镇群规划》要求尽快建立健全“1+5”信江河谷城镇群规划体系，着力打造快速通道相连、绿色空间过渡、功能设施互补、产业分工协作的生态宜居城镇簇群。按照同城化、一体化、均等化的要求，抓紧各专项规划编制，制定引导基础设施建设、基本公共服务体系建设和社会发展领域建设方面的政策措施；建立健全“1+5”多层次合作协调会商机制，推动城镇群有序发展，强力推进5个县城全面对接中心城市，全面融入中心城市。

二　打造内陆开放合作先行区

国务院批复的《长江中游城市群发展规划》明确要求：“构建统一开放

① 陈璋：《发力赣西，江西省打造新宜萍城镇群》，《江西日报》2016年2月19日。

的市场体系和高水平的对外开放平台，深化全球合作和国际交流，打造内陆地区全方位、多层次开放合作的先行示范区。”

（一）推进开放平台建设，拓宽开放合作渠道

1. 加快湖北自贸区建设

自贸区是推进改革和提高开放型经济水平的“试验田”。长江中游城市群地处长江经济带腹地，对外开放水平长期落后于东部沿海地区。以中国（湖北）自由贸易试验区获批建设为契机，积极推进贸易便利化、投资自由化、监管法治化。加强与上海自贸区、重庆自贸区的对接与融合，加强理念接轨、体制接轨、产业接轨、人才接轨，以全球视野、国际规则开展先行先试，有序承接产业转移。

2. 建设实体性平台

发挥综合保税区的特殊功能和政策效应，推进港口基础设施建设，将武汉新港、宜昌港、荆州港、岳阳港、九江港建设成为开放型经济的核心区、先导区。依托国家级和省级工业园区，创新体制机制和管理模式，加大投入力度，完善园区设施，加强产业配套，增强园区外向型项目承载能力。进一步强化口岸功能，加强与沿江口岸的互补合作，融入沿江五港通关一体化。

3. 口岸平台建设成效显著

近年来，湘鄂赣三省口岸数量稳步增长。湖北拥有武汉机场、三峡机场、武汉港、黄石港 4 个一类口岸，武汉东湖综合保税区、武汉出口加工区、武汉新港空港综合保税区等 3 个海关特殊监管区域，黄石棋盘洲保税物流中心、宜昌三峡保税物流中心、襄阳保税物流中心、仙桃保税物流中心、荆门保税物流中心等 5 个保税物流中心（B 型）。湖北建成及在建的进境商品指定口岸达到 9 个；湖南拥有批准建设口岸及具有口岸功能的开放平台 48 个，其中，一类口岸 3 个，综合保税区 5 个，指定口岸 10 个；江西拥有南昌（航空）和九江（水运）两个一类口岸。2016 年 9 月，赣州港获批成为全国内陆第八个临时对外开放口岸和中国内陆首个国检监管试验区。特别是，阳逻港已成为长江中游的集装箱枢纽港，武汉港中西部“出海口”的

地位正在形成。

4. 共建承接产业转移平台

目前，国家批复的6个国家级承接产业转移示范区中，有两个在长江中游城市群，分别是湖南湘南、湖北荆州。充分发挥长江中游城市群资源丰富、要素成本低、市场潜力大的优势，将产业梯度转移的区域发展目标与国家主体功能区建设紧密结合，探索建立省际产业转移统筹协调机制，引导产业转移有序推进。探索重点开发区域承接产业转移有效模式。积极发展“飞地经济”，鼓励以委托管理、投资合作等多种形式与东部沿海地区合作共建产业园区。国家发展和改革委员会、商务部要加大对长江中游城市群承接产业转移示范区建设的支持力度，推动江西建设承接产业转移平台。

5. 发展服务型平台

打造协会服务平台，建立政府资助重点行业协会发展和购买服务机制。加大金融平台建设力度，支持境内项目使用外汇转贷款。发展壮大武汉航运交易所，争取建设岳阳、九江航运交易所，带动长江中游货物在武汉、岳阳、九江中转和多式联运。积极拓展境外营销网络建设，支持三省企业在沿线地区建设国际营销网络和售后服务体系，发展跨境电子商务。

（二）推进国际产能合作，打造开放合作引擎

1. 推动传统优势产业“走出去”

钢铁、水泥、建材、机械等是长江中游城市群的传统优势产业，近年来加快了“走出去”步伐。2013 年，华新水泥在塔吉克斯坦建成第一条新干法生产线，填补该国水泥自产的空白。2016 年，华新水泥塔吉克斯坦二期年产 100 万吨水泥生产线已经顺利开工运营，尼泊尔项目也在着手推进。湖南、江西积极推进资源勘探开发走出国门，仅湖南就有资源勘探开发类境外企业 124 家。“走出去”符合供给侧结构性改革精神，既能促进企业有效利用国内国外资源和市场，又能帮助发展中国家提升制造能力，解决就业，实现双赢。进一步加快“走出去”，必将增强长江中游城市群的全球影响力和市场竞争力。

2. 加强先进装备制造企业合作

长江中游城市群一些先进装备制造企业已经率先“走出去”，如中联重科成功进军白俄罗斯。湖北汽车产业已显示出强劲势头：2014 年东风集团 8 亿欧元收购 PSA 集团 14% 股份，并列第一大股东，将进一步深化在全球范围内的全价值链合作；襄阳汽车轴承股份有限公司收购波兰 KFLT 轴承公司 89.15% 的股份，成功并购波兰最大的轴承制造企业；恒天汽车已成功并购荷兰吉拉芙卡车公司，实现非道路重型载货汽车、危化品应急救援车和高档客车的转型升级。在继续加强汽车产业国际合作的同时，发挥武汉、株洲轨道交通装备制造优势，加快推进轨道交通装备制造等企业“走出去”。

3. 发展境外战略性新兴产业

目前，湘鄂赣三省已有战略性新兴产业类境外企业数百家，其中湖南省就有 156 家。湖北在国内国外同步推进北斗产业，泰国成为北斗导航系统的首个海外用户。2014 年 6 月，泰国首批北斗地基增强站建成投入使用，未来规划在泰国建设北斗地基增强站 220 个，建设覆盖整个东盟的北斗地基增强系统。2016 年，继长飞光纤印尼光缆生产厂投产后，南非工厂也着手开建；美国是全球医药研发和制造最发达的国家，技术门槛最高。2009 ~ 2010 年，人福医药在美国设立销售团队和研发中心，以零缺陷的优异表现通过美国 FDA 认证。2016 年，人福医药出资 5.5 亿美元收购了美国药企埃匹克公司；安琪酵母俄罗斯年产两万吨酵母项目进展顺利，实际投入 5000 余万美元，进入工厂主体建设阶段。发展境外战略性新兴产业是今后长江中游城市群推进国际产能合作的一个重要方向。如依托荆门通用航空产业综合示范区、南昌航空工业城和景德镇直升机产业基地，加强与“一带一路”沿线国家合作，着力引进先进的通航运营与航空服务企业，大力发展航空物流、展览、旅游及培训，打造航空产业国际合作示范区。

4. 联合开展对外承包工程

近年来，长江中游城市群积极贯彻落实中央“一带一路”倡议，加快企业“走出去”步伐，取得显著成效，对外承包工程规模不断扩大。三省对外承包工程业务长期保持优势地位。2014 ~ 2016 年，湖北工程企业在

“一带一路”沿线国家累计完成营业额和新签合同额均突破百亿元大关，居中部六省之首。电力、交通、房建、市政等领域工程带动效应突出。中建三局参与建设巴基斯坦卡拉奇至拉合尔高速公路，合同金额达 28.9 亿美元。葛洲坝集团承接安哥拉卡古路卡巴萨水电站项目，合同金额达 45.3 亿美元。武汉大桥局在缅甸、泰国、孟加拉国、柬埔寨、南非、印度、马来西亚、澳大利亚、土耳其等国家和地区承揽工程，被评选为国际十大桥梁承包商；江西、湖南对外承包工程业务发展也较快，湖南在“一带一路”沿线国家对外承包工程营业额 10.43 亿美元，占全省总额的 1/3，主要集中在科威特、泰国、马来西亚、老挝等国，投资行业以公路桥梁、电力设施等领域的工程建设为主。江西国际、中鼎国际和江西中煤等 3 家企业连续多年入围全球最大 250 家国际承包商。

“一带一路”沿线国家多数基础设施建设欠账较多，而三省在基础设施建设发展方面不仅有成功经验，而且有竞争力较强的配套产业。参与国外基础设施建设，能带动建筑、工程机械等领域相关企业抱团出海。要抓住“一带一路”倡议实施、亚投行建立等机遇，扩大国际产能合作，真正做到优势互补，互利共赢。

5. 抱团建设境外经贸合作区

境外经贸合作区是由中国商务部牵头与相关国家政府部门达成协议，并通过中国企业建设的工业园区。在合作区的建设过程中，中国政府还可给予 2 亿 ~3 亿元的财政支持和不超过 20 亿元的中长期贷款。目前长江中游三省已各自建立了一些海外经贸合作园区，要以此为基础，积极争取建成国家级境外经贸合作区。三省要抱团合作，获取整体效益。一省已开办的境外园区，可以作为另外两省的海外基地、办事处，引导企业进驻设厂，集聚式发展，降低投资成本，也是应对贸易保护主义抬头、减少贸易摩擦的重要举措。

（三）引进国际资金技术，提升开放合作水平

长江中游城市群积极对接世界 500 强、行业龙头企业和战略投资者，

着力引进产业集群和跨国公司区域总部、营运中心、研发中心，积极营造法治化、国际化、便利化的营商环境，培育引进外资新优势。城市群内首个国家自贸区——湖北自贸区积极探索建立与国际投资和贸易规则体系相适应的管理体制，对外商投资实行准入前国民待遇和负面清单管理制度，对外商投资企业设立及变更实行备案制，进一步减少或取消外商投资准入限制等。

2016 年，湖南实行招商引资重大项目全程免费代办制，规范外资项目审批流程，进一步缩短审批时限。江西以举办第四届世界绿色发展投资贸易博览会为契机，积极安排重大招商活动；湖北积极利用 2016 年“华创会”寻求投资合作机遇。

城市群引进外资取得明显成效。2016 年长江中游城市群湘鄂赣三省合同外资为 314. 7 亿美元，实际利用外资 334. 1 亿美元，占中部地区实际利用外资的 49. 5%，三省实际利用外资增长均在 10% 以上。其中，湖南 2016 年新批外资项目 661 项，同比增长 17. 6%；合同外资 206. 4 亿美元，同比增长 74. 5%；实际利用外资 128. 5 亿美元，同比增长 11. 1%。沃尔玛、麦当劳都在长沙设立了区域总部，宜家家居落户湘江新区，德国舍弗勒集团落户湘潭经开区。截至 2016 年底，湖北、湖南分别引进世界 500 强企业 257 家、140 家；湖北引进外资银行 8 家，武汉成为中部地区外资金融机构最多的城市。从外资依存度来看，2016 年长江中游城市群湘鄂赣三省平均外资依存度为 2. 7%，略低于中部省份的平均外资依存度 2. 8%，高于全国平均外资依存度 1. 1%。

海内外高层次人才是科技创新、产业升级的重要力量。围绕区域重大战略部署和重点产业人才需求，长江中游城市群三省积极推动引进国外高层次人才与先进技术。自 2016 年以来，三省均出台了深化人才发展体制机制改革的实施意见，扩大用人主体自主权，健全人才引进培养支持机制等。湖南省人力资源和社会保障厅开通了引进海外高层次人才网上服务大厅和微信服务公众号，与省委组织部、省公安厅、省财政厅、省外事侨务办公室、长沙海关等 13 个窗口组成单位的办事系统（政务平台）实现了业务对接，可办理出入境、外国专家证书、社会保险、医疗保健、海关和涉外管理等多项业务，实现了“一站式受理、一次性告知、一条龙服务”，为海外人才提供便捷服务。长江中游城市群引智、引技取得显著成效。截至2016年底，湖北累计引进外国专家16586人次，其中有28人入选国家“外专千人计划”，人数位于中部第一、全国前列。江西2016年通过项目引进124名高层次外国人才，较上年增长67%，引进外国人才3200人次，比2004年增长3.8倍，12年来全省累计引进外国人才30754人次，主要集中在教育和制造业，南昌留学人员创业园已实现开发区与新区的全覆盖。

外国专家活跃在长江中游城市群经济社会发展的各个领域，为跟踪和引进国外先进技术提供了支撑，促进了长江中游城市群高新技术产业的发展，加速了产业转型升级的步伐，取得了良好的经济效益。例如，江西2016年全年资助实施国家级和省级各类引智项目50项，引智项目单位在外国人才的帮助下，获得专利授权53项、专利申请45项，取得重大科技突破、解决重大技术难题27项，填补国内空白3项，获得行业创新奖1项。再如湖南，截至2016年，共实施国家国际合作项目70余项，在先进制造、节能环保、生物工程、电子信息、新材料等领域突破了一批关键技术瓶颈，掌握了一批核心关键技术，增强了企业核心竞争力。

三　打造“两型社会”建设引领区

国务院批准的《长江中游城市群发展规划》明确要求长江中游城市群要建成“两型社会”建设引领区：“加快资源节约型与环境友好型社会建设，推动形成绿色低碳的生产生活方式和城市建设管理模式，建立跨区域生态建设和环境保护的联动机制，扩大绿色生态空间，打造具有重要影响力的生态型城市群，为全国‘两型社会’和生态文明建设积累新经验，提供典型示范。”两年多来，长江中游三省按照《长江中游城市群发展规划》要求，坚持先行先试，加强体制机制创新，大力推进“两型社会”建设，各项工作取得了积极进展和良好成效。

（一）建立健全制度规划

湖北省政府先后印发了武汉城市圈空间规划、产业发展规划、综合交通规划、社会事业规划和生态环境规划等5个专项规划，以及多项城市圈一体化发展规划，城市圈“两型社会”建设领导小组成员单位出台了投资、财税、金融、人才、土地、环保等领域支持政策。按照总体规划、滚动实施的办法，湖北省政府编制印发了武汉城市圈三年行动计划（2016～2018年），每年印发年度工作要点，确保有序推进重大改革试验工作。严格执行耕地保护制度和用地制度。提升武汉城市圈各市城乡建设用地增减挂钩、低丘缓坡土地综合开发利用、工矿废弃地复垦利用、城镇低效用地再开发试点质量，依托“四化同步”示范乡镇建设和国家对贫困地区易地扶贫搬迁支持政策，探索实行贫困县挂钩指标省域范围内交易。努力探索环境保护税立法。开展完成了征管流程、部门协作、系统构建的理论研究，为解决地税、环保部门协同、信息共享提出了“湖北方案”，得到了国家的肯定和好评。

环长株潭城市群重点围绕国家发改委六项深化改革任务，建立和完善相关制度。一是探索建立“两型社会”和生态文明建设的标准体系；二是开展生态环境损害赔偿制度改革；三是率先建立生产者责任延伸制度；四是率先建立环境污染责任保险制度；五是健全市场化环境治理和生态保护机制，在城镇污水垃圾处理、工业园区和重点企业污染治理等领域全面推行环境污染第三方治理；六是完善流域综合治理绩效考核指标体系。

江西省2016年重点推进了12项制度建设，初步形成了“源头严防、过程严管、后果严惩”的生态文明制度框架，如建立生态保护红线制度、土地资源红线制度、空间管控制度，全省5.52万平方公里纳入生态红线保护范围，占全省面积的33.1%。全面划定3693万亩城市周边永久基本农田，既确保耕地红线，又防止城市无限制“摊大饼”。同时，推动26个国家重点生态功能区全面实行产业准入“负面清单”制度，深入推进6个市县

“多规合一”试点工作，健全全省5级河长组织体系，建立区域、流域、部门协作联动机制。

（二）健全资源节约体制机制

湖北省启动了水资源管理“三条红线”2016～2020年年度控制指标分解工作，对各城市落实水资源红线管理工作进行考核、通报。完善节能减排长效机制。继续推行节能减排目标责任制，进一步完善节能降耗统计监测及考核指标体系，建立健全项目准入机制和能评制度。积极做好资源税改革工作。快速落实资源税品目设置工作，高效开展资源税征管工作，进一步降低了企业成本，也有效地促进了资源节约。还对各市2016年度建筑节能与绿色建筑发展年度工作目标完成情况进行全面考核。其中，列入长江中游城市群范围的武汉市、黄石市、襄阳市、宜昌市、荆州市、荆门市、孝感市、黄冈市、咸宁市、仙桃市、天门市年度工作目标责任考核结果为“超额完成”；鄂州市、潜江市年度工作目标责任考核结果为“完成”。

2017年7月，江西省水利厅联合省机关事务管理局、省节水办组织专家对省农业厅、省科技厅、省核工业地质局、省地质矿产勘查开发局、省监狱局、省水文局、省水利规划设计研究院、省水土保持科学研究院、省赣抚平原水利工程管理局、省袁惠渠工程管理局、省潦河工程管理局、赣中南地质矿产勘查研究院、省地矿局水文地质工程地质大队和省地质环境监测总站14家省级公共机构节水型单位建设工作进行了验收，为全省提供了节水示范。

湖南省实施差异化产业和考核政策，推广清洁低碳技术，建立市场化环保机制，实施环境污染终身追责；建立两型产业准入、退出、提升机制，“两高一资”（即高耗能、高污染和资源性）行业被严格限制在“门槛”之外；在全国率先开展政府“两型采购”，推出两型机关、两型学校、两型医院、两型社区、两型家庭、两型旅游景区等60多项标准指南，资源节约、环境友好的理念逐步落实到社会各个方面。

（三）实施生态修复工程

2017年1月21日，湖北省人民代表大会《关于大力推进长江经济带生态保护和绿色发展的决定》正式出台，要求“全面落实主体功能区战略，优化国土空间开发格局，严格水源涵养生态保护红线区、生物多样性维护生态红线区、土壤保持生态红线区、长江中游湖泊湿地洪水调蓄生态保护红线区建设与管理，构建人与自然和谐相处的生态保护空间格局。深入实施‘绿满荆楚’行动，加快长江防护林体系建设，扩大公益林保护范围，将所有天然林纳入保护范围，全面禁止天然林商业性采伐。加大对大别山区、武陵山区、秦巴山区、幕阜山区等重要生态安全屏障的保护力度，开展神农架国家公园体制试点工作。推进绿色矿山生态开发，加强流域矿山生态环境修复与综合治理，坚决关闭不符合环境保护要求的矿山。实施流域石漠化地区生态修复、退耕还林还草等重大工程，加强绿色通道和农田林网建设，增强水源涵养和水土保持等生态功能。实施水生态修复，继续实施退田还湖、退耕还湿、退垸还湿、退渔还湿等工程，开展耕地草原河湖休养生息试点，加强重点湖泊生态安全体系建设，推进生态小流域建设，加强重点湿地保护与建设，把所有湿地纳入保护范围，提升长江湿地生态系统稳定性和生态服务功能。加大南水北调、引江济汉工程实施后的汉江中下游生态修复工作力度。划定全省生物多样性保护优先区域，保护长江流域生物多样性”。① 而在2016年，武汉市2013年拟订的54座山体生态修复计划已超额完成。围绕修复后的山体而规划打造的山体公园和景区，成为市民休闲娱乐、户外活动的新去处。将弃土消纳与山体修复相结合，是武汉市“修山”计划中最重要的办法之一，既解决了城市建筑弃土无处安放的窘境，又降低了环境治理的成本消耗。武汉最早采用此办法的黄龙山，在山体修复中就消化了周边建筑弃土约3000万立方米，在修复山体的同时，节约成本2000多万元。

---

① 《湖北省人民代表大会关于大力推进长江经济带生态保护和绿色发展的决定》，《湖北日报》2017年1月22日。

2016年黄冈市通过对23处重要河流、湖泊、水库等实施生态修复工程，划定重点生态功能区、生态环境敏感区和脆弱区等区域生态红线，确保生态功能区标准不降低、面积不减少、性质不改变。对长江沿线化工企业逐步整治，大力发展生态替代性产业，优化生产力空间布局，腾出绿色发展空间，构筑长江生态安全屏障。

江西省2016年完成208万亩造林面积、560万亩森林抚育，改造150万亩低产低效林。综合治理1100平方公里以上水土流失面积。湿地保护良好，湿地占国土面积比重达到5.5%。完成19.63万亩土地整治。推动样板创建，2016年新创建国家级生态县两个，新增国家重点生态功能区17个，新确定省级生态文明示范县16个、省级生态文明示范基地60个；推动昌铜高速生态经济带发展，支持抚州市打造全省生态文明先行示范区，争取赣州列为国家山水林田湖生态保护修复四个试点地区之一，并获20亿元中央财政奖补资金。

湖南省狠抓生态项目建设。2016年3月4日，湖南省政府发布2016年全省“4+2”重大项目575项，其中生态文明建设项目主要包括湘江保护与治理、农业面源污染治理、城镇污水处理、洞庭湖水环境综合治理、空气污染防治等共239项，占总项目的42%左右，总投资为“4+2”项目中投资额占比最大的一块，总计4319亿元。如3月启动洞庭湖水环境综合治理五大专项行动，每年4亿元支持湖区疏浚清淤。4月，湖南省政府办公厅印发《湖南省湘江保护和治理第二个“三年行动计划”（2016~2018年）实施方案》，进一步强化源头控制、水陆统筹，污染治理与生态保护两手并重，加大湘江保护与治理力度。

2016年12月1日，湖北、江西、湖南三省政府有关负责同志在北京签署《关于建立长江中游地区省际协商合作机制的协议》，表明正式建立长江中游地区省际协商合作机制。同时，三省签署了《长江中游湖泊湿地保护与生态修复联合宣言》。宣言提出要将长江中游建成长江经济带生态文明先行区，要求凝聚共识保护与修复长江中游湖泊生态，通过制定总体规划、建立制度体系、推动工程实施等，为长江经济带生态建设贡献“中游样本”。2016 年 12 月 26 日，三省在武汉成立湘鄂赣野生动物疫源疫病监测合作组织，协商将在野生动物保护和疫源疫病防控等方面联手，建立野生动物区域保护圈。三省还将在重要野生动物集中分布地和鸟类主要繁殖地、越冬地、停歇地和迁徙走廊带建立相关监测站点，及时发现野生动物疫情，开展相关防控、干预以及研究等工作。湖南、湖北野生动物救护中心、东洞庭湖自然保护区等合作组织成员 2017 年 2 月 22 ~ 23 日召开第一次会议，决定通力合作，在东洞庭湖自然保护区开展野外采样检测主动预警监测防控工作。

（四）加强环境治理

江西省 2016 年完成重点行业大气污染限期治理项目 158 个，全省所有统调火电机组全部配套建设脱硫脱硝设施。基本完成钢铁、水泥行业脱硝设施建设。淘汰 8. 18 万辆黄标车及老旧车。建成省级和南昌、九江的空气质量预报预警体系。农村日供水 1000 吨（含）以上的饮用水水源保护区划定工作完成。排查出城市 26 个黑臭水体。新建改建 1535 公里城镇和工业园区各类污水管网，全省城市污水处理率达到 88%。实施 2016“清河行动”，开展工矿企业及工业聚集区水污染治理、城镇生活污水治理等十大整治专项行动。推进 7 个重点防控区重金属污染监测、治理与修复工程建设。推广测土配方施肥，减少 9. 7 万吨不合理化肥施用量。关停（搬迁）13879 家禁养区内畜禽养殖场，全面划分畜禽养殖禁养区、限养区和适养区。2016 年全省共立案处理环保案件 1765 起，批捕犯罪嫌疑人 296 名，对重大破坏生态环境刑事犯罪案件予以挂牌督办。

湖北省探索建立了重点区域流域污染联防联控联治机制。省政府出台《长江流域湖北省跨界断面水质考核办法》，武汉城市圈范围内跨界考核断面由 28 个增加到 31 个，实现长江干流、支流跨界和主要一级支流河口断面监测考核全覆盖，每月通报各地政府跨界考核断面水质情况并在《湖北日报》上公示。陆水流域四县（市）政府共同签署了《保护陆水流域协议》，滠水流域相关地区联合编制了《滠水流域水污染综合整治规划》。梁子湖流域四市签订了《保护梁子湖协议》，促使梁子湖成为国内保护最好的淡水湖之一，得到国家认可。制定了《武汉城市圈大气污染联防联控规划》，并已纳入国家重点区域大气污染防治规划。

湖南省2016年在环境治理方面“出重拳”。一是强化责任落实。除长沙外，全省市州（13个）人民政府、县市区（68个）人民政府向同级人大报告环境状况和环境保护目标任务完成情况。将污染源、地表水、空气等作为在线监测管理重点，强化环境监管执法。二是推进水污染综合防治。调整县级及以上集中式饮用水源保护区工作，启动划定全省千吨万人以上集中式饮用水源保护区工作，不断强化饮用水水源环境保护。污染治理基础设施不断改善，已建成148座县以上城镇污水处理厂，其中30座出水水质达到一级A标准，基本实现县城以上全覆盖。开展了防治船舶污染水域环境专项整治行动，日期长达80天。三是积极开展污染防治。紧跟国家“三去一补”以及供给侧结构性改革相关政策，严格环境准入标准，进一步淘汰落后产能。进一步加强对扬尘污染的监督管理，包括道路、渣土运输、建筑工地等引起的污染；积极推进餐饮油烟治理；对秸秆和垃圾焚烧进一步实施监管。实施了土壤污染治理，编制了《湖南省土壤污染防治工作方案》。

（五）不断优化产业结构

武汉城市圈激励两型产业发展。打破行政壁垒，建立城市圈统一的市场主体准入政策，建立“两型社会”建设财政转移支付机制和产业双向转移税收分成制度，支持城市圈内9市不断优化产业布局，鼓励企业双向转移，努力培育两型生产体系。坚决淘汰落后产能。以推进节能减排和淘汰落后产能为重点，在钢铁、有色、建材等行业开展两型企业试点和重点产品能效对标活动，采取“以奖代补”等综合措施促进落后产能淘汰，为发展两型产业腾出了空间和容量。2016年，通过推进供给侧结构性改革，武汉城市圈压减过剩钢铁产能318万吨，淘汰落后钢铁产能260万吨，关闭退出煤矿28处，化解过剩煤炭产能204万吨，为全省提前两年超额完成国家下达任务做出了重要贡献。

环鄱阳湖城市群着力推动绿色循环低碳发展，形成节约能源资源和保护生态环境的产业结构、增长方式、消费模式。着力完善绿色产业体系，在战略性新兴产业、现代服务业、文化创意产业发展和传统产业绿色升级等方面做足文章；积极争取国家层面的高新技术产业优惠政策，围绕产业链部署创新链，围绕创新链配置资源链，重点在光伏新能源、生物医药、大飞机与直升机产业基地、铜产业精深加工与研发基地等方面寻求突破。2016 年，高新技术产业占工业增加值的比重为 30% 左右，服务业增加值占 GDP 比重为 40% 以上。新增 19 个国家级创新平台和载体。积极化解钢铁、煤炭过剩产能，退出 433 万吨粗钢产能、50 万吨生铁产能；关闭退出 229 处煤矿，退出 1400 万吨煤炭产能。

2016 年 11 月，长株潭获批《中国制造 2025》试点示范城市群，2017 年 4 月，衡阳市也被纳入其中。2017 年 6 月，湖南省政府正式发布《长株潭衡“中国制造 2025”试点示范城市群建设推进计划（2017 ~ 2019）》。目前，正在推进形成长株潭工程机械产业集群、衡阳输变电高端装备产业集群等 14 个标志性产业集群，建设长沙汽车及零部件产业基地、株洲轨道交通产业基地等 16 个标志性产业基地，壮大中车株机、三一重工等 54 个标志性领军企业，培育货运电力机车、混凝土机械等 52 个标志性品牌产品。

（六）积极开展两型创建

湖南省设立了“两型社会”建设专项资金，2017 年重点支持两型示范创建。一是支持创建两型单位。主要在有创建设想和一定基础的行政村、社区、学校及农民专业合作社开展创建活动。二是建设两型示范单位（基地）。对两型村庄、两型社区、两型学校、两型机关、两型企业、两型景区等领域中已经创建（含自主创建）达标的单位，支持其推广两型经验，打造具有较强的行业品牌和示范影响力的两型样板。三是建设两型宣教基地。重点在长株潭三市建设一批有阵地、有教材、有作品、有队伍、有活动、有效果的两型理念、政策及行为习惯的宣传教育基地，使其在两型宣教中起到种子和骨干作用。四是创建两型综合示范片区。重点支持在长沙、株洲、湘潭三市“绿心”地区的两型综合示范片区项目建设。

湖北省也积极开展两型企业、两型机关、两型社区、两型学校等两型单位创建。到目前为止，武汉市已累计创建两型社区 100 多个。武汉市各大型连锁超市均对绿色环保商品实行优惠进场，并开展零售行业限塑专项整治。积极创建绿色饭店、绿色餐饮企业，将绿色餐饮创建活动向远城区延伸。继续深入开展文明餐桌行动，武汉市 90% 以上的餐饮企业都做到了餐桌、墙壁或前台有宣传，有提示。利用汉口江滩展示区进行“两型”理念宣导，分别以“绿色建筑与建筑节能实践展”“大江大湖大武汉”“2016 爱粮节粮宣传周”为主题进行了三期共计近 200 块宣传版面的设计制作与展出。

2016 年环鄱阳湖城市群共有 40 家企业被江西省科技厅评为全省节能减排科技创新示范企业，其中宜春市 11 家，为全省之最。2017 年 6 月 7 日，《江西省建筑节能与绿色建筑发展“十三五”规划》公布，将进一步推进太阳能、光热、地热能和空气源等可再生能源在建筑中的合理应用。

四　将长江中游城市群建成绿色增长极

2013 年 7 月，习近平在湖北视察时指出：“两型社会”建设意义重大，是发展内在要求；我们不能照搬发达国家现代化模式，因为地球没有足够资源支撑；必须走自己的道路，对人类有所贡献。长江中游城市群要牢记总书记重托，为全国“两型社会”建设做出引领，为全球可持续发展做出中国示范。

（一）加快生态文明体制机制改革

长江中游城市群各区域要严格实施主体功能区制度，严格按照重点开发区域、重点生态功能区、农产品主产区、禁止开发区域各自的功能定位开展工作，控制开发强度。长江中游城市群各区域要严守城市开发边界、耕地保护、生态保护“红线”，保护好我们的自然资源。在水资源管理与保护方面，尤其要重点强化水资源开发利用控制、用水效率控制、水功能区限制纳污“三条红线”的先导作用和刚性约束，建设节水型工业、节水型农业、节水型社会等。要共同制定长江中游城市群区域性生态修复法规以及生态修复保证金制度，加强对开发建设项目的监管和审批。以环保优先和自然修复为主，维护重点河湖库区等的健康生态。加强对天然林的保护，积极实施退耕还林。对湿地生态实施恢复工程，恢复其湿地功能。以国家级和省级自然保护区为重点，加强对珍稀濒危野生动植物的保护，共同维护城市群的生物多样性。

各级党委要总揽全局，协调各方，将“两型社会”和生态文明的制度建设工作摆上重要位置，进一步加强对推进生态文明建设的领导。加强制度建设，进一步完善体现生态文明要求的法律法规、考评机制，建立完善自然资源资产产权管理制度和生态补偿机制，建立健全资源市场化机制，健全环境保护管理制度，为全国生态文明建设探索经验，提供借鉴。三省环境保护方面的法律法规已经较为完备，要进一步做好落实工作，克服处罚力度不够、执法不严等问题。同时，要建立稳定的环保投入机制，各省要逐步提高环保资金比例，更好地用于环保基础设施建设；要积极探索环保投资主体多元化，扩宽环保资金来源。

（二）深化供给侧结构性改革

长江中游城市群要突出绿色发展导向，狠抓供给侧结构性改革。一要严格环境准入标准，限制高耗能高排放、产能过剩及低水平重复项目的建设。加快产业转型升级，促进产业特色发展、绿色发展、集群发展，打造现代产业集群，促进产业转型升级。二要大力发展循环经济。循环经济作为一种有效平衡经济增长、社会发展和环境保护三者关系的经济发展模式，是生态文明建设的具体体现。长江中游城市群应以发展循环经济为突破口，推进产业升级和城市转型，积极探索具有区域特色的循环经济发展新模式。三要深入推进低碳试点示范。推进国家低碳城市试点，开展省级低碳城市（镇）、园区、社区试点。四要大力推进科技创新。充分发挥科技创新对长江中游城市群生态文明建设的支撑作用，重点实施一批重大科技攻关及示范项目，大力发展科技先导型、资源节约型、环境保护型的产业和产品，加快淘汰高消耗、高污染、低效益的工艺装备、产品和企业。2016 年，钢铁、水泥等过剩产能得到压缩，高新技术产业和战略性新兴产业发展迅速。经济增长新动能逐步显现，特别是消费的拉动作用明显增强。2016 年长江中游城市群第三产业实现增加值 30158.32 亿元，比上年增长 14.80%，高于同期工业增速十个多百分点。

表 1　2016 年长江中游城市群地区生产总值构成

单位：亿元，%

城市	地区生产总值	第一产业增加值	第二产业增加值	第三产业增加值
武汉	11912.61	390.62	5227.05	6294.94
黄石	1305.55	116.63	711.89	477.03
鄂州	797.82	97.21	434.58	266.03
黄冈	1726.17	395.30	654.05	676.82
孝感	1576.69	281.52	756.4	538.77
咸宁	1107.93	184.34	527.81	395.78
仙桃	647.55	125.62	313.22	208.71
天门	471.27	97.98	217.82	155.47
潜江	602.19	72.21	310.24	219.74
襄阳	3694.5	430.9	2046.8	1216.8
宜昌	3709.36	398.89	2122.74	1187.73
荆州	1726.75	382.72	736.39	607.64
荆门	1521	212.94	789.4	518.66
长沙	9323.7	370.95	4513.23	4439.52
株洲	2512.5	197.2	1363.5	951.8
湘潭	1845.7	150.9	976.1	718.7
岳阳	3100.87	345.84	1469.1	1285.94
益阳	1484.18	276.7	600.56	606.92
常德	2955.5	383.2	1264.5	1307.8
衡阳	2853.02	430.61	1184.78	1237.62
娄底	1400.14	206.07	676.34	517.73
南昌	4354.99	182.91	2308.14	1863.94

续表

城市	地区生产总值	第一产业增加值	第二产业增加值	第三产业增加值
九江	2096. 13	152. 67	1088. 9	854. 56
景德镇	840. 15	61. 94	466. 51	311. 7
鹰潭	695. 35	52. 8	404. 55	237. 99
新余	1028. 17	58. 95	564. 7	404. 52
宜春	1770. 4	247. 86	901. 13	621. 41
萍乡	998. 28	68. 66	549. 04	380. 58
上饶	1811. 1	235. 4	864	711. 7
抚州	1210. 91	197	591. 34	422. 57
吉安	1461. 37	233. 21	708. 96	519. 2
总计	72541. 85	7039. 75	35343. 77	30158. 32
上年	66542. 91	6461. 43	33810. 56	26270. 87
比上年增长	9. 02	8. 95	4. 53	14. 80

资料来源：2016 年各市统计公报，抚州和吉安采用的是全市数据。

（三）加强三省生态环保合作

长江中游城市群是一个整体，生态环境建设与保护需要各城市的共同努力，必须树立系统思维的理念，共同加强生态环保合作。三省政府应形成定期联席会议制度，加强对整个长江中游生态环境保护的规划、指导、协调和决策，保护与恢复流域自然生态环境，协调人类活动与生态环境之间的关系。要创新环境污染的治理方式，提升治理环境污染的能力，统筹整合不同地区、不同部门的力量，建立起跨地区、跨部门的联防联控体系，协同治理环境污染问题。要共同编制和实施水资源保护和水污染防治规划，除抓好长江干流外，还要积极防治鄱阳湖、洞庭湖、洪湖、东湖、赣江、湘江、汉江、清江等重点河湖流域的水污染。联手防治大气污染，大力推进脱硫脱硝工程建设，实施城市清洁空气行动计划，建立健全城市群大气污染联防联控联治机制。共同构建跨区域自动化、立体化的应急监测体系，加快建设大气、水质、噪声自动监测预警系统，加强对重大环境风险源的动态监控与风险预警及控制；建立跨界环境污染事故通报协商处置机制，完善事故发生通报机制、应急监测结果互通机制、事故协调处置机制等。探索建立环境案件“三审合一”模式，合并审理环境民事侵权、行政违法、刑事犯罪案件。推进环保信息共享，方便企业、媒体、非政府组织和公民个人行使监督权和建议权。

构建以幕阜山为主体，以沿江、沿湖和主要交通轴线绿色廊道为纽带的城市群生态屏障，建设城市群“绿心”。实施封山育林，加强水土流失综合治理，严格依法落实生产建设项目水土保持方案制度，加强各类开发建设项目水土保持监督管理，防止产生新增人为水土流失。推进生态公益林建设，改善林分结构，严格控制林木采伐和采矿等行为，加强自然保护区、风景名胜区、森林公园和地质公园建设，加强生物多样性保护，构建生态优良、功能完善、景观优美的生态网络体系。统筹考虑“绿心”涉及的有关县（市、区）纳入国家重点生态功能区范围问题。湖北通城、湖南平江、江西修水三县位于长江中游城市群“绿心”的核心部位。近年来，通平修三县积极加强生态合作。2016 年以来，合作建设重点生态功能区，三县共同进入国家生态补偿县，将幕阜山水源涵养生态功能区增补为国家重点生态功能区；在主体生态功能区、耕地保护制度、绿色生活方式、生态文化体系、环境保护制度、水资源管理制度等方面，共同加强探索，推动绿色、循环、低碳发展。三县携手保护水资源，陆水入长江、修水入鄱阳湖、汨罗江入洞庭湖的水质，都保持在地表水二级水质标准。

（四）打造全国碳市场中心和碳金融中心

国务院批复同意的《长江中游城市群发展规划》，要求充分发挥湖北国家低碳省试点示范作用，明确“支持湖北碳排放权交易中心建设”。

2012 年初，国家发改委下文同意在北京市、天津市、上海市、重庆市、广东省、湖北省、深圳市开展碳排放权交易试点。2013 年 6 月至 2014 年 6 月，7 个试点先后开市。2014 年 4 月 2 日，湖北碳排放权交易中心在全国第 6 个开市，当日就成交 51 万吨，成交金额 1071 万元。自开市以来，湖北碳排放权交易中心累计日均成交 40. 48 万吨，占全国的 76. 16%。截至 2017 年

3 月 31 日，湖北碳市场配额共成交 2.97 亿吨，成交总额 70.07 亿元。除一级市场（配额拍卖）外，湖北二级市场累计成交 2.95 亿吨，占全国的 76.44%；成交额 69.67 亿元，占全国的 81.06%。其中，现货市场线上公开交易累计成交 3715.75 万吨，占全国的 29.20%；成交额 7.94 亿元，占全国的 33.20%。

相对全国其他 6 个试点地区，湖北保持着明显的优势。湖北共吸引投资者 7865 户，市场参与主体数量全国第一，成为全球第二大碳市场，具备了建成全国碳市场中心的独特优势。同时，湖北省碳市场激励机制初步形成，减排成效日益显著，控排企业通过减排和交易直接获益超过 2.5 亿元。各类碳金融创新全面领先全国。率先开展全国首个碳排放权质押贷款业务，目前累计质押金额已超过 5.4 亿元。湖北省在“十三五”规划中，也明确提出了将湖北武汉建成全国碳交易中心和碳金融中心的战略目标。根据我国政府向全球公布的计划，将建立覆盖 30 亿～40 亿吨二氧化碳排放量的全国统一碳市场，这将使中国碳市场成为全球最大的碳市场，是排名第二的欧盟碳市场的两倍。2017 年 6 月 12 日，国家发改委印发了《“十三五”控制温室气体排放工作方案部门分工》，明确我国将推动区域性碳排放权交易体系向全国碳排放权交易市场顺利过渡，并于 2017 年启动运行全国碳排放权交易市场。

据世界银行预测，全球碳排放交易总额 2020 年有望达到 3.5 万亿美元。我国从 2013 年启动碳排放试点交易以来，碳排放市场交易金额已从 2014 年不到 6 亿元增长到 2016 年的超过 10 亿元。专家预测，不久的将来碳交易将成为全球规模最大的商品交易市场，碳金融的前景也因此十分广阔。长江中游城市群要充分利用湖北在全国领先的基础，通过向长江中游地区和全国提供碳排放指标、准 CDM 项目、碳基金、碳期货等交易的碳金融产品，逐步形成全国碳排放权交易中心和碳金融中心。长江中游城市群要将做大碳市场和碳金融中心作为建设“两型社会”引领区的突破口，为我国实现 2020 年单位国内生产总值二氧化碳排放量比 2005 年下降 40%～45% 的目标做出积极贡献。

参考文献

长江中游城市群发展战略研究课题组：《打造中国经济增长第四极：长江中游城市群发展战略研究》，中国社会科学出版社，2016。

武汉发展战略研究院：《瞄准中国第四极》，武汉出版社，2012。

秦尊文：《第四增长极：崛起的长江中游城市群》，社会科学文献出版社，2012。

秦尊文、彭智敏、张静：《打造中国经济增长第四极》，湖北人民出版社，2014。

秦尊文：《“两型”社会建设综合配套改革进程》，湖北人民出版社，2012。

专题报告

Special Reports

B.2

长江中游城市群协同发展研究*

路洪卫**

摘　要：本文从协同发展理论出发，按照长江中游城市群的“中国经济新增长极和中西部新型城镇化示范区、内陆开放合作示范区、‘两型社会’建设引领区”的定位，围绕湖北、湖南、江西三省共同关注，单一省市又难以自行解决的重大问题，顶层设计长江中游城市群协同发展机制，提出三省协同增强“一极三区”功能的推进重心。

关键词：长江中游城市群　一极三区　协同发展　顶层设计

* 本文为2015年湖北省社会科学基金重点项目“建设长江中游城市群、打造中国经济增长‘第四极’研究”（ZD2015WT007）子课题成果，课题主持人：路洪卫。

** 路洪卫，湖北省社会科学院财贸研究所副所长、长江中游城市群研究中心副主任，副研究员。

在全球化和信息化背景下，城市群越来越成为一个国家或地区参与全球竞争以及国家分工的地域单元，它既是加快推进新型城镇化进程的主体空间形态，又是未来经济发展中最具活力和潜力的核心增长极。当前，长江中游城市群建设上升为国家战略，但该城市群发展存在“大而散”“大而不强”等问题，根源在于缺乏协同发展机制，缺乏协同效应，城市群的群核、群集和群网三大空间构成要素尚未有效形成。为此，本报告主要研究长江中游城市群内部不同主体之间如何协作、同步或一体化发展，实现由无序走向有序，为解决当前协同发展中存在的问题提供理论支撑、可行的思路和方案。

一　城市群协同发展的理论研究

（一）城市群协同发展的内涵和机理

城市群是一个国家在现代化进程中，空间结构由增长极模式到点轴模式，再向网络模式发展的进程。城市群的空间本质特征是城市的空间聚集。早在1898年，英国城市学家埃比尼泽·霍华德就提出了城市群的概念；随后德国地理学家克里斯泰勒、经济学家廖什先后提出了著名的中心地理学说，研究城市与城市、城市与腹地市场等级（功能）联系规律，被称为城市群和城市体系的基本理论。目前国际上比较公认的最先明确提出的城市群概念，是法国地理学家戈特曼在20世纪50年代提出的。城市群是在基础条件优越、经济较为发达的区域内集聚一定数量的不同等级规模和性质类型的城市，在一个或几个中心城市的组织和协调下，以物质性网络（包括发达的交通网络、信息网络等）和非物质性网络（包括资金、劳动力、技术、产权等要素市场流通网络）为纽带，城市之间的内在联系不断加强，共同构成一个相对完整的城市“集合体”。

20世纪80年代，我国学者开始学习借鉴戈特曼的大都市圈理论，对国内城市群的理论和实践研究日趋活跃，以城市群带动区域协调发展，提到日益重要的地位。随着新型工业化和新型城镇化的快速推进，我国已形成长三角、珠三角、京津冀、成渝、长江中游、中原、哈长等不同规模的城市群。随着城市群建设和发展，理论界和实践界将城市群的关注焦点集中到协同发展上，研究探索如何增强城市群协同效应，加快城市群一体化进程。尤其是2014年京津冀协同发展战略提出之后，大城市群的协同发展或一体化发展问题，引起更加广泛的关注和重视，这有利于促进生产要素有序自由流动，跨区域整合城市群要素资源，培育经济新增长极，引领和带动区域经济发展；有利于加强中心城市与其他城市间的合作互动，依托绝对比较优势和相对比较优势，探索建立城市间分工合作新模式与新路径，提高资源优化配置效率；有利于统筹推进新型城镇化进程，处理好城市群内部大中小城市及小城镇之间的关系，缓解环境污染、交通拥堵等“大城市病”，以及产业空心化、基础设施和公共服务设施配套不经济等“小城镇病”，不断缩小城市群区域间的发展差距。

协同发展源于协同论理论（又称“协同学”或“协和学”），意为“合作的科学”。该理论由赫尔曼·哈肯于20世纪70年代提出，是研究开放系统如何通过内部子系统间的协同作用，从而引起宏观结构的质变，形成有序结构机理和规律，系统产生新的结构和功能。协同系统是指由许多子系统组成，并以自组织方式形成宏观的空间、时间或功能有序结构的开放系统。协同发展，就是系统内部各要素或各子系统相互作用和有机整合的过程，在此过程中强调系统内部各个要素（或子系统）之间的差异与协同，强调差异与协同的辩证统一必须达到的整体效应等。也就是说，两个或者两个以上的不同个体，为完成某一目标或系列目标，联手协作，相互配合，协同发展，从而达到共同发展的双赢或多赢效果。

将协同论应用和推广到城市群研究当中，探讨城市群内部不同城市之间如何协作、协调或一体化发展，从而由自我发展转向协调发展，无序发展转向有序发展的规律。进而言之，城市群协同发展就是指城市群内不同主体之间，不断强化相互间的协调与合作行为，从而持续提高城市群的资源配置效率，提升城市群的综合竞争力。协同理论可以从以下方面为城市群协同发展提供理论指导，一是强调城市群的利益协调，通过利益协调，避免城市群系统内部的无序竞争和内耗；二是强调城市群的全方位开放，通过城市群与外界、城市之间的人、财、物及信息的全方位大流通，把各方面的优势和潜力充分发挥出来；三是给予子系统发展的自主性（自组织），推进城市群健康持续发展，必须处理好政府和市场的关系，在更好发挥政府作用的同时，始终强调市场在资源配置中的决定性作用；四是要建立城市群的“控制参量”，在城市群合作与协同发展中，必须按照主体功能区建设的理论实践，加强整体规划与宏观调控，更好地保护山水林田园等多元自然开敞空间，有效分隔城镇，给自然留下更多修复空间，给农业留下更多良田。

（二）城市群利益协调机制理论

区域利益协调是城市群协同发展的逻辑主线，需要建立有效的、稳定的区域利益补偿机制，这是实现区域协调发展的关键所在。推进城市群健康发展，不是各城市发展的“1+1=2”的简单累加，而是通过利益有机耦合实现“1+1>2”。城市群协同发展，其实质是基于共同利益的追求，各方预期到城市群发展能给各自发展带来发展益处，就会产生合作意愿，形成协同发展的动力。这关键在于建立健全城市群协调发展利益协调机制，寻求利益共同点，有效解决缓解城市间、区域间的利益冲突，使各城市相得益彰，实现共同发展、协同发展。

基于互利共生角度来分析区域利益协调，区域间合作行为反映了互利共生模式的形成和运行过程。在城市群发展中，竞争与合作并存，反映出各地区在追求各自利益最大化的同时，对共同利益的不断认识和深化，促使各地区求同存异，分享合作带来的增量收益。一般而言，基于互利共生角度的利益协调主要有三种类型，即避免霍布斯状态的“共处共生”型合作、互通有无的“互惠互利”型合作和共同提高福利水平的“共创共享”型合作。陈运平、黄小勇（2014）提出共生利益－共生资源－共生价值这一逻辑，成为区域协调发展新的趋势。随着区域经济的发展，各城市间的相互依赖度、依存度日益提高，相互间合作协调内容的深度不断拓展，广度不断延伸。在政府推动和市场机制的双重作用下，城市群资源配置不断优化，并产生了巨大的空间聚集效应。据不完全统计，我国长三角、珠三角、京津冀、海西、山东半岛、中原、武汉、长株潭、关中、成渝、辽中南、哈长等城市群，以全国1/5的国土面积，承载着60%的人口，聚集了全国80%的经济总量。区域合作所产生的“产业同筹、交通同网、信息共享、市场同体、旅游同线、环境同治、科教同兴”效果，也能够让合作方享受到合作所带来的好处。通过深化区域合作，提升了地方发展的新空间、新动力，城市群在区域合作进程中加速形成并不断深化。

基于博弈论视角来分析区域利益协调，区域经济联合和利益分配过程也可以被视为一个博弈过程。如何更好地发挥政府作用，是城市群发展的关键因素之一。当前分灶吃饭的财政体制、地方政绩考核体制下，地方政府在推进城市群发展时，往往出现地方利益大于整体利益、短期利益大于长期利益的现象。各级政府所表现出的经济人理性，在城市群发展中往往出现非合作博弈，合作往往停留在规划纸面上、空头共识中，不能有效地、有针对性地落实推进。如何强化约束机制并形成持续合作博弈，就成了理论研究的起点。根据阿克斯罗德的不完全信息下的合作博弈研究，如果存在惩罚形成约束力，在有限次重复博弈中，合作行为会重复出现。因此，推进城市群形成有效的区域合作，最重要的是制定对各级地方政府具有真实约束力的制度安排，使区域合作承诺可信可落实，这是建立协调机制的关键。推进城市群发展，地方政府应强化事前磋商和事后落实，城市群各级政府通过有效磋商，建立长期稳定的利益共享机制，使各城市大致公平地分享城市群发展红利。

当然，城市群发展需要各层面发展主体的共同推进。在市场经济体制下，协同发展是各级政府机构、不同企业等共同推进的结果。只有当各主体能够感受到协同发展将会带来更大利益的时候，协同发展才能转化为自身发展的内在需求，协同发展才具有实现的基础。加快长江中游城市群区域合作的不断深化，建立健全政府与市场“各负其责、有机配合”的协同发展机制。在跨区域基础设施、环境保护等公共性产品体制机制创新方面，针对市场失灵问题，需要政府承担更多责任，在区域合作中发挥主体作用。在产业、市场等发展方面，除了发挥政府的引导作用，更要强化市场的决定性作用，努力消除对要素流动、资源配置和区域市场的行政区障碍。

二　长江中游城市群协同发展机制的顶层设计

围绕长江中游城市群“一极三区”（即中国经济新增长极，中西部新型城镇化示范区、内陆开放合作示范区和“两型社会”建设引领区）战略定位，围绕城市群湘鄂赣三省共同关注、单一省市自己难以解决的重大问题，顶层设计长江中游城市群协同发展机制。

（一）长江中游城市群协同发展亟待突破的瓶颈

推动实施长江中游城市群战略，促进湘鄂赣充分发挥比较优势，各类要素有序流动、优化配置，构筑城市间良性互动的区域协同发展格局，需要认清长江中游城市群协同发展存在的问题，突破协调发展的瓶颈。

1. 协同发展机制不够完善的瓶颈

目前，长江中游城市群发展处于起步阶段，区域协同更多地集中在以武汉、长沙和南昌为核心的三个城市组团上，而武汉城市圈、环长株潭城市群和环鄱阳湖城市群之间的合作处于探索中。三省积极推进长江中游城市群建设，但省市间缺乏整体衔接配套机制。在跨界基础设施建设和环境治理方面，公路建设尚存在不少断头路和瓶颈路，长江黄金水道建设缺乏稳定的投资渠道，沿江港口建设缺乏统筹。各城市纷纷强化自身产业的竞争力，而横向联系层次较低，配套水平不高。此外，区域内部人才、资本、技术等要素资源的流动不够畅通。如何协调省际、市际利益，将各方行为统一到长江中游城市群决策部署上来，是长江中游城市群健康发展的关键所在。

2. 新型城镇化动力不足的瓶颈

城镇化是推动区域协调发展的有力支撑，2016 年，江西、湖北和湖南城镇化率分别为 53. 1% 、58. 1% 、52. 75% ，仅湖北省比全国平均水平略高。从城乡统筹发展看，与全国基本情况类似，农业转移人口市民化进程的滞后直接影响了城镇化的质量，在劳动力流动影响下，区域不平衡、城乡二元结构叠加，形成了城市内部“新二元结构”，制约了农业转移人口市民化和城镇的可持续发展。在城镇化形态上，特大城市及大城市中心城区“城市病”日益凸显，而中小城市及小城镇发展不足，城市群发育不健全。如何同心协力推进新型城镇化建设，是长江中游城市群建设中应该关注和思考的一个重大课题。

3. 对外开放合作不够的瓶颈

长江中游地区对外开放缺乏便捷高效的交通通道，以临空门户枢纽发展为例：客运方面，武汉天河、长沙黄花年旅客吞吐量突破2000万人次，但与成都相比，其双流机场年吞吐量达到4604万人次，差距明显；货运方面，武汉天河与郑州新郑国际机场相比，货邮吞吐量仅相当于郑州的38%，其中国际地区货邮吞吐量仅相当于郑州的8.5%。因而，迫切需要更大力度的全方位深化对外开放，尽快打造成内陆开放高地，以开放带动改革，带动长江中游城市群更好利用国内国外两个市场、两种资源，更好发挥承东启西、连南贯北的枢纽作用。

4. 生态保护协调不够的瓶颈

长江中游城市群水资源丰富，生态环境质量位居全国前列，但洞庭湖、鄱阳湖等湖泊、湿地功能退化，江湖关系紧张；一些大城市资源环境超载问题突出。目前，长江中游城市群面临既要“赶”又要“转”的双重压力、双重任务，经济发展滞后于沿海发达地区，需要加快“追赶”进程，缩小与东部沿海地区的差距，但在“追赶”路径选择上必须摆脱传统发展模式，促进经济发展从规模速度型粗放增长向质量效率型集约增长转变，双重压力加大了转型的难度。因此，从战略和全局角度，走生态优先、绿色发展之路，是长江中游城市群迫切需要解决的重大课题。

（二）建立“上下联动、双层运作、多方参与”的区域合作体制

借鉴长三角、珠三角、京津冀等城市群合作模式，采取“多方参与、共同协商、共同承诺、共同推进”的方针，建立“上下联动、双层运作、

多方参与”的区域合作体制。

1. “上下联动”

长江中游城市群国土面积约31.7万平方公里，作为涉及三个省、31个市的系统工程，需要中央与地方、省与市上下联动，共同推进。一是中央与地方的“上下联动”。在长江经济带上升为国家战略的背景下，加强国家推动长江经济带发展领导小组对长江中游城市群省际协调的监督指导，如大型水域的环境保护、跨区域的重大基础设施项目等。三省政府加强与国家有关部门的沟通衔接，围绕《长江中游城市群发展规划》，共同研究制定三年行动计划和年度工作计划，及时解决一体化发展中的突出问题，共同争取国家政策支持。二是省市“上下联动”。长江中游城市群一体化建设中的有关事项，国家已有决策的按决策执行，尚未决策的由三省政府共同决策，三省省直部门和市州有效推进。加强三省规划间的联动实施，注重各省市专项规划的衔接，共同编制和实施相关重点规划。

2. “双层运作”

目前，湖北、湖南和江西三省已经签署了《加快构建长江中游城市集群战略合作框架协议》，并提出了相关协调机制。在此基础上，建立决策协调层和执行层“双层运作”的区域合作机制，高层领导（省级）沟通协商明确任务，执行层具体协调，推进落实。一是决策协调层。成立长江中游城市群区域合作领导小组，每年至少召开一次省际联席会议，就合作中需要解决的重大问题进行集体磋商，明确跨省、跨市的具体合作重点任务。根据每年的决策部署，由各省分解纳入政府绩效目标管理考核体系。二是执行层，包括核心城市推进和省直部门推进。建立健全长江中游城市群城市经济协调会制度，深入落实《武汉共识》《长沙宣言》《南昌行动》等，以省会城市为核心，有序吸纳各地级市参与，在重大基础设施、生态文明、文化旅游、产业分工协作、公共服务等共建共享等方面，探索和推进城市间双边及多边合作项目的实施。建立健全省直部门衔接落实制度，三省省直相关部门根据省际联席会议内容，成立年度重点合作专题组，对具体合作项目及相关事宜，制订实施年度行动计划。

3．“多方参与”

强调在跨区域协调发展过程中多元主体的参与，在强调政府部门综合协调作用的同时，注重发挥企业跨区域投资的市场资源配置作用、研究机构及专家学者的战略前瞻作用、行业协会及舆论媒体的沟通交流作用，从而建立起网络状的城市群协同发展机制，形成长江中游城市群协同发展的强大合力。一是发挥三省商会、企业联合会的沟通桥梁作用，促进三省企业互助交流，共创商机，抱团发展。二是推进三省研究机构联合开展关于长江中游城市群课题研究，联合发布长江中游城市群发展年度报告，联合举办长江中游城市群高层次学术论坛，为城市群协同发展提供理论前瞻导向支持。三是加强传统媒体和新兴媒体的融合与互动，对长江中游城市群取得的新成就、新梦想、新战略，进行多层次、多方位的报道，深化社会各界对长江中游城市群建设的共识。

（三）建立健全城市群空间协同开发机制

从长江中游城市群健康发展的视角与全局利益角度出发，落实推进长江中游城市群发展规划，深化限制及禁止开发区域利益补偿机制、空间开发区域合作机制等，以主体功能区战略为指导，整体谋划和优化长江中游城市群国土空间开发布局，促进生产空间集约高效，生活空间宜居适度，生态空间山清水秀。

1．健全规划统筹协调机制

按照长江中游城市群发展规划蓝图，以沿江发展轴和京广发展轴引领城镇和经济发展。将区域廊道作为武汉与长江中游城市群协同发展的重要功能载体。加强武汉与沿江发展轴、京广发展轴在空间、功能、交通方面的对接和预控，形成沿线大中城市和小城镇合理分工、联动发展的格局。建立健全沿江发展轴、京广发展轴规划协调制度，加强武汉和宜昌、荆州、岳阳、鄂州、黄冈、咸宁、黄石、九江等沿江城市岸线开发和港口建设规划对接，以规划引领岸线资源合理开发和高效利用，引导港口岸线开发向公用码头聚集，向核心港口聚集，提升核心港口功能，扩大港口辐射能力，提升资源的集约化使用效率，使核心港口真正成为带动产业进步、带动区域发展的引擎。加强武汉和长沙、孝感、咸宁、岳阳、株洲、衡阳等高铁经济建设规划对接，拓宽旅游发展空间，深化区域联动合作，着力构建高铁旅游联盟；以沿线重要节点城镇为核心，统筹空间优化布局和资源要素配置，着力打造一批骨干城镇和高铁新区，使其成为辐射带动全局的支撑力量。

2. 健全区域间利益补偿机制

针对长江中游城市群的限制开发区域、禁止开发区域，健全完善生态补偿机制，进一步完善生态保护财力转移支付制度。大力推进长江中游城市群国家级水土保持生态功能区建设，积极研究和制定完善水土保持生态补偿的政策措施，在积极争取国家和省水土保持生态建设资金的同时，采取多种形式，鼓励社会各界参与水土保持建设；同时有序推进生态移民，鼓励居民向城镇集中或其他地区转移，降低人口密度，实现生态崛起。大力扶持长江中游城市群内的大别山、湘鄂赣、湘鄂西等革命老区发展，加大对老区基础教育、社会保障、职业培训等财政转移支付力度；在老区布局发展一批特色小城镇，结合老区特色发展旅游业、林特产品生产及加工等，带动贫困地区的就业和发展。进一步推动老工业基地城市和资源枯竭型城市产业发展转型，不断提升城市的服务功能，解决因转型带来的就业问题；争取国家资金支持，优先投资技术更新，加快科技改造与技术更新，再创城市竞争力。

3. 积极推进沿江城市跨江协调联动发展

突破行政区划限制，探索推进九江市－黄冈市小池镇、黄石市－黄冈市散花镇、鄂州市－黄冈市黄州区、洪湖市－临湘市、岳阳市－荆州市白螺镇等跨江联动，推进城市交通、信息、污水治理等基础设施跨江共建共享。以托管或共建模式，大力发展“飞地经济”，合作双方共同组建开发区资产经营公司，进行利益分成，可以将土地折价入股，资金和招商引资项目入股，收益按照股份比例分成。在长江岸线的开发上，坚持共同开发、合作互利的原则，合理规划和利用岸线资源，完善港口码头集疏运体系，实现功能互补、集约高效。

4. 推进湘鄂赣省际边界区域合作发展

一是加大咸宁、岳阳、九江的区域合作力度，从污染治理、断头路打通、市场共建等具体项目入手，努力打造长江中游城市群建设的先行区、示范区。加大幕阜山区扶贫攻坚力度，编制幕阜山重点生态功能区规划，确保全面建成小康社会目标与全国同步实现。二是加大洞庭湖生态经济区合作力度，推进洞庭湖生态经济区农业基础设施建设统一布局；建立统一的洞庭湖生态农业标志和品牌；建立洞庭湖生态经济区农业科学技术联盟；健全粮食主产区利益补偿制度，对洞庭湖生态经济区保障粮食安全所牺牲的发展机遇，争取国家加大对粮食生产补贴力度，提高标准，充分调动农民的种粮积极性；加大中央财政对产粮大县的转移支付和奖励力度。三是深化赣湘边界合作示范区建设。按照江西萍乡与湖南株洲签订的《赣湘开放合作试验区战略合作框架协议书》，就交通基础设施、旅游、园区、市场、物流等领域展开全面合作，加快推进一区跨省多园运作模式发展，向实行“共同管理”的区域管理模式迈进。

三　协同增强长江中游城市群“一极”功能

根据《长江中游城市群发展规划》，其战略定位的首位是“一极”，即构建中国经济新的增长极。三省合力打好“创新牌”“产业牌”“交通牌”，协同推进“中国经济新增长极”建设。

（一）协同打好“创新牌”，推进长江中游城市群转型升级

1. 推进光谷建设具有全球影响力的科技创新中心

东湖高新区是全国批复的第二家国家级自主创新示范区，应高举创新大旗，打造国家创新中心和战略性新兴产业集聚地，引领长江中游城市群转型升级。建设全球科技创新中心，必须具有全球视野和战略眼光，对标国际知名科技创新中心找差距，找短板，围绕第二个百年奋斗目标和建设社会主义现代化国家新征程，谋划一批事关国家综合竞争力的关键核心技术，这些核

心技术是买不来的，必须前瞻性布局，在基础科技领域做出大创新、大贡献，这也是光谷建设科技创新中心的职责使命所在。重点支持人工智能、新能源、光电子、生命健康等基础研究领域，研究和培育一批关键核心技术。深入推进东湖国家自主创新示范区开展“一区多园”试点工作，适时拓展到武汉城市圈乃至整个湖北及长江中游城市群的高新技术产业园区。依托长江经济带战略，建立武汉东湖与上海张江、苏南、长株潭、合芜蚌等自主创新综合试验区的联动创新机制，鼓励发展产业技术创新战略联盟，布局一批国家工程中心（实验室）和企业技术中心，支撑长江经济带建成具有全球影响力的内河经济带。

2. 建立健全产学研科技联盟机制

结合三省各自的优势和特色，构建若干跨省市的产学研创新联盟，加速区域科技资源的集聚、流动、辐射与共享。以武汉、长沙、南昌、宜昌、孝感、湘潭、株洲、益阳、衡阳、鹰潭等国家级高新技术产业开发区为重点，打造长江中游城市群新技术园区联盟，共建科技成果转化基地，依托联盟的相关大型技术或项目合作，建设自主创新合作示范园或者园外园等，实现相关产业的技术升级。围绕人工智能、新能源、电子信息、生物医药等重点领域，探索三省科技专项资金，支持开展长江中游地区重大科技联合攻关。

3. 建立健全科技基础条件共建共享机制

依托武汉大学、华中科技大学、中南大学、南昌大学等高校院所的科技资源，围绕人工智能、新能源、电子信息、生命健康等关键技术联合开展研发，积极将优势产业科技成果转化为国家标准或国际标准。联合推进三省科技资源共享，推进三省间大型科学仪器设备协作共用网的联通，实现资源共享；加强企业院士工作站等产学研合作基地跨省合作，努力推进重大产业技术的突破和系统集成。

4. 高等教育资源共建共享机制

加强“高等学校数字图书馆”“高等学校教育教学公共平台”“高校产学研合作网上公共服务平台”等教育资源公共平台与共享体系建设，提升长江中游城市群内高等教育的整体水平。开展长江中游城市群示范性高职院校试点建设，大力推进岳阳、九江、孝感、鄂州等职教园教育联动试点，三省相互开放招生、就业市场。

（二）协同打好“产业牌”，培育具有世界先进水平的产业集群

国家提出在长江中游城市群培育打造电子信息、高端装备、汽车等一批世界级制造业集群，下一步，积极对接《中国制造2025》，推进“互联网+”产业创新，从旅游文化等容易突破的产业入手，通过产业“双转移”、产业联盟、园区共建、市场一体化，健全完善产业分工协作体系，做大做优做强汽车及零配件、电子信息、装备制造等优势产业集群，培育形成世界级产业集群。

1. 健全完善产业“双转移”机制

在产业一体化发展方面，鼓励武汉、长沙、南昌的传统产业生产加工基地向周边城市扩散，周边的企业总部、研发中心向武汉、长沙、南昌集中，实现圈域产业互动协调发展，通过“总部－制造基地”分离布局模式，在中心城市和中小城市之间建立起一条基于产业链不同功能环节的新的分工合作链条。但“承接地热，转出地冷”“承接总部热，转出总部冷”的现象普遍存在，特别是在当前世界经济复苏低迷、我国经济发展进入新常态的宏观背景下，如何正确处理产业转移、产业转型升级与稳定经济增长的关系，显得尤为重要。而产业“双转移”战略，旨在促进长江中游城市群范围内资源的优化配置，实现城市群优势互补、共同繁荣，这依赖于科学合理的区域利益协调机制的构建，借鉴《京津冀协同发展产业转移对接企业税收收入分享办法》，争取财政部、国家税务总局的支持，出台长江中游城市群协同发展产业转移对接企业税收收入分享办法。

2. 建立产业联盟合作机制

（1）制造业合作发展联盟

促进三省高新技术产业、汽车、冶金、石油化学工业等协会合作，建立行业协会合作联盟，传递各类行业信息，使会员单位获得新的商机，提升服务能级和水平，加快形成以武汉、长沙、南昌为中心的高技术产业集聚区，

以武汉、长沙、南昌、襄阳等为主体的汽车产业集聚区，以武汉、黄石、九江、鹰潭、娄底等为主体的冶金产业集聚区，以武汉、宜昌、荆门、九江、岳阳为主体的化学工业集聚区，等等。

（2）旅游合作发展联盟

建立健全以武汉、长沙、南昌为核心的高铁旅游走廊，逐步吸纳其他城市参与，共推“长江中游城市群旅游区”。打造若干精品旅游线路，构建区域旅游联合体，集中打造“魅力长江中游城市群”这一区域旅游品牌。联手推进长江中游地区旅游“一卡通”优惠联票，促进三省的旅游客源互动，实现旅游资源共享。建立游客异地投诉机制，实行“投诉互理、首接负责”。

（3）文化产业合作发展联盟

整合公共文化资源，在图书馆、文化馆、博物馆、社区文化活动中心等资源交互集约利用上开展多层面、多形式、宽领域合作。促进湘鄂赣文化市场资源的优化配置与合理流动，建立长江中游地区演出洽谈机制，轮流举办演出业务洽谈会；推进文化企业结成合作联盟，共同开发市场资源，在优势互补中实现联动发展。

（4）现代农业合作发展联盟

以长江为主轴，以环鄱阳湖、环洞庭湖和环洪湖为重点区域，以资本运营和优势品牌为纽带，加快推进农业供给侧结构性改革，支持农业产业化国家重点龙头企业创新协同发展，跨区域构建一体化优势农产品产业带和生产基地，推进长江中游城市群发展成全国最大的优质淡水水产品生产基地和商品基地。

3. 建立园区共建联盟机制

促进长江中游地区国家级及省级开发区，与长三角、珠三角、京津冀地区园区开展合作共建，高水平地承接沿海地区的产业梯度转移。中关村海淀园秦皇岛分园模式值得借鉴。2014 年 5 月，中关村海淀园在秦皇岛建立了国内首个分园，经海淀区和秦皇岛市双方商定，对转移企业实施 4∶4∶2 的税收分享政策，20% 作为园区产业扶持资金，余下 80% 由开发区和海淀园对半分成，解决了横亘在两地之间的利益鸿沟，调动了双方的积极性，也解决了接下来的产业链条延伸等问题。大力支持长江中游城市群重点产业园区与沿海发达产业园的产业对接与合作，鼓励采取“飞地模式”合作共建，共同培育新型产业链和产业集群。建立长江中游地区园区招商项目信息库，面向长江中游城市群重点开发区园区征集合作共建项目意向，及时发布园区合作共建相关信息，完善充实园区共建项目信息库；统一开展项目宣传推介活动，促进各个园区的招商引资；为部分园区和企业提供项目投资信息，加大园区和企业之间的信息沟通强度，增加投资合作机会。

4. 建立促进市场一体化的协作机制

促进长江中游城市群产业分工协调发展，关键在于要建立健全让市场发挥决定作用的体制机制，让要素和商品能够自由流动起来，为产业分工合作提供市场制度保证。深入贯彻国务院出台的《国务院关于促进市场公平竞争维护市场正常秩序的若干意见》，以武汉、长沙、南昌为核心，推动湘鄂赣三省区域市场综合监管体系协调一致，推动企业信用信息系统的互联互通，营造“一处守信、处处受益；一处失信、处处受制”的长江中游城市群社会诚信发展环境，营造有利于中小企业发展的良好环境。

（三）协同打好“交通牌”，增强长江中游城市群的集散功能

长江中游城市群一体化关键在于以交通为主的基础设施互联互通，按照利益均沾、合理分担的原则，共同推进跨区域基础设施网络化建设。

1. 深化航道及岸线开发协调机制

强化长江中游城市群的增长极效应，必须要发挥好长江“黄金水道”的作用。充分挖掘和更好地利用长江资源，这是长江中游城市群发展的关键所在。重点围绕长江黄金水道航运资源合理开发利用、长江岸线资源整合等，深化区域合作，合理集约开发资源。加强三省交通厅之间以及与长江航道局的沟通合作，推动长江黄金水道中游段的综合开发利用，联合整治长江中游段航道体系，推进长江中游地区航运干支相通成网，提高通航能力。进一步加强武汉、九江、岳阳、荆州、宜昌等港口规划和深水岸线使用管理，加快做好沿江城市间长江深水岸线资源的整合、优化和提升工作，为沿江开

发和跨江融合腾出宝贵空间。加快以武汉为牵头方的长江中游航运中心建设，加大长江中游地区港口资源整合和重组力度，联合推进武汉新港与九江港、岳阳港、黄石港、荆州港、宜昌港等港口的资产重组和整合，实现中游地区港口共赢，力争将武汉航运中心建设成为集先进技术和高效服务于一体的现代化大港。引导要素向沿江聚集，充分发挥武汉国内最大内河港口城市优势，扩大长江中游港口腹地范围，与周边区域合作建设“无水港”。主动接受下游长三角产业辐射，加强与上游成渝经济区合作，促进全流域的联动发展，共同推进长江经济带的一体化建设。

2. 道路互联互通机制

立足城市群整体建设高度，统筹规划引导城市群综合交通发展规划，明确区域交通、圈内交通、中心城市交通等各层次交通系统功能定位、发展战略、衔接转换等，以形成通达度高、联系快捷的综合交通网络。不断加强湘鄂赣省高速公路规划建设的统筹协调，推进跨省综合交通枢纽、物流中心逐步实现“无缝对接”。争取国家支持城市群跨区域重大交通设施建设，争取国家将长江中游城市集群综合交通运输体系建设纳入国家试点示范，优先安排长江中游地区交通重大基础设施项目，以武汉、长沙、南昌为中心，推进长江中游城市群形成“三角形、放射状”城际交通网络，实现武汉、长沙、南昌之间 2 小时通达，武汉、长沙、南昌与周边城市之间 1 ~ 2 小时通达。建立和不断完善重大项目的协商推进机制，在争取国家对项目予以优先安排和资金倾斜的基础上，逐步构建完善设施共建、运营共担、效益共享的建设、管理机制。跨区域重大交通设施建设、公交线路开通，由途经地区按比例出资，共同建设和运营。各级政府财政予以优先倾斜保障，充分运用项目融资、政府债券等融资手段，并适度推行市场化经营。在土地要素保障上，积极争取国家、省级层面专项下达都市群重大交通设施建设用地指标，并在都市群层面统筹协调耕地占补平衡。对细化分解的建设任务，确立统一的建设时序和建设标准，纳入各地方重点项目盘子，充分明确和落实要素投入。对交通设施建设中涉及的政策处理问题，应制定统一处理政策，避免处理标准的差异导致的“断头路”现象。

3. 信息基础设施共建共享机制

推进武汉、长沙、南昌信息基础设施协调建设，联合开展区域信息基础设施发展战略研究，立足《国家信息化发展战略纲要》，协调推进长江中游城市群信息基础设施共建共享，加强区域间信息基础设施的规划衔接，全面提升城市群信息网络承载能力。推进信息基础设施利用共享，构建湘鄂赣三省云计算数据中心的横向融合、纵向贯通的合作机制，有序推动长江中游地区城市间数据异地互备工作。

四　协同推进长江中游城市群“三区”建设

按照《长江中游城市群发展规划》提出的战略定位，湘鄂赣三省应强化合作，协同推进“中西部新型城镇化先行区、内陆开放合作示范区、‘两型社会’建设引领区”的建设。

（一）协同推进长江中游城市群新型城镇化

推进长江中游城市群新型城镇化，关键突破口在于打造农业转移人口就近城镇化典范，创新跨区域城乡统筹发展机制，进一步优化国土空间的开发格局，不断提升城市群内新城、中小城镇对农业转移人口的吸纳和集聚能力，实现城市群经济社会发展和人口城镇化的协调发展，形成多中心、网络化发展格局。

1. 建立产业与人口“承接双转移”机制

深入贯彻推进《全国主体功能区规划》，按照长江中游城市群的国家重点开发区域功能，不断提升承接优化开发区域产业转移和限制开发区域人口转移的能力。呼吁国家在武汉等长江中游城市群大城市建立“承接双转移”示范区，为全国特别是中西部地区就地就近城镇化探路。一是支持长江中游城市群承接先进产业转移。紧紧抓住国际金融危机爆发以后国际资本和沿海产业加速向内地转移的重大机遇，着力在搞好承接产业转移中加快发展，在加快发展中搞好承接；以结构调整为主线，以建立现代产业体系为目标，节约集约利用资源，发展循环经济，加强环境保护，着力在搞好承接中调整结构，在调整结构中搞好承接；以体制机制创新为动力，提高自主创新能力，着力改善投资环境，提升配套服务水平，着力在搞好承接中优化升级，在优化升级中搞好承接。二是支持长江中游城市群吸引农民工回归创业就业。目前，湘鄂赣三省人口净流出过千万，主要流向长三角、珠三角等地区；随着长江经济带、长江中游城市群等国家战略的实施，大量农民工开始返回内地创业，其成为农业转移人口市民化的主体。支持开发区、工业园区建立农民工创业园，进一步吸引更多农民工返乡创业，带动农民工就地就近就业。同时，围绕农业供给侧结构性改革，着力培养一批有文化、懂技术、会经营的新型职业农民，提升农民综合素质、职业技能和创业发展能力。

2. 建立健全公共服务及社会治理的统筹协调机制

统筹长江中游城市群社会事业发展，创新公共服务和社会管理体制机制，发挥核心城市社会资源优势，推动湘鄂赣三省社会事业一体化发展。深入推进公共服务资源共享。建立医疗卫生联动共享的体制机制，积极推进长江中游城市群医疗卫生信息系统建设。加强长江中游城市群的突发公共卫生事件应急指挥中心、疾病预防控制中心、医疗机构、中心血站等的网络联结，为突发公共卫生事件的医疗救治处置搭建实时信息平台；创新长江中游城市群医疗资源共享机制。鼓励长江中游城市群内的大医院通过兼并、托管和入股等方式，参与本省及其他省的医院经营管理，推进人才流动、技术设备共享和医疗协作。推进实施长江中游城市群医院对接制度，对转诊病人互认检查结果，凭转诊单直接入院。建立社会保险关系跨区域衔接的体制机制，探索建立异地领取养老金资格认证机制。推进三省各级社保经办机构间协调，共同开发异地协助资格认证网上操作系统，建立异地协助资格认证信息传递的共用平台。建立健全长江中游城市群异地就医即时结算报销机制，逐步实现异地就医医疗费用联网结算。

（二）协同提升长江中游城市群“内陆开放”功能

进一步深化长江中游城市群对内对外开放，积极融入“一带一路”、长江经济带等国家重大战略部署，充分利用国际国内两个市场，推进长江中游城市群在更大范围、更广领域、更高水平上实现资源要素优化配置。

1. 深化与全国重要城市群间合作机制

围绕长江经济带大通道，深化长江中游城市群与长三角、成渝的联动发展，优先推进长三角产业沿长江向长江中游城市群有序转移；以上海、武汉、重庆为中心，充分利用长江“黄金水道”功能，建立沿线港口合作机制，促进长江港口联动发展。依托京广大通道，深化长江中游城市群与京津冀、珠三角的联动发展，大力承接北京非首都功能疏解和产业转移，建立园区联合协作开发机制，创新“飞地经济”合作机制，促进资金和技术向长江中游城市群转移。围绕老工业城市和资源型城市的产业转型升级，深化与东北老工业基地的合作交流，共同探索以再造产业竞争新优势为重点的体制机制创新。

2. 深化融入“一带一路”机制

依托长江黄金水道，加快推进长江中游港区铁路专用线建设，进一步推进中欧班列和长江“江海直达”航线的无缝对接，在武汉新港建设欧洲木材进口集散中心。加快推进实施万里茶道文化遗产保护及联合申遗工作，增强中蒙俄的经济文化交流，深入推动长江中上游地区和俄罗斯伏尔加河沿岸联邦区的合作。按照“世界眼光、国际水准、通衢优势”，加大申报国家级临空经济示范区力度，推进武汉临空经济发展上升为国家战略，建设成为中部门户枢纽机场；加快湖北国际物流核心枢纽机场项目建设，加快补齐航空货运物流短板，畅通航空开放大通道，打造“空中丝绸之路”。依托自贸区、综保区、保税物流中心等，大力推进国际智慧物流园建设，建立多式联运物流网络平台，加快推动铁路、公路、水路信息系统互通。

3. 深化国际绿色交流合作机制

在“一带一路”建设中，习近平总书记强调，要着力深化环保合作，践行绿色发展理念，加大生态环境保护力度，携手打造“绿色丝绸之路”。长江是世界原始生态文明理念的发源地之一，荆门出土的郭店楚墓《老子》简改写了中国思想史，其中的“道法自然”闪耀着朴素的生态文明思想光辉。2007 年，国家在武汉城市圈和长株潭城市群设立了全国资源节约型和环境友好型社会建设综合改革试验区；2013 年 7 月，习近平总书记视察湖北参观武汉城市圈“两型”建设成果展览后，给予了高度评价。2016 年 9 月在武汉举办了首届“大河对话”，以“大河文明的嬗变与可持续发展”为主题，围绕大河流域经济、文化、生态的演变轨迹及可持续发展开展研讨。建议把“大河对话”武汉论坛上升为由国家推动的全球性、常态化论坛，打造世界大河文明对话平台，推动内陆文明、大河文明的复兴，携手打造“绿色丝绸之路”。

（三）协同打造“两型社会”建设引领区

《全国主体功能区规划》将“长江中游地区”功能定位为“两型社会”建设示范区，长江中游三省的城市群建设的主题都统一于“两型社会”的旗帜之下。抓住生态文明这个主题，围绕“共抓长江大保护”这个百年大计，持之以恒，多措并举，长效管理，让长江中游城市群生态文明建设“踏石留印、抓铁有痕”。

1. 创新完善生态“留白”机制

习近平总书记的“两山”理论，已经成为我国生态文明建设的重要指导思想，“我们既要绿水青山，也要金山银山。宁要绿水青山，不要金山银山，而且绿水青山就是金山银山”。推动长江中游城市群成为践行“两山”理论的典范，关键在于“留白”，为可持续发展留足空间，为子孙后代留下天蓝地绿水清的家园。始终强化生态红线的底线思维，实行最严格的源头保护制度、损害赔偿制度、责任追究制度等，把生态文明建设纳入法治化、制度化轨道。深化完善主体功能区战略和制度，加快推进人口和产业进一步向城市集聚，更好保护山水林田园等多元自然开敞空间，有效分隔城镇，给自然留下更多修复空间，给农业留下更多良田。推进秦巴山区、武陵山区、罗霄山区、幕阜山区等集中连片特殊困难地区坚定不移地走好“绿富双赢”之路，持续推进生态移民，特色化、品牌化发展生态健康产品和服务，在增加生态存量的同时，减少人口生态消费和人口生态赤字。

2. 创新完善协同治理体制机制

长江中游城市群共享一片天，同饮一江水，相邻的地理位置决定了在环境问题上谁都不可能置身事外，独善其身。共抓长江大保护，必须注重协同治理。建立中央财政主导、地方财政参与的长江大保护财政专项资金，加大对环境突出问题的联合治理力度。鼓励和支持湘鄂赣设立跨区域生态补偿基金，开展开发地区对保护地区、生态受益地区对生态保护地区的生态补偿试点，进一步健全完善三峡库区生态补偿机制，探索将汉江中下游和洞庭湖、洪湖等重要湿地纳入国家生态补偿试点范围。完善长江环境污染联防联控机制和预警应急体系，深化地区污染联防联控协作机制，实现统一规划、统一标准、统一环评、统一监测、统一执法，推动形成区域环境治理新格局。

3. 创新完善新型生态环境治理机制

在国家大数据战略、网络强国战略、“互联网 +” 行动计划的引领下，生态大数据建设正成为创新环境管理的助推器，为长江经济带大保护提供了新路径。充分利用长江委“水利一张图”，加强三省相关部门沟通，围绕水资源、土地资源、矿产资源、大气环境、森林、草原、湿地等各类生态要素，“多规合一”，全面建立长江中游地区资源环境承载能力立体综合评价与监测预警系统。探索建立“长江大保护”手机 APP，推进长江中游各地区、各部门的重要环境信息公开，让老百姓实时实地查询，了解生态环境状况，如针对周边的环境污染问题，可即时即地以文字图像通过客户端反馈给相关部门，更好地保障公众对环境保护的知情权、参与权和监督权。

参考文献

肖金成、安树伟：《走健康城镇化之路》，《前线》2014 年第 6 期。

〔德〕H. 哈肯：《协同学——物理学、化学和生物学中的非平衡相变和自组织引论》，徐锡申、陈式刚等译，原子能出版社，1984。

靳景玉、刘朝明：《基于协同理论的城市联盟动力机制》，《系统工程》2006 年第 10 期。

席恒、雷晓康：《合作收益与公共管理：一个分析框架及其应用》，《中国行政管理》2009 年第 1 期。

陈运平、黄小勇：《论区域经济的共生发展》，《光明日报》2014 年 4 月 2 日。

郭熈霖：《关于区域协调机制的思考》，《光明日报》2009 年 5 月 3 日。

B.3 长江中游城市群城市经济实力评价及相关建议

秦尊文　黄 展*

摘　要：　本文运用主成分分析法对长江中游城市群中各城市经济实力进行量化分析，通过横向和纵向对比分析城市群演化规律和特征；使用面板模型分析方法，对面板数据进行回归分析，运用长江中游城市群2005～2015年各项经济指标数据建立回归模型，模型从经济基础、产业结构、开放程度、政府金融环境和科技教育投入五个方面分析其各自对综合经济实力的影响情况。

关键词：　长江中游城市群　经济实力　影响因素

一　引言

2015年3月26日，《长江中游城市群发展规划》获得国务院批复实施，标志着长江中游城市群的发展进入一个新的阶段。自规划批复以来，长江中游地区的建设有着明显进展，主要表现为战略地位日益凸显，各项政策有效实施，产业发展成果显著，省与省之间合作频繁。目前，以武汉城市圈、环长株潭城市群和环鄱阳湖城市群为主体的长江中游城市群逐步成为继长三角、珠三角和环渤海之后中国经济发展的第四大增长极，因此，从理论上深

---

* 秦尊文，博士，湖北省社会科学院副院长、长江中游城市群研究中心主任，研究员，博士生导师；黄展，湖北省社会科学院长江流域经济研究所硕士研究生。

入分析长江中游城市群发展现状，寻找当前发展中存在的问题，探索发展模式和路径，联系当前的实际情况，探讨长江中游城市群能否抓住机遇，在国内国际竞争中提升自身地位，对当前加快城市群建设以及长江经济带发展都有着重要的现实意义。

关于城市竞争力的研究，国外学者对于该领域的研究起步较早，已经形成比较成熟的理论体系，以经济增长理论、竞争优势理论等为基础，研究范围涉及社会经济、产业、管理、创新和文化等领域，同时也有关于城市竞争力不同方法和层面的研究，研究多集中于竞争力影响因素、评价体系、模型建立等方面：从竞争力影响因素方面研究来看，Kresl 借鉴了国家竞争力的定义，将城市竞争力的影响因素归纳为经济和战略两方面因素，认为城市竞争力体现在于自身财富的创造和收入能力的提升，并结合显示性框架和解释性框架提出城市竞争力评价方法；① Douglas Webster 将城市竞争力要素划分为经济结构、区域性禀赋、人力资源和制度环境；② Linnamaa 认为城市提升自身竞争力的关键在于核心竞争优势的体现。从竞争力评价研究方面：Iain Begg 将城市竞争力分为显性要素和决定要素，通过投入 - 产出方法和关系对其进行评价研究；③ Shaleen Singhal 等运用分层模型评价英国若干城市竞争力，并在协同再生经济与商业方面提出提升城市竞争力的策略④。国内学者对城市竞争力方面也进行过大量研究，研究多以城市和城市群为对象，涉及研究方法多为评价指标体系、影响作用机制和计量模型建立，郝寿义、宁越敏、倪鹏飞等在城市竞争力评价指标、指标体系和模型建立等方面进行过大量研究；同时对城市竞争力的研究侧重点也各有不同，其中主要包括城市经济联系、空间集聚功能、产业、制度和政策环境、生态、创新能力等方

---

① Kresl P. K. , Singh B. , "Competitiveness and the Urban Economy: Twenty-four Large US Metropolitan Areas", *Urban Studies*, 2014, 36 (5): 1017 - 1027.

② Webster D. , Muller L. , Urban Competitiveness Assessment in Developing Country Urban Regions: the Road Ahead, 2000.

③ Iain Begg, "Cities and Competitiveness", *Urban Studies*, 1999, 36 (5/6): 795 - 809.

④ Singhal S. , Mcgreal S. , Berry J. , An Evaluative Model for City Competitiveness: Application to UK cities, *Land Use Policy*, 2013, 30 (1): 214 - 222.

面。城市群经济竞争力评价方面，朱子明等从国内经济实力、基础设施建设、贸易与投资和就业与收入四个方面构建指标体系对长三角城市群经济竞争力进行评价；[①] 王发曾等以中原城市群为研究对象，运用主成分分析方法对各城市竞争力进行时空演变和空间演变分析，评价各城市综合实力并且得出影响城市竞争力因素的演变规律和特征。[②] 研究多集中于城市群研究范畴，多以中原城市群、长三角城市群、长江中游城市群等为主。[③]

随着中国城镇化进程的推进，中国逐步形成了以城市群为主导的发展格局，但是大多数城市群仍然处于发展初级阶段，其内在的潜力还没有被发掘出来，主要是因为城市与城市间经济发展联系不够紧密，大多处于离散状态，整体竞争力还未集中体现出来，对于城市群内部来说，其产业分工不明确，产业同质化现象严重，竞争格局存在混乱的现象，整体功能并未充分发挥。从城市群发展规律来看，长江中游城市群仍处于发展的初级阶段，且城市群内部城市之间经济发展水平不均衡，出现极化现象，且城市群结构存在不合理现象，发展水平两极分化严重，彼此之间合作小于竞争，城市发展潜力未得到充分发挥。本文对长江中游城市群内各城市经济发展水平进行定量分析，选取若干经济指标对城市群内各城市经济发展水平进行排名，分析内部经济发展结构变化规律及其影响因素，最后针对城市群结构不平衡、经济发展不均等问题提出相关建议。

二　分析方法

（一）研究范围

长江中游城市群是以武汉城市圈、环长株潭城市群和环鄱阳湖城市群为

① 朱子明、郁鸿胜：《长三角核心城市群经济竞争力评价研究》，《生态经济》（中文版）2013年第12期。

② 王发曾、吕金嵘：《中原城市群城市竞争力的评价与时空演变》，《地理研究》2011年第1期。

③ 王涛、刘承良、段德忠等：《长江中游城市群城市竞争力的空间演化》，《世界地理研究》2014年第3期。

主体组成的特大型城市群。依据《长江中游城市群发展规划》所界定的城市群范围，本文研究范围包括湖北省域内 13 个城市（武汉、黄石、宜昌、襄阳、鄂州、荆门、孝感、荆州、黄冈、咸宁、仙桃、潜江和天门）；湖南省域内 8 个城市（长沙、株洲、湘潭、衡阳、岳阳、常德、益阳和娄底）；江西省域内 9 个城市（南昌、景德镇、萍乡、九江、新余、鹰潭、宜春、抚州和上饶），其中吉安市新干县由于数据缺失不纳入本文研究范围。

（二）研究方法

本文采用主成分分析法，本文选取经济基础、产业结构、开放程度、科技教育投入和政府金融环境 5 个方面 28 个指标变量构成长江中游城市群各城市经济实力评价体系。

各城市综合竞争力得分计算方法如下。

$$\begin{cases} F_1 = a_{11}x_1 + a_{12}x_2 + \cdots + a_{1m}x_m \\ F_2 = a_{21}x_1 + a_{22}x_2 + \cdots + a_{2m}x_m \\ \cdots\cdots \\ F_n = a_{n1}x_1 + a_{n2}x_2 + \cdots + a_{nm}x_m \end{cases} \tag{1}$$

其中，F_n 为第 n 个主成分，x_1、x_2、…、x_n 均为原始变量，a_{ij}（$1 \leqslant i \leqslant n$，$1 \leqslant j \leqslant m$，其中 m、n 均为正整数）为由原始变量相关系数矩阵元素，且矩阵由正交化单位特征特征向量构成。城市综合经济实力模型如下。

$$F = \sum_{n=1}^{n} \frac{\lambda_n}{\lambda_1 + \lambda_2 + \cdots + \lambda_n} F_n \tag{2}$$

使用 SPSS 17.0 对各数据进行标准化处理，按照特征根大于 1，方差累计贡献率大于 85% 的原则选取主成分，根据主成分方差贡献值，经过主成分加权求和得到城市竞争力得分结果。

（三）数据来源

研究范围内长江中游城市群 30 个城市相关数据来自湖北、湖南和江西三省统计年鉴、中国城市统计年鉴以及各年度各市国民经济与社会发展统计公报。选取常住人口、全年新增城镇就业人员、GDP、全社会固定资产投资、城镇居民人均可支配收入等28组数据构建城市经济实力评价指标体系。

三　长江中游城市群城市综合经济实力分析

（一）城市经济综合实力评价模型的建立

关于城市经济综合实力评价模型的构建，本文采用主成分分析法从经济基础、产业结构、开放程度、科技教育投入和政府金融环境5个方面28个变量，对长江中游城市群30个城市进行综合经济实力评价（吉安市新干县因数据缺失不纳入本文研究范围），选取2005年、2010年和2015年的相关数据分别计算出长江中游城市群内30个城市在三个时间点的综合经济实力得分，城市经济综合实力指标体系如表1所示。

表1　城市经济综合实力评价指标体系

指标	变量
经济基础	常住人口(万人)、全年新增城镇就业人员(万人)、GDP(万元)、GDP增速(%)、人均GDP(元)、全社会固定资产投资(万元)、城镇居民人均可支配收入(元)、农村居民人均可支配收入(元)、社会消费品零售总额(万元)
产业结构	第一产业生产总值(万元)、第二产业生产总值(万元)、第三产业生产总值(万元)、第二产业占比(%)、第三产业占比(%)、高新技术产业增加值(万元)
开放程度	进出口总额(万美元)、实际使用外商直接投资(万美元)、邮电业务总量(万元)、货运总量(万吨)、旅游总收入(万元)、移动电话用户数(万人)、互联网宽带用户数(万人)
科技教育投入	授权专利数(项)、普通高等学校在校学生数(人)
政府金融环境	一般公共财政预算收入(万元)、一般公共财政预算支出(万元)、年末金融机构各项存款余额(万元)、年末金融机构各项贷款余额(万元)

为防止量纲不统一产生的影响，使用SPSS17.0对原始数据进行标准化处理，先使用5个方面指标对各城市进行综合评价，再从以上5个方面指标

分别对各城市经济基础、产业结构、开放程度、科技教育投入和政府金融环境方面进行评价，得出 2005 年、2010 年和 2015 年各城市各自指标的得分。由于主成分分析法是相对的概念，所有样本得分之和为 0，因此结果样本中会出现负数，不方便下面的分析总结，因此需要对数据进行一定的变换调整使结果全为正值，在这里本文采用离差标准化（也称 min-max 标准化）的方法对各城市实力得分进行处理，使结果区间落在［0，10］范围内的同时也不影响分析结果。数据变换公式为

$$X^* = \frac{X - \min A}{\max A - \min A} \times (\text{new} \max A - \text{new} \min A) + \text{new} \min A \quad (3)$$

其中 X^* 表示变换后的数据，X 表示原始数据，minA 和 maxA 分别表示原始数据列中的最大值和最小值，newminA 和 newmaxA 表示数据变换映射区间的最大值和最小值。

利用 SPSS17.0 进行主成分分析并进行变换后，长江中游城市群各城市经济综合得分如表 2 所示。

表 2　长江中游城市群各城市综合竞争力得分

城市	2005 年		2010 年		2015 年	
	变换前	变换后	变换前	变换后	变换前	变换后
武汉市	15.1729	10.0000	14.3649	10.0000	11.5889	10.0000
黄石市	-0.9059	1.0073	-1.0831	1.0231	-0.8248	1.2442
宜昌市	0.3410	1.7046	0.1985	1.7678	1.0208	2.5460
襄阳市	-0.1380	1.4367	-0.5090	1.3567	0.7776	2.3744
鄂州市	-2.1297	0.3228	-1.8396	0.5835	-1.4215	0.8234
荆门市	-1.3025	0.7855	-1.5903	0.7283	-1.2088	0.9734
孝感市	-1.4101	0.7253	-1.4972	0.7825	-1.0020	1.1192
荆州市	-0.9132	1.0032	-0.9609	1.0941	-0.5572	1.4330
黄冈市	-1.6127	0.6120	-1.3137	0.8891	-1.2108	0.9720
咸宁市	-2.2187	0.2730	-1.9416	0.5242	-1.7210	0.6121
仙桃市	-2.5248	0.1018	-2.5945	0.1448	-2.1632	0.3002
潜江市	-2.5935	0.0634	-2.5258	0.1847	-2.4244	0.1159
天门市	-2.7069	0.0000	-2.8437	0.0000	-2.5888	0.0000
长沙市	9.2511	6.6880	8.9872	6.8750	8.5780	7.8763
株洲市	0.5571	1.8255	0.4270	1.9006	0.7654	2.3658

续表

城市	2005年		2010年		2015年	
	变换前	变换后	变换前	变换后	变换前	变换后
湘潭市	0.0942	1.5666	-0.0938	1.5980	0.0287	1.8462
衡阳市	0.1163	1.5790	0.1165	1.7202	0.4224	2.1239
岳阳市	0.4224	1.7502	0.4916	1.9382	-0.3551	1.5755
常德市	0.0740	1.5553	-0.7822	1.1979	-0.3638	1.5693
益阳市	-1.3414	0.7637	-1.5193	0.7696	-1.6231	0.6811
娄底市	-1.4623	0.6961	-1.2086	0.9501	-1.7721	0.5760
南昌市	4.6858	4.1347	4.2865	4.1434	3.7187	4.4489
景德镇市	-1.5124	0.6680	-1.3485	0.8688	-1.4377	0.8119
萍乡市	-1.3641	0.7510	-0.8055	1.1844	-1.2647	0.9339
九江市	-0.3602	1.3125	0.0754	1.6963	0.0759	1.8795
新余市	-1.5116	0.6685	-0.4175	1.4098	-0.4746	1.4912
鹰潭市	-1.9207	0.4397	-1.2173	0.9451	-1.3980	0.8399
宜春市	-0.8709	1.0268	-0.9377	1.1076	-0.9254	1.1732
抚州市	-1.6084	0.6144	-1.4782	0.7935	-1.4453	0.8066
上饶市	-0.3064	1.3426	-0.4394	1.3971	-0.7939	1.2660

（二）长江中游城市群各城市经济综合得分比较分析

根据计算结果，将30个城市变换后的综合得分按四个等级划分（$Y\leqslant1$、$1<Y\leqslant1.5$、$1.5<Y\leqslant4$ 和 $Y>4$），分析2005年、2010年和2015年三个时间节点范围的分布结构、城市数量的变化等具体情况，结果如表3所示。

1. 经济综合实力得分等级划分

表3 长江中游城市群各城市经济实力等级划分

等级	2005年		2010年		2015年	
	城市	合计（个）	城市	合计（个）	城市	合计（个）
$Y>4$	武汉、长沙、南昌	3	武汉、长沙、南昌	3	武汉、长沙、南昌	3
$1.5<Y\leqslant4$	宜昌、株洲、湘潭、衡阳、岳阳、常德	6	宜昌、株洲、湘潭、衡阳、岳阳、九江	6	宜昌、襄阳、株洲、湘潭、衡阳、岳阳、常德、九江	8

续表

等级	2005 年		2010 年		2015 年	
	城市	合计（个）	城市	合计（个）	城市	合计（个）
$1 < Y \leq 1.5$	黄石、襄阳、荆州、九江、宜春、上饶	6	黄石、襄阳、荆州、常德、萍乡、新余、宜春、上饶	8	黄石、孝感、荆州、新余、宜春、上饶	6
$Y \leq 1$	鄂州、荆门、孝感、黄冈、咸宁、仙桃、潜江、天门、益阳、娄底、景德镇、萍乡、新余、鹰潭、抚州	15	鄂州、荆门、孝感、黄冈、咸宁、仙桃、潜江、天门、益阳、娄底、景德镇、鹰潭、抚州	13	鄂州、荆门、黄冈、咸宁、仙桃、潜江、天门、益阳、娄底、景德镇、萍乡、鹰潭、抚州	13

从经济城市间发展差距来看，2005～2015 年中心城市之间的发展差距在不断缩小：2005 年虽然各省省会城市竞争力明显大于其余城市，但是省会城市之间具有明显差距，武汉（10.00）、长沙（6.69）、南昌（4.13），长江中游城市群表现出单中心的极核发展模式；到 2015 年表现出武汉（10.00）、长沙（7.88）、南昌（4.45）之间差距缩小，长沙市竞争力得分有明显上升态势，此时长江中游城市群则是以多中心发展模式推动整个区域经济实力的提升。十年间，城市群中心城市与中小城市发展水平也在不断缩小，从原始经济实力评分数据来看，2005 年武汉市经济实力得分为 15.17，而天门市的得分仅有 -2.71；到 2015 年武汉市的经济实力得分为 11.59，天门市的得分为 -2.59，十年间极差由 2005 年的 17.88 减少到 2015 年的 14.18。主成分分析结果反映的是相对概念，并不意味着武汉在十年间经济发展水平退化，而是表明城市与城市之间发展的差距在不断缩小。武汉、长沙和南昌三个城市作为区域发展的增长极，在城市群发展初期由于极化效应，周围地区的要素将会不断趋向增长极，从而出现其经济实力明显强于周围地区的格局，但是随着中心城市的发展，其自身的辐射作用将会拉动周围地区经济发展，从而缩小中心城市与周边地区的发展差距，并且改变竞争力分布格局。

从经济实力分布结构来看，2005～2015 年长江中游城市群各城市经济竞争力呈现“金字塔”形结构。第一等级（最高等级）仍由省会中心城市占据，但是在此期间其余三个等级的变化情况明显，呈现以下特点：第四等级（$Y \leqslant 1$）的城市数量在减少，结构出现收束的变化特点，即底层向上层移动，第二等级（$1.5 < Y \leqslant 4$）的城市数量在此期间有了明显的增加，从2005年的宜昌、株洲、湘潭等6个城市增加到8个城市，表明城市群的中小型城市发展速度加快，中心城市的辐射作用起到了明显的带动作用；第二等级城市数量增加的同时，其经济实力得分也有明显改善，2005年株洲、湘潭和衡阳三市竞争力得分分别为1.83、1.57和1.58，2015年三个城市的得分分别增加到2.37、1.85和2.12，中小城市发展水平正不断向增长极靠拢，以中心城市为发展核心，以中小型城市为主力，虽然如今第二等级城市与第一等级城市的发展差距仍然存在，但是城市群的发展水平及其组织结构已经逐步走向均衡化发展，随着城市群一体化战略的推进，城市与城市之间的发展差距将会不断缩小。

从各省角度分析城市竞争力格局变化来看，长江中游城市群湖北省（13）、湖南省（8）和江西省（9）地区总共30个城市（本文研究范围不包括江西省吉安市新干县），2005年第二等级中除宜昌外，其余五个城市株洲、湘潭、衡阳、岳阳和常德均属于湖南省，湖南省的经济发展总体得分均高于湖北省和江西省且其发展态势较为均衡。到2015年，湖北省的襄阳、江西省的九江分别跻身第二等级，表明区域协调程度有所提高。

2. 次级城市群（圈）主要经济指标分析

将长江中游城市群内武汉城市圈、环长株潭城市群和环鄱阳湖城市群综合经济实力分为经济基础、产业结构、开放程度、科技教育投入和政府金融环境五个方面，并分别使用五个方面的指标数据得出该方面的竞争力得分，将各省各城市的竞争力的得分经过离差标准化变化，然后加总取平均数得出各省城市竞争力平均得分。

图1表示以省域为分类标准各城市各项指标的平均得分，并不表示各省发展的绝对水平，得分越高说明该区域的城市总体发展水平越均衡，从中可以看出以下几点。

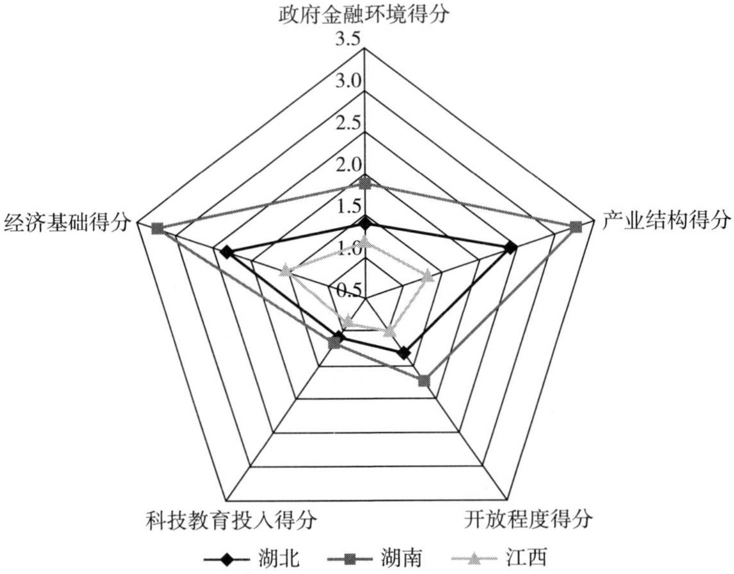
政府金融环境得分
3.5
3.0
2.5
2.0
1.5
1.0
0.5
经济基础得分
产业结构得分
科技教育投入得分
开放程度得分
湖北
湖南
江西

2005年

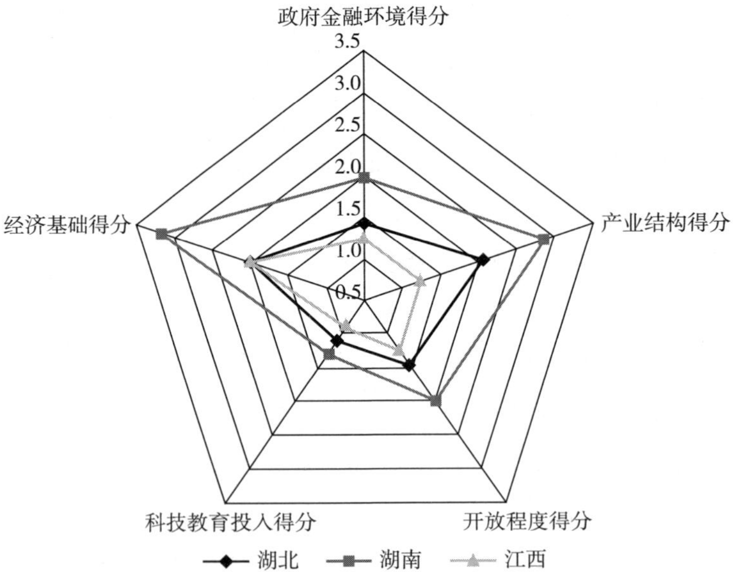
政府金融环境得分
3.5
3.0
2.5
2.0
1.5
1.0
0.5
经济基础得分
产业结构得分
科技教育投入得分
开放程度得分
湖北
湖南
江西

2010年

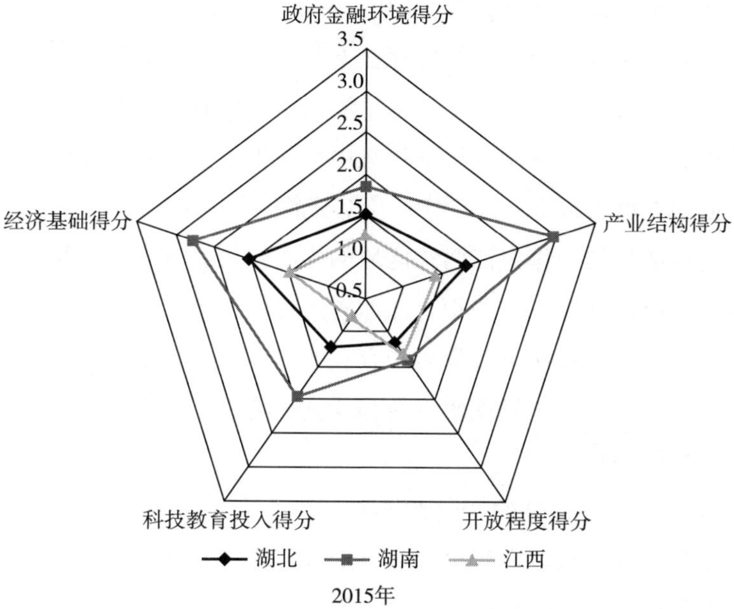

图1　长江中游城市群省域经济实力比较

（1）2005～2015年，三省的经济基础、产业结构、开放程度、科技教育投入和政府金融环境等指标得分均呈现上升趋势，各项指标的竞争力在不断增强。2005～2010年，环鄱阳湖城市群内部各方面经济指标相比于武汉城市圈和环长株潭城市群内城市而言有明显的增长态势。2010～2015年，经济基础、产业基础和科技教育投入得分有很大程度的改善。

（2）从湖北、湖南和江西三大城市群（圈）比较中明显可以看出，长江中游城市群内环长株潭城市群内城市各方面发展得分均高于武汉城市圈和环鄱阳湖城市群内城市。虽然2005～2015年环长株潭城市群区域中心城市长沙的各项指标得分均落后于武汉市，但是株洲、湘潭、衡阳、岳阳等城市发展水平在长江中游城市群中处于前列，各项指标得分均较高，地区间发展较为平衡；相比之下，长江中游城市群湖北省区域13个城市中，武汉市作为增长极核心，凭借其自身区位、资源、政策等优势竞争力不断增强，而其余城市的发展速度较为缓慢，极化效应明显，具体表现为地区之间发展不平衡，各项指标平均得分低下，但 2010 ~2015 年，随着宜昌和襄阳作为省域副中心城市的飞速发展，发展指标存在上升趋势，地区间发展水平不均衡的现象有了明显改善。湖北省一主两副多极战略的实施，发掘新兴增长极，发挥中心城市的辐射带动作用，促进长江中游城市群湖北省区域的城市的协调发展；环鄱阳湖城市群 2005 ~2015 年各项指标得分均较低，南昌市虽然列为城市群发展增长极，作为江西省区域的中心城市，其各项指标得分相比于武汉市和长沙市还存在一定差距，江西省区域由于现代产业发展滞后和生产要素聚集水平不高等在城市群发展中存在明显的劣势，虽说各城市的经济竞争力不强，但是区域总体发展水平较为均衡，有助于环鄱阳湖城市群未来形成全面发展的新格局。

（3）从各项指标得分的变化情况看，2005 年环长株潭城市群区域城市的经济基础和产业结构方面得分较高，武汉城市圈也表现出这一特点，环鄱阳湖城市群总体上来看虽然得分不高，但是其各方面发展较为均衡，整个城市群在科技教育方面的得分最低，且各区域水平相差最小；到 2010 年，值得注意的是，环鄱阳湖城市群的各项指标出现赶超的态势，在经济基础、开放程度、科技教育投入和政府金融环境方面逐步逼近湖北省区域城市的发展水平。到 2015 年，城市群整体得分有了较大幅度的提高，尤其是在科技教育投入方面，得益于政府近些年来对科教和创新的重视，传统的投资驱动和要素驱动的经济增长模式逐步转向创新驱动人才驱动。武汉城市圈的各项指标趋于平衡，环长株潭城市群整体发展水平继续提高，环鄱阳湖城市群内部城市在 2010 ~2015 年开放格局不断扩大，尤其是赣东北地区上饶、景德镇、鹰潭外贸进出口额和外商直接投资量增长明显，江西省正努力打造内陆双向开放新高地，促使整片区域对外开放水平不断提高。

3. 经济指标竞争力的空间格局演变分析

2005 ~2015 年长江中游城市群经济综合竞争力呈现以下特点：经济竞争力总体格局变化不大，城市群三大核心（省会中心城市）竞争优势明显，局部区域出现变化且不同地区格局演变趋势不同。

（1）2005 年长江中游城市群经济实力强弱呈现明显的核心对边缘的空

间格局，武汉、长沙和南昌市作为城市群增长极，自身经济发展条件优于周边地区，资源、人才、技术等要素向其自身集中收敛，结果自身经济实力不断增强，竞争力分布格局集中最终出现极化效应。总体来说，长江中游城市群西部地区竞争力分布相比于东部地区较为集中，南方地区集中度高于北方地区。2005～2010年，竞争力格局有扩散的趋势，周边城市与中心城市差距缩小。2010～2015年湖北省和江西省区域竞争力分布有聚集现象出现，湖南省区域竞争力有向东南方向聚集的趋势。

（2）城市群湖北省区域竞争力空间分布差异显著，总体竞争力格局有向西部聚集的趋势：武汉城市圈在此期间出现明显的极化效应，且2005～2015年并没有出现明显变化，具体表现为武汉市经济实力远超周围地区，城市圈东部城市竞争力强于西部地区，逐步形成边缘区域与核心区域对立局面。孝感、黄冈在武汉城市圈中保持着较高的竞争力，对于武汉城市圈整体而言，竞争力主要集中在东北地区。对于城市群西北地区，襄阳和宜昌经济实力在此期间有明显提升，长江中游城市群湖北省区域竞争力格局有向西边偏移的趋势。

（3）城市群湖南省区域竞争力空间分布较为均衡，总体竞争力在城市群中处于较高水平，2005～2015年，竞争力向东部地区推进表现出东强西弱的格局。2005年，湖南省地区竞争力水平分布均衡，长株潭城市群作为发展的中心区域，在城市群当中具有较好的经济基础、完善的工业体系、明显的人才技术优势，竞争力集中度较高，在长江中游城市群中属于竞争力分布聚集地区，长沙作为中心城市对周边地区发挥了较大的辐射作用，尤其是南北方向上岳阳、湘潭、株洲和衡阳受到核心对边缘的正向效果，自身经济实力不断发展，有成为地区副中心的发展潜力。西部地区益阳、娄底市相比于湖南省东部地区竞争力较弱，属于城市群边缘地区，受辐射的影响较小，并且2005～2015年，娄底和益阳的竞争力水平不断下降，竞争力向城市群周边地区转移，竞争力的迁移趋势与交通轴线的分布出现共轭耦合的特征，因此交通条件处于劣势的娄底市和益阳市出现竞争力偏弱的现象。

（4）城市群江西省区域竞争力分布均衡，但是与湖北和湖南地区相比，普遍竞争力较弱。在此期间，城市群江西省区域竞争力格局出现先扩散后聚集的特征。江西区域竞争力在整个城市群中相对竞争力较弱，地区之间发展相比之下较为均衡。2005～2015 年竞争力向中心城市南昌聚集趋势，前五年南昌市的相对竞争力变化不大，后五年就出现竞争力向省会城市聚集的现象，相比之下，东西方向上宜春和上饶在此期间相对竞争力有所下降。九江处于三省的交界处具有很好的交通优势，再加之具有丰富的旅游资源，竞争力在此期间不断提升。城市群东南部的城市（宜春、新余、鹰潭和抚州）在 2005～2010 年相对经济实力增长明显，但在 2010～2005 年，竞争力有所下降，向西北部偏移，中心城市南昌的相对竞争力提升。

四　相关建议

（一）增强中心城市辐射功能，建立城市群协调发展机制

从长江中游城市群 2005～2015 年经济实力演变格局变化来看，中心城市武汉、长沙和南昌竞争力明显高于其余城市，呈现三极发展的特征。要分别以武汉城市圈、环长株潭城市群和环鄱阳湖城市群为主体构建多中心协调发展格局。武汉城市圈应充分发挥武汉作为城市群中心城市的产业优势及科教优势，推进城市圈周边城市同城化发展，从基础设施、产业、市场和金融等方面深入推进城市圈一体化建设，城市与城市之间协调统一共同发展；环长株潭城市群一方面发挥长沙作为中心城市作用，推动与株洲、湘潭一体化发展，另一方面促进周边城市融合，依托国家级开发区和产业基地，引导产业集中，推进地区空间结构优化，保证地区经济水平不断提升。环鄱阳湖城市群充分发挥南昌作为核心的增长极作用，加快九江、景德镇、宜春、萍乡等城市的发展，依托京九、沪昆等交通干线增强城市联系，以发展轴推动要素流动，以点带线，以线带面，推动整个环鄱阳湖地区协调发展。

（二）优化城市群交通状况，实现城市互联互通

强化长江中游城市群内部轴线功能，打造区域综合立体交通枢纽，依托“两横三纵”发展轴，引导人口以及产业集中，生产要素高效流动，对内对外双向连接，促进内外贸易同步发展。以沿江发展轴为主线，充分发挥长江作为黄金水道的优势，加快沿江地区港口、铁路建设，发展多式联运，打造互联互通的综合运输体系，提升宜昌到九江沿线城市经济活力，优化沿江产业分工格局，淘汰落后产业和沿江重化工型企业，引进生物医药、电子信息等高新技术产业。京广、京九、沪昆、二广等铁路公路发展轴线与主轴相辅相成，提升交通通道运输能力，沟通节点之间要素相互交流，同时增强沿线节点要素集聚能力；促进交通轴线周边地区发展，提升中小型城镇经济综合实力，各个轴线途经地区发挥各自优势，如沪昆高速铁路线以长沙、南昌为重要节点城市，扩大中心城市辐射区域，推动经济试验区发展；京广铁路沿线应发挥沿途人力资源和产业优势，大力发展高新技术产业，增强城市群南北联系，依托武汉和长沙两大增长极，带动沿线孝感、咸宁、岳阳、衡阳等重要节点城市发展。完善交通设施功能，共享共建基础设施，努力打造一体化公路网络，充分发挥黄金水道在城市群交通中的支柱性作用，加快航运中心建设，打造以运输、服务和产业开发的多功能航运中心，构建交通网络信息平台。

（三）打造优势产业集群，推动城市群产业一体化进程

促进跨省域产业协作，加强配套产业协同发展，各地区联手打造有竞争力的产业集群，根据长江中游城市群现阶段的产业结构和资源禀赋，着力打造高端装备制造业、汽车及交通运输设备制造、光电子、新型材料、新型能源等产业集群。同时推进服务业发展，与先进制造业相辅相成，重点推进物流、金融和旅游业等，打造具有特色的城市群服务业聚集区。实现合理的产业分工协作，避免城市群内部产业同质化造成的恶性竞争、资源浪费、挤占市场等现象。合理安排产业布局，实现优势产业互补格局，

达到城市群产业竞争力最大化。武汉城市圈应充分发挥自身人才科研的优势，大力发展光电子信息、汽车及零部件制造、船舶制造产业；环长株潭城市群大力发展工程机械、轨道交通、新材料等行业；环鄱阳湖城市群以南昌为首的航空装备制造、风电装备具有一定的竞争优势。充分发挥市场的力量以及政府的作用，整合产业格局，引导城市、地区之间产业合作问题，共同促进城市群产业优化与转型，从而提升整个长江中游地区的产业竞争力。

（四）实现协同开放战略，对内对外开放相辅相成

稳定内贸是扩大外贸的基础，两者应当相互促进，协同发展，开放型战略的实施过程是从城市群内部开始到城市群之间再面向国际。首先应当积极推进城市群内部市场一体化进程，包括商品市场和要素市场的优化整合，以各地区要素禀赋为基础创造良好的贸易条件；其次努力扩大对外贸易规模，鼓励本地区优势产品或服务出口，同时大力推进长江中游地区物流、文化、科研等服务业的开放。创造城市群开放制度环境，其中包括经济环境以及投资环境，包括建立区域协调机制，充分发挥信息交流平台快速便捷的作用，同时对开放型经济实施创新机制，落实外贸优惠政策。例如，适当增加对长江中游地区外贸方面财政补贴，放宽外资准入条件，对外贸企业增加补贴等。湖北省被选入内陆自贸区，武汉、宜昌和襄阳被确定为湖北自由贸易试验区，划定范围 127.7 平方公里。作为长江中游城市群的重要组成部分，应充分发挥自贸区给外贸带来的优势，自贸片区之间构建资源和利益共享机制，带动城市群其余地区外贸发展。

（五）共创良好金融环境，促进城市群金融融合

首先增强不同城市与地区之间金融合作，构建区域金融中心，促进金融同城化，打破行政壁垒，促进金融资源在城市群内高效流通，发展金融结算、交易与服务平台，鼓励跨区域地区金融项目的合作。金融业自身发展的一体化进程随着区域一体化不断深入，中心城市将会吸引更多关于金融产品

或服务相关的新业务，比如，武汉正在吸引投资咨询、资产评估等中介服务机构以及金融机构数据备份中心等后台服务相关的业务进入金融机构，互联网新型结算方式的出现，将使城市群中部分城市的区域金融中心地位更加突出。推动在产品创新、金融服务等方面共同提高，鼓励长江中游城市群省会城市的民间金融、互联网金融等企业开展信息交流、资源共享、业务拓展和监管作用，稳妥推进其持续健康发展。

参考文献

陈继勇、王保双：《中国城市群的发展经验及其对长江中游城市群建设的启示》，《湖北社会科学》2014 年第 2 期。

郝寿义、倪鹏飞：《中国城市竞争力研究：以若干城市为案例》，《经济科学》1998 年第 3 期。

宁越敏、唐礼智：《城市竞争力的概念和指标体系》，《现代城市研究》2001 年第 3 期。

倪鹏飞：《中国城市竞争力理论研究与实证分析》，《城市》2001 年第 1 期。

秦尊文、汤鹏飞：《长江中游城市群经济联系分析》，《湖北社会科学》2013 年第 10 期。

白永亮、石磊、党彦龙：《长江中游城市群空间集聚与扩散——基于 31 个城市 18 个行业的劳动力要素流动检验》，《经济地理》2016 年第 11 期。

郝俊卿、曹明明、王雁林：《关于城市群产业集聚的空间演变及效应分析——以制造业为例》，《人文地理》2013 年第 3 期。

苏雪串：《城市化进程中的要素集聚、产业集群和城市群发展》，《中央财经大学学报》2004 年第 1 期。

李学鑫、苗长虹：《城市群产业结构与分工的测度研究——以中原城市群为例》，《人文地理》2006 年第 4 期。

蔺雪芹、方创琳：《城市群地区产业集聚的生态环境效应研究进展》，《地理科学进展》2008 年第 3 期。

方创琳、张舰：《中国城市群形成发育的政策保障机制与对策建议》，《中国人口·资源与环境》2011 年第 10 期。

赵运林、傅晓华、徐习军：《长株潭生态型城市群发展对策研究》，《城市发展研究》2009 年第 10 期。

白永亮、党彦龙、杨树旺：《长江中游城市群生态文明建设合作研究——基于鄂湘赣皖四省经济增长与环境污染差异的比较分析》，《甘肃社会科学》2014 年第 1 期。

胡晓鹏：《长三角城市群创新能力比较研究》，《南京社会科学》2006 年第 9 期。

王涛、曾菊新：《长江中游城市群城际竞合空间格局分析——基于城市竞争力与空间相互作用的视角》，《热带地理》2014 年第 3 期。

B.4
长江中游城市群共抓大保护现状、问题与对策

陈丽媛*

摘　要： 长江中游城市群资源优势明显，生态建设成效显著，但在经济发展与环境保护的双重压力下，依然面临诸多问题。湖北、湖南、江西三省要携手共建，在生态保护、环境治理、节能降耗、产业转型升级、制度建设等方面加强合作，让长江中游城市群实现山青水绿天蓝。

关键词： 长江中游城市群　生态建设　环境保护

2016年1月5日，在重庆召开的推动长江经济带发展座谈会上，习近平总书记指出：长江拥有独特的生态系统，是我国重要的生态宝库，当前和今后相当长一个时期，要把修复长江生态环境摆在压倒性位置，共抓大保护，不搞大开发。这一论述为长江经济带今后的发展提供了根本遵循。2016年3月25日，《长江经济带发展规划纲要》由中共中央政治局审议通过，该规划明确了长江经济带发展的战略定位，即“必须坚持生态优先、绿色发展，共抓大保护，不搞大开发”。长江中游城市群作为长江经济带一个重要的组成部分，处在中国的中部地区，生态地位非常重要。要在“生态优先、绿色发展，共抓大保护，不搞大开发”新的

* 陈丽媛，湖北省社会科学院长江流域经济研究所副研究员。

理念指导下，共同加快生态文明建设与保护的步伐，建成长江经济带生态文明建设示范区。

一　长江中游城市群生态建设条件分析

长江中游城市群腹地广阔，生态资源丰富，生态优势明显，生态建设外部条件日渐成熟。

（一）生态优势明显

1. 拥有丰富的水资源

长江中游地区江河湖泊众多。湖北素有“千湖之省”称号，拥有“三江”“五湖”“六库”，是文明全国的三峡库区所在地，是长江中游最长的支流汉江所在地。湖南的洞庭湖是全国第二大淡水湖，是长江的一座天然水库，其西北面的松滋口、太平口、藕池口等数条水道接纳长江来水，在东北面的城陵矶附近又把湖水泄入长江，四大支流——湘江、资江、沅江和澧水分别从西南向东北流入洞庭湖，连接长江。洞庭湖对调节长江水量起着重要作用。江西境内有全国最大的淡水湖——鄱阳湖，赣江、抚河、信江、饶河和修河五大河流均汇入其中，由湖口注入长江。鄱阳湖多年平均入江水量超过黄河、淮河、海河入海水量之和，总计 1468 亿立方米。

2. 拥有丰富的动植物资源

长江中游地区可称为我国生物多样性重要的“基因库”，野生动植物种类繁多，资源丰富。红豆杉，为世界上公认的濒临灭绝的天然珍稀抗癌植物；银杏、黄衫、水杉、珙桐、杜仲、秃杉、伯乐树等为珍贵树种；扬子鳄和白鳍豚等，为世界特有的野生动物。湖北就全境而言，除有水杉、珙桐、秃杉等国家一级保护树种外，还有二级保护树种 20 种和三级保护树种 21 种；有 112 种野生动物被国家列为重点保护动物。湖南全省有 66 种国家保护的珍稀野生植物，占全国 254 种保护珍稀植物种类的 26%；有国家一级保护动物 18 种，包括华南虎、白鹤、云豹、白鳍豚、金猫等。江西有 110

种属于中国特有珍稀、濒危树种；鱼类和鸟类种类较多，经济价值大，是开发利用和资源保护的重点。

3. 拥有丰富的矿产资源

长江中游地区矿产资源丰富。就全境而言，湖北省具有优势的矿产磷、石膏、金、银、铁、铜、石灰岩、矿盐、芒硝等，居全国首位的有化肥用橄榄岩、石榴子石、溴、碘、建筑用辉绿岩以及累脱石黏土。湖北有57种保有资源储量在全国前10位的矿产。湖南著称“有色金属之乡”“非金属矿之乡”，在全国乃至世界都具有重要地位的矿产有锑、钨、铋、锡、钒、重晶石、石墨。在全国已探明储量的矿产220多种中，江西有矿产101种，有54种保有储量居中国前十位，其中有10种居第一位，如铜、银、坦等；有9种居第二位，如钨、金、钪等；有6种居第三位，如铋、普通萤石、硅灰石等。同时，铜、铀、金、钨、银、稀土、钽铌号称江西的“七朵金花”。江西的德兴铜矿是亚洲最大的铜矿，贵溪冶炼厂是中国最大的铜冶炼基地。

4. 拥有丰富的旅游生态资源

良好的生态环境、深厚的历史文化底蕴、众多的山川名胜为长江中游地区提供了丰富的旅游资源。特别是，拥有丰富的红色旅游资源。如韶山，是毛泽东家乡；如井冈山，是新中国的摇篮，是毛泽东创建的中国第一个农村革命根据地；南昌，是人民军队的摇篮；瑞金，是共和国的摇篮；萍乡安源，是中国工人运动的摇篮；等等。目前，长江中游城市群内部共有1处世界文化景观遗产、1处世界自然资产、6处国际重要湿地、28处国家自然保护区、11处国家5A级景区、24处全国优秀旅游城市、12处全国红色旅游经典景区。

（二）综合实力逐步增强，助推生态文明建设

1. 生态文明建设需要经济发展作为支撑

根据国际经验，要基本控制环境污染，环保投资占GDP的比例应为1%～1.5%；要环境质量明显提高，环保投资占比必须为2%～3%。2016

年湖北省完成生产总值32297.91亿元，比上年增长8.1%。湖南全省地区生产总值31244.7亿元，比上年增长7.9%；江西全年实现地区生产总值18364.4亿元，比上年增长9.0%，分别排名全国第7位、第9、第16，比2015年的第8位、第9位、第18位，整体排名稳中有升。经济实力的增强为生态文明建设提供了强有力的资金保障。

2. 生态文明需要科技发展作为支撑

为实现“生态优先、绿色发展”的目标，长江中游地区必须提升科技发展水平。通过科技创新提高环境保护与修复能力，通过科技创新引导产业转型，充分利用好战略性、基础性和先导性技术，促使节能环保、生物医药等战略性新兴产业发展并重，打造符合低碳、绿色发展要求的现代化产业化体系显得尤为重要。长江中游城市群拥有雄厚的科技教育力量，武汉、长沙、南昌都是全国的科教重地，科技、人才和智力资源较为密集，为生态文明建设提供科技支撑。以武汉为例，科技教育实力居全国第三位，仅次于北京、上海；拥有国家级重点级实验室23家，国家工程（技术）研究中心20家，78所普通高校，92万名在校本专科学生，50多万名各类专业技术人员。高新技术优势方面，武汉东湖高新区为第二个国家自主创新示范区，已形成的优势领域有电子信息、生物技术与新医药、新材料、先进制造技术等；光电器件生产基地、光纤光缆生产基地、光通信产品研发制造基地和激光设备生产基地都是全国最大的生产基地；2017年又成为全国自贸区。湖南省共拥有长沙、株洲、湘潭、益阳、衡阳5个国家级高新技术产业开发区。长株潭城市群是全国六大综合性高新技术产业基地之一，优势领域有电子信息、先进制造、生物与医药、新材料、航空航天、生产性服务业等。江西省拥有南昌、新余、景德镇、鹰潭4个国家级高新技术开发产业区。南昌高新区初步形成了电子信息及应用软件、生物医药、光机电一体化、新材料等竞争产业，是江西省创新能力最强、产业集聚效应最显著、科技含量最高、发展速度最快的经济区域。可以说，日益强大的科技实力为长江中游城市群生态文明发展提供了技术支撑。

（三）制度建设逐步完善

1. 湖北省

2016 年 1 月 10 日，湖北省人民政府出台《湖北省水污染防治行动计划工作方案》，从推进水环境污染治理、经济发展绿色转型、水生态环境安全、水资源节约和保护、水环境管理、充分发挥市场机制作用、严格环境执法监管、强化环保科技支撑等十大方面举措 73 条确保全省水污染防治和水环境质量改善目标如期实现。2016 年 2 月 1 日，湖北省第十二届人民代表大会第四次会议通过《湖北省土壤污染防治条例》。2016 年 3 月 30 日出台《湖北省生态文明体制改革 2016 年工作要点》，从建立国土空间开发保护制度、建立空间规划体系、完善资源总量管理和全面节约制度、健全资源有偿使用和生态补偿制度、建立健全环境治理体系、健全环境治理和生态保护市场体系、完善生态文明绩效评价考核和责任追究制度 7 个方面 14 条内容，积极先行先试，大胆探索创新，抓好生态文明制度改革。2016 年 4 月 19 日出台《湖北省环保厅 2016 年全面深化改革工作要点》。5 月，湖北省环保厅印发《湖北省湖泊水质监测方案》，为湖北省湖泊水环境管理和保护提供数据支持和技术支撑。5 月 3 日，省委办公厅、省政府办公厅联合印发了《湖北省环境保护督察方案（试行）》（鄂办发〔2016〕68 号），环境保护督察常态化的工作机制得以建立。7 月印发《湖北省长江流域跨界断面水质考核办法》，8 月印发《湖北省实施〈党政领导干部生态环境损害责任追究办法（试行）〉细则》，9 月印发《湖北省生态保护红线管理办法（试行）》，10 月印发《湖北省生态环境监测网络建设工作方案》，11 月印发《湖北省环境空气质量预警和重污染天气应急管理办法》。为深入贯彻习近平总书记关于长江经济带发展必须坚持“生态优先、绿色发展，共抓大保护，不搞大开发”的重要指示，2017 年 1 月，《湖北省人民代表大会关于大力推进长江经济带生态保护和绿色发展的决定》审议通过。《湖北省大气污染防治条例》2017 年 1 月 24 日正式公布实施。湖北省审计厅 1 月出台《领导干部自然资源资产离任审计操作指南》，推动自然资源资产审计有序运行。2017 年 2

月，省委、省政出台《关于全面推行河湖长制的实施意见》，奋力打造河长制的“湖北样板”。

2. **湖南省**

2016 年湖南省陆续出台了一系列文件，包括《湖南省实施低碳发展五年行动方案（2016 ~ 2020 年）》《湖南省环境保护督察方案（试行）》《湖南省党政领导干部生态环境损害责任追究办法实施细则（试行）》《湖南省开展领导干部自然资源资产离任审计试点实施方案》等。启动生态环境损害赔偿制度改革工作，12 月，湖南省政府办公厅印发《湖南省生态环境损害赔偿制度改革试点工作方案》，方案提出对造成生态环境损害的责任者，将严格实行赔偿制度。同时，修订完成《湖南省大气污染防治条例》《湖南省实施〈中华人民共和国固体废物污染环境防治法〉办法》等，逐步建立系列环境保护管理制度，包括完善生态损害赔偿、生态补偿、生态红线、排污权有偿使用和交易等。2016 年 6 月，湖南省高级人民法院环境资源审判庭正式揭牌，专门化法庭“治污”模式正式开启。

3. **江西省**

江西省生态文明制度框架已经形成，在诸多方面先行先试。如率先在全国实行全流域生态补偿，下拨首批流域生态补偿资金 20.91 亿元，国家和广东、江西两省每年安排 5 亿元补偿资金，启动江西 - 广东东江跨流域生态保护补偿试点。制定《江西省主要污染物初始排污权核定与分配技术规范》《排污权出让收入管理实施办法》，江西省碳排放权交易中心获批成立，基本完成萍乡山口岩水库省级水权交易试点，推进南昌、鹰潭环境污染第三方治理试点。南昌、赣州等地开展试点，探索建立生态文明建设评价指标体系。出台《江西省党政领导干部生态环境损害责任追究实施细则》，建立精准追责机制等。

二　长江中游城市群生态环境质量现状

经过环境治理、产业转型升级、实施生态修复工程、植树造林等，长江中游地区的生态环境有了一定的改善。

（一）湖北生态环境质量现状

1. 节能降耗目标完成

2016 年全省继续大力推进节能降耗工作，单位 GDP 能耗年初确定的 3.4% 的下降目标顺利完成。工业企业吨粗铜综合能耗、吨钢综合能耗、单位烧碱综合能耗、吨水泥综合能耗、每千瓦时火力发电标准煤耗比 2015 年分别下降 12.2%、5.4%、0.2%、4.8%、1.2%。

2. 主要河流水质总体良好

2016 年，通过监测站对全省 74 条主要河流的监测断面（179 个）、湖泊（17 个）、水库（11 座）、城市内湖（8 个）进行监测，得出：179 个河流断面中，86.6% 的断面水质优良，符合Ⅰ～Ⅲ类标准，其中Ⅰ类 1.7%，Ⅱ类 48.0%，Ⅲ类 36.9%；Ⅳ类、Ⅴ类分别占 6.7%、2.8%，劣Ⅴ类占 3.9%，水质较差。其中，河流主要超标项目是总磷，断面超标率为 10.6%；氨氮，断面超标率为 8.9%；化学需氧量，断面超标率为 8.4%。具体到主要河流湖库来讲：长江干流总体水质状况为优，监测的 18 个断面水质均为Ⅱ～Ⅲ类，其中Ⅱ类、Ⅲ类各占 50%。汉江干流总体水质为优。20 个监测断面水质均为Ⅰ～Ⅱ类，其中Ⅰ类、Ⅱ类分别占 5.0%、95.0%。100% 的断面比例符合水质功能区划标准。主要湖泊总体水质为轻度污染。在全省 17 个省控湖泊的 21 个水域中，38.1% 的水域水质符合Ⅱ～Ⅲ类标准，其中Ⅱ类、Ⅲ类分别占 9.5%、28.6%；符合Ⅳ类标准的水域占 47.6%，Ⅴ类标准的水域占 14.3%，水质较差，无劣Ⅴ类水域。功能区水质达标率为 28.6%，总磷、五日生化需氧量和化学需氧量为主要超标项目。主要水库总体水质保持为优。11 座水库中有 10 座水质为优，符合Ⅰ～Ⅱ类标准，1 座符合Ⅲ类标准，功能区水质达标率为 100%。与 2015 年相比，漳河水库和白莲河水库的水质有所好转，其他水库水质保持稳定。主要城市内湖总体水质为中度污染。8 个城市内湖中，水质为Ⅲ类的有随州白云湖，Ⅳ类的武汉东湖、黄石磁湖，Ⅴ类的有武汉墨水湖、鄂州洋澜湖，劣Ⅴ类的为武汉沙湖、东西湖、黄冈遗爱湖。地级以上城市集中式饮用水水源地年水质达标率与2015年（100%）相比下降0.2个百分点，为99.8%。

3. 环境空气质量有待好转

因大气污染形成的特殊性，湖北省空气环境质量，与全国大环境保持一致，有待进一步好转。据测，2016年全省17个重点城市，除了神农架，其他16个重点城市空气质量均未达到二级标准。但是，17个重点城市空气优良天数比例较2015年提高7.3个百分点，平均为73.4%，表明空气质量在好转中。

4. 生态环境状况良好

根据《生态环境状况评价技术规范》（HJ/T192－2015），2015年（因受相关部门数据收集时间所有为良好，生态环境质量评价较其他环境要素滞后一年），全省生态环境状况指数（EI）为71.06，生态环境状况为良好。2016年湖北省继续推进“绿满荆楚”行动，一年累计造林743万亩。全省79个自然保护区，其中19个国家级自然保护区，27个省级自然保护区，总面积达110.8万公顷。神农架荣获“世界自然遗产地”称号。

（二）湖南生态环境质量现状

1. 能源消耗量继续下降

据2016年统计公报初步核算，湖南省规模工业综合能源消费标准煤量达5946.2万吨，比2015年下降1.5%。其中，六大高耗能行业综合能源消费标准煤量达4712.6万吨，比2015年下降1.7%。主要污染物中，化学需氧量排放量比2015年下降2.82%，氮氧化物下降6.99%，氨氮下降3.07%，二氧化硫下降8.42%。

2. 水环境质量稳中有升

全省地表水环境质量、四水干流水质2016年整体保持稳定，浏阳河、邵水等支流及洞庭湖湖体的水质局部有所提升。如长江湖南段水质总体为优，5个断面均达到或优于Ⅲ类水质标准。环洞庭湖河流水质总体为优，26个省控监测断面中，24个断面为Ⅰ～Ⅲ类水质，两个断面为Ⅳ类水质（华容河的六门闸、藕池河中支入境）。水质优良（Ⅰ～Ⅲ类）断面比例为92.3%。洞庭湖湖体水质总体为轻度污染，营养状态为中营养。洞庭湖湖体监测断面12个，其中10个Ⅳ类水质断面，两个Ⅴ类水质断面。总磷、化学需氧量和五日生化需氧量为主要污染物。与2015年同期可比断面相比，洞庭湖水质呈改善趋势。其中总磷的年平均浓度下降24.7个百分点，Ⅳ类水质断面比例上升63.6个百分点，Ⅴ类水质断面比例下降63.6个百分点。地表水省控断面中（419个），376个断面达到或优于Ⅲ类水质标准，占比达89.7%。较2015年（109个可比断面）上升0.9个百分点。其中17个断面达到Ⅰ类水质标准，272个断面为Ⅱ类水质，87个断面为Ⅲ类水质，9个断面为Ⅳ类水质，10个断面为Ⅴ类水质，4个断面水质为劣Ⅴ类，分别占4.0%、64.9%、20.8%、6.9%、2.4%、1.0%。2016年全省14个地级以上城市的饮用水水源地水质达标率为98.6%，较2015年上升1.3个百分点。

3. 空气质量有所好转

全省14个市州所在城市2016年平均优良天数比例高于湖北，为81.3%，轻度污染天数、中度污染天数、重度及以上污染天数分别占15.8%、2.3%、0.6%。全省14个市州所在城市全年环境空气中SO_2、NO_2、CO、臭O_3等四项污染物浓度均优于国家二级标准，但可吸入颗粒物（PM10）和细颗粒物（PM2.5）年均浓度超过国家二级标准。2016年全省酸雨污染程度基本稳定，全省酸雨频率为56.2%，比2015年下降1.8个百分点；降水PH均值为4.75，较2015年下降0.18个百分点。

（三）江西省生态环境质量现状

江西省2016年的生态环境质量进一步提升，生态环境质量继续保持在全国前列。

1. 节能减排力度继续加大

全省万元GDP能耗下降4.9%，完成主要污染物减排年度任务。南昌市更是把节能减排当作推进结构调整、落实科学发展观的一项重要任务来抓，全年全市万元GDP能耗下降3.17%，与年度下降两个百分点的节能目标相比，可以说是超额完成了任务。其中化学需氧量排放总量较上年下降1.2%，氨氮下降1%，二氧化硫下降2.26%，氮氧化物下降1.58%。

2. 全省地表水质良好

全省 88.6% 的主要河流为Ⅰ到Ⅲ类水质断面，其中，总体水质为优的有长江、抚河、东江和修河；水质总体为良好的有赣江、饶河、信江、萍水河、袁水和环鄱阳湖区河流等。主要湖库中，28.0% 的点位为Ⅰ类到Ⅲ类水质，其中，拓林湖水质优，仙女湖和鄱阳湖水质轻度污染，总磷是其主要污染物。

表 1　2016 年江西省主要河湖水质状况

河湖名称	水质状况
赣江	水质良好，Ⅰ～Ⅲ类水质断面比例为 87.1%
抚河	水质优，Ⅰ～Ⅲ类水质断面比例为 93.3%
信江	水质良好，Ⅰ～Ⅲ类水质断面比例为 88.0%
修河	水质优，Ⅰ～Ⅲ类水质断面比例为 100%
饶河	水质良好，Ⅰ～Ⅲ类水质断面比例为 82.4%
长江	水质优，Ⅰ～Ⅲ类水质断面比例为 100%
袁水	水质良好，Ⅰ～Ⅲ类水质断面比例为 81.3%
萍水河	水质良好，Ⅰ～Ⅲ类水质断面比例为 88.9%
东江	水质优，Ⅰ～Ⅲ类水质断面比例为 100%
环鄱阳湖区河流	水质良好，Ⅰ～Ⅲ类水质断面比例为 87.5%
鄱阳湖	水质轻度污染，营养化程度为中营养，主要污染物为总磷，Ⅰ～Ⅲ类水质点位比例为 11.8%
拓林湖	水质优，营养化程度为中营养，Ⅰ～Ⅲ类水质点位比例为 100%
仙女湖	水质轻度污染，营养化程度为中营养，主要污染物为总磷，Ⅰ～Ⅲ类水质点位比例为 25%

3. 空气质量进一步好转

全省设区城市空气质量优良率达 86.4%，远高于全国平均水平，但是与 2015 年 90.1% 的达标天数相比，城市环境空气质量还是有所下降。

4. 生态建设成效显著

2016 年江西省积极争取赣州列为国家山水林田湖生态保护修复四个试点地区之一，2017 年 2 月成功获得财政部、国土资源部、环保部批复并下达了基础奖补资金 20 亿元。2016 年新确定省级生态文明示范县 16 个、省级生态文明示范基地 60 个、新增国家重点生态功能区 17 个。截至 2016 年底，共建立159处自然保护区，其中，国家级的共有15处，省级的共有37处，市县级的共有107处。10681平方公里的自然保护区面积，占全省土地面积的6.4%。森林覆盖率为63.1%，位居全国第二。

三　长江中游城市群生态建设存在的问题分析

长江中游城市群生态文明建设虽然取得了明显成效，但环境问题依然严峻，实现内部协同治理建设任重道远。

（一）生态资源承载压力较大

武汉城市圈、长株潭城市群、环鄱阳湖城市群都缺煤少油少气。比如，水资源，湖北省有1027.8亿立方米水资源总量，只占全国的3.5%，人均水资源量排全国第17位，为1732立方米，低于全国平均值，国际公认的严重缺水警戒线为人均1700立方米，湖北与之接近。比如，生物资源，长江中游城市群的生物资源面临总量下降、物种减少的危机。由于人为捕杀，野生动物资源生存条件日益困难，许多物种面临灭绝的危险。又如土地资源，由于土地污染，水土流失，湖泊湿地面积减少，调节作用降低，土地生态环境恶化，土地资源退化，耕地质量下降，土地供应紧张。《湖北省国土资源“十三五”规划》提供的数据显示，湖北省“十二五”时期年均用地量近50万亩，但国家下达年度计划仅在25万亩左右，大部分用地依靠存量挖潜来满足需求，用地供需矛盾突出，仅2014年，湖北省用地上报计划与实际供应量之间缺口约7.5万亩，计划保障率只有70%。

（二）生态环境问题依然严峻

1. 生态环境的保护与修复非短期之功，长江中游城市群仍然面临较大的环境压力

突出的表现是，一些河湖污染仍较严重。湖北的四湖流域自然灾害频繁，污染较为严重；江西的鄱阳湖水质保护压力加大，流域部分河段水质有所下降；湖南江河水系水质未全面达到优良水平，部分城区黑臭水体问题突出，污水处理基础设施建设缺口仍然较大，特别是洞庭湖水质富营养化趋势依然明显。

2. 城市空气质量还不理想

传统煤烟型污染与臭氧、PM2.5、挥发性有机物等新老环境问题并存，生产与生活、城市与农村、工业与交通环境污染交织，主要污染物排放量仍处于高位，总量减排与环境质量改善的关系更趋复杂。城市大气污染形势依然较为严峻，部分城市“雾霾”现象依然严重，特别是长株潭城市群污染天气仍占较大比例。

3. 农村环境保护工作比较薄弱

作为农业大区，长江中游城市群的土壤污染问题严重，农村环境有待进一步改善。湖南的湘江重金属污染危机仍未解除。湖南目前尚有23.3万多公顷坡耕地需要退耕还林，133.3万多公顷石漠化地需要治理。

4. 长江中游城市群区域生态环境保护压力依然很大

特别是水污染现象不可忽视。调查显示，湖北省湖泊和城市内湖富营养化加剧，如枯水期汉江水质富营养化较严重，同时长江、汉江支流污染较为严重。江西的酸雨污染仍然较严重。湖南湘江流域的重金属污染尚未得到解决。近几年连续雾霾天气显示，长江中游城市群的大气治理任务十分严峻，大面积且持续的“重度污染”，加重市民对居住环境状况的担忧。水污染和大气污染等都具有较强的“负外部性”，治理难度较大。农村面源污染依然严重，化肥、农膜、农药在生产过程中大量使用，畜禽养殖粪污大量排放，水中超量使用水产，农村生活污水和垃圾随意无序排放，农业、农村生态环境污染日益严重。据相关资料，江西农业面源污染中有10万~12万t/a总氮产生量，有5万~6万t/a总磷。其中畜牧养殖业约占65%，畜禽粪便污染逐年加重，导致了一些主要江河、湖库的COD、总氮、总磷超标，引起水环境质量恶化；农村生活污染主要分布在赣江、信江、抚河、饶河、修水、鄱阳湖及其源头等人口集中地区。[①]

① 杨锦琦：《江西生态环境状况与生态文明建设》，《魅力中国》2016年第3期。

（三）转变经济发展方式尚未到位

推动经济绿色低碳循环发展是实现生态优先、绿色发展的必然要求。在过去政府部门片面追求经济增长目标下，经济发展很多仍处于粗放型状态，产业结构转型任务重。长江中游地区都处在加快经济加快发展的时期，面临经济发展与环境保护的双重压力。随着工业化、城镇化的加速推进，仍在增加资源能源消耗与污染物排放总量，很多地区都面临土地资源紧缺等问题，环境容量压力较大。一些地方生态环境保护意识不强，仍然偏重经济发展。如少数企业利益至上，缺乏环保意识，环保设施不到位，偷排现象时有发生。

湖北作为全国的几大老工业基地之一，经济增长仍以工业推动为主，钢铁、汽车、石化等行业仍然是支柱产业。传统产业、重化工业占比大，经济增长的粗放型特征比较明显。2016 年，湖南省三次产业比重为 11.5∶42.2∶46.3，与“两型社会”第二阶段的建设目标 9.5∶48.5∶42 比较，第一产业比重仍然偏高。工业仍以重化工业为主，规模工业增加值居前五的产业中，高耗能、高排放产业有 3 个。2014 年，六大高耗能行业增加值占全部规模工业的比重达 31.2%，而能耗却占规模工业总能耗的 79%。江西高耗能行业比重也比较高，占全省总量前 3 位的行业都属于高耗能行业，装备制造业占全省比重仍不到全省的1/4。可以说，高耗能行业仍是长江中游城市群高能源消费的主要因素，也是引起环境污染的一个重要原因。

（四）相关领域改革和建设步伐较慢

资源型产品价格体系有待进一步建立，产品价格的市场化程度不高，再生资源利用的价格激励机制有待进一步建立，企业进行资源循环利用的积极性不高。生态文明投融资机制不完善，民间资本参与生态建设的制度体系还不完善。新型绿色金融产品开发不够，相应的低碳金融市场制度亟待建立。财税、土地、价格、行政管理金融等各项改革相互协同配合的难度较大。生态文明建设的公众参与机制仍不健全，生态意识有待加强。[①]

同时，缺乏高效及时的环境预警系统；应急检测能力不足，缺乏应急技术装备和专业人员；对突发性环境污染事故的快速响应能力不强。环保资金不足，环保设备配备不足，间接造成环保执法力度不够。以湖北省防止流域过度采砂工作为例，全省 17 个市（州、林区）不少地方至今尚无执法艇，有的地方甚至执法经费得不到保障，只好以罚代管，以砂养人，执法容易陷入被动。

环保基础设施是污染防治、改善环境质量不可或缺的基础，是城市建设和管理的重要组成部分。目前一些地方尤其是小城市环保基础设施建设比较薄弱。如污水管网建设还不完善，污水处理厂生产能力未能充分发挥；一些工业园区污水集中处理设施滞后。农村环保基础设施建设滞后，农村生活污水、生活垃圾尚未得到妥善处理，畜禽水产养殖污染问题仍然存在。

（五）跨区域环保合作力度不大

2012 年初三省政府推进长江中游城市群建设以来，三省的旅游、交通、商务、工业、农业、文化、科技、教育、医疗卫生、国防科工、知识产权等政府部门以及社科院、党报、电视台等都签订了协议或联合举办了论坛，取得了一定成效。但三省环保部门至今未签订协议，未建立稳定联系机制。虽然有毗邻地区的协作，但属个案。有必要进一步探索建立长江中游城市群环境保护合作机制，通过协同创新、先行先试，共同破解“两型社会”建设和生态文明建设的瓶颈，更好地治理环境污染，尤其是跨区域的环境保护问题。

“同饮一江水，共享一片天”的长江中游城市群三省，其山水相连、唇齿相依的联系决定了在环境问题上需要携手共建。同时，治污的复杂性表

① 绿网：《2014～2015 年湖南两型社会与生态文明发展报告》。

明，靠自身力量难以解决区域性的环境问题，必须突破现有的行政分割体制，深入开展合作，才能实现根治污染。但是，受长期计划经济体制、地方政绩观等的影响，各个地方政府中间缺乏合作意识，可以说长江中游城市群在跨区域合作方面还要加大步伐。由于目前实行的以部门管理与行政区管理相结合的流域管理体制，管理效力的发挥受到束缚，加上流域上下游间的污染转嫁，存在流动性和不好定性等问题，增大了协调治理污染的难度。因此制度建设就显得非常重要。习近平总书记指出，“只有实行最严格的制度、最严密的法治，才能为生态文明建设提供可靠保障”。可以说，生态文明制度建设，是生态文明建设的突破口。要共同保护大长江，必须尽快突破现有的行政分割体制，建立一体化的环境管理体制机制，使长江中游城市群生态环保一体化建设有法可依、有章可循，实现环保治理整体利益的最大化。

四　深入推进共抓大保护的具体对策

湖北、湖南、江西三省要携手共建，在生态保护、环境治理、节能降耗、产业转型升级、制度建设等方面加强合作，让长江中游城市群实现山青水绿天蓝。

（一）严格实施主体功能区战略，优化国土空间开发格局

长江中游地区要严格按照《国家主体功能区规划》、三省主体功能区规划要求，统筹各类空间性规划，推动生态环境保护、土地利用规划等“多规合一”和空间“一张图”管理，逐步形成人口、经济与资源环境相协调的国土空间开发格局。严格按照包括重要生态功能区、生态敏感区和脆弱区、禁止开发区在内的生态保护红线管理要求，为子孙后代留下更多的生态空间。对各类自然保护区、国家级风景名胜区、国家森林公园、湿地公园、地质公园、矿山公园和长江沿线蓄滞洪区、分洪区，一律禁止开发。

表 2　长江中游城市群各类（国家级）禁止开发区名录

类型	名称
国家级自然保护区	五峰后河，石首麋鹿，长江天鹅洲白鱀豚，龙感湖，九宫山，洪湖，南河，湖北大别山，鄱阳湖南矶湿地、婺源森林鸟类、鄱阳湖候鸟，桃红岭梅花鹿，炎陵桃园洞，南岳衡山，东洞庭湖，乌云界，壶瓶山，六步溪，西洞庭湖，官山，江西九岭山，江西马头（抚州资溪县），江西武夷山，铜钹山，庐山
国家级风景名胜区	武汉东湖，大洪山，隆中，九宫山，陆水，衡山，岳阳楼，韶山，岳麓，桃花源，沩山，炎帝陵，庐山，三清山，龙虎山，仙女湖，梅岭－腾皇阁，龟峰，高岭－瑶里，武功山，云居山－拓林湖，灵山，神灵源，大茅山
国家森林公园	九峰，鹿门寺，玉泉寺，大老岭，大口，薤山，清江，大别山，柴埠溪，潜山，八岭山，沧水，三角山，太子山，天台山，吴家山，千佛洞，双峰山，大洪山，虎爪山，五脑山，安陆古银杏，崇阳，神农谷，大围山，黄山头，桃花源，天际岭，东台山，夹山，河洑，岣嵝峰，大云山，花岩溪，云阳，大熊山，幕阜山，五尖山，桃花江，柘溪，天堂山，青洋湖，黑麋峰，攸州，嘉山，江西三爪仑，江西庐山山南，梅岭，马祖山，鄱阳湖口，灵岩洞，明月山，天柱峰，鹅湖山，龟峰，永丰，阁皂山，三叠泉，武功山，铜钹山，天花井，拓林湖，万安，三湾，安源，景德镇，云碧峰，岩泉，瑶里，清凉山，九岭山，岑山，五府山，军峰山，碧湖潭，怀玉山，毓秀山，圣水堂，鄱阳莲花山，彭泽
国家湿地公园（不含试点）	东湖，谷城汉江，蕲春赤龙湖，赤壁陆水湖，荆门漳河，浮桥河，天龙湾，攸县酒埠江，千龙湖，水俯庙，金洲湖，孔目江，东鄱阳湖，修河，南丰傩湖，修河源
世界地质公园	庐山，龙虎山，三清山
国家矿山公园	黄石，应城，潜江，宜昌樟村坪，湘潭锰矿，景德镇高岭，萍乡安源，瑞昌铜陵铜矿
蓄滞洪区、分洪区	长江沿线

注：表格列出的是 2015 年以前批复的各类国家级保护区。

（二）优化调整产业结构，构建绿色产业体系

生态优先、绿色发展要求转变生产方式，加快产业结构调整步伐；供给侧结构性改革为整个长江经济带优化产业结构布局、统筹协调保护与发展创造了有利契机。长江中游城市群地区要抓住机遇，构建科技含量高、资源消耗低、环境污染少的产业结构，加快“绿色化”发展步伐。依托长江经济带国家级转型升级示范开发区中批复的湖北浠水经济开发区、宜昌高新技术产业开发区、荆州经济技术开发区，江西南昌市新建区长堎工业

园区、奉新工业园区、瑞昌经济开发区，湖南浏阳经济技术开发区、宁乡经济技术开发区、株洲高新技术产业开发区等，积极引导长江中游城市群产业转型升级和分工协作，促进产业转移和生产要素跨区域合理流动和优化配置，推动经济提质增效升级。大力发展循环经济，加快发展各类战略性新兴产业，改造提升传统优势产业，共建传统优势产业联盟。大力发展现代服务业，共同探索和完善服务业改革机制，培育新的经济增长点。要按照主体功能区的总体要求优化产业布局，坚决制止污染产业和企业入驻长江中游流域生态保护区。

（三）加大生态建设与修护力度，夯实环境保护基础

1. 加大水资源保护力度

水资源是长江中游城市群最宝贵的资源，加强水资源的综合利用和保护，对长江中游城市群乃至全国的生态文明建设具有重要的意义。要始终坚持保护优先和自然恢复为主，以各地江河湖库为重点，加强水生态治理和水环境保护，维护长江中游河湖的健康生态。通过完成汉江中下游堤防、洞庭湖区四河堤防工程、荆江大堤、鄱阳湖五河治理工程、长江干流与主要支流堤防等的建设，抓好长江中游地区防洪工程，完成堤围达标加固；实施长江河道整治工程、长江河道崩岸治理及河势控制工程①；实施最严格水资源管理制度，通过控制用水总量，提高用水效率，建设节水型社会等节约水资源。

2. 构建功能完备的森林生态系统

建设森林生态系统和维护生物多样性，植树造林是基本的手段。要继续保护好长江中游城市群重点资源开发区、重要生态功能区、生态良好区的生态系统。继续实施三省长江防护林体系建设、水土流失及岩溶地区石漠化治理、退耕还林还草、水土保持、河湖和湿地生态保护修复等工程。加强对生态公益林、流域防护林的保护。要积极建设沿湖、沿河、沿路生态保护带，

① 引自国务院国函（2015）62 号批复的《长江中游城市群发展规划》。

大力实施交通沿线绿色通道工程，推进实施农田林网工程，合理布局城镇和产业密集区周边的开敞式绿色生态空间。加大生物多样性保护力度。

3. 积极保护湿地资源

继续实施退耕还湿工程，实施湿地植被的恢复与重建，保护小型湖泊、港汊、溪流、山塘、农田等湿地资源，严禁一切破坏湿地的行为。建立更多的国家级、省级湿地公园。

（四）抓好资源节约、节能降耗

通过健全市场的准入和退出机制来激励生产领域的节能减排、节约用水、节约原材料和资源综合利用。建立明确的节能减排责任制，积极推行碳交易机制来促进节能减排工作的实施和促进清洁能源的开发利用。积极推广绿色建筑。通过建立城市矿产开发交易体制、健全废旧物资的回收体系和建立循环经济试点等提高资源的综合利用效率。加快淘汰落后产能，调整优化能源结构，大力发展清洁能源，提高以核电、风电为主的清洁能源比例，降低煤炭消费比重。要加强政策引导，结合市场机制，积极推进重点领域和重点单位，包括工业、交通运输、建筑等领域的节能降耗，努力走出一条能耗排放做“减法”的新路子。

（五）大力加强环境治理

环境治理要从源头抓起，搞好水、大气、工业、农业面源污染源防治。如在水的治理方面，始终坚持“一湖（河）一策”，严格控制入河湖污染物排放总量，做到基本截污。加强流域环保基础设施建设，提高治污水能力，尤其是落后地区的治污能力要进一步增强。在农业加强农村面源污染方面，大力推广清洁生产，推广使用生物防治技术，鼓励高效低毒低残留农药的使用；合理布局畜禽水产禁养区和集中养殖区，加强污水和粪便无害化处理，推广生态健康养殖；加强秸秆综合利用技术推广使用，加大农膜等的回收力度。对长江、汉江等大江大河来说，要推进沿江船舶港口污染控制，全面排查长江中游地区现有的运输船舶，依法强制报废超过使用年限的船舶。以沿江重要港口为重点，联合海事、环保、港航预计城建等部门，实施联合监管，实施对船舶污染接收、转运、处置监管机制。

（六）深入推进共抓大保护的保障机制

1. 建立环保协调机构

在四省会城市环保合作的基础上，成立长江中游地区生态协调委员会，建立定期联席会议制度，召开联席会议，加强对整个长江中游地区生态环境建设与保护的规划、指导、协调和决策。[①]

2. 完善跨区域联防联控体系

加强长江中游城市群环境基础能力建设和科学研究，实现环境监察机构达到国家标准化建设标准，实现三省监测系统能力建设全面达标。加强三省流域水污染防治、生态保护方面的科学研究，充分利用现代科技手段建立区域生态环境保护大数据系统。逐步实现自动化、立体化的应急监测体系所有地市全覆盖，提高应急指挥综合反应能力。加强大气、噪声、水质等自动监测预警系统的建设，强化对重大环境风险源的动态监控、风险预警和控制。建立跨界环境污染事故应急、通报、协商处置机制，从队伍建设、指挥协调、装备配置、信息平台等各方面统筹协调，全面提升环境安全应急能力建设水平。

3. 探索完善生态补偿机制

生态补偿机制是生态文明建设的重要制度保障。目前，国内诸多省份在一些主要流域分别开展了流域生态补偿，当断面水质超标时由上游给予下游补偿，断面水质指标值优于控制指标时由下游给予上游补偿。2017 年湖北省还首次发放空气质量生态补偿基金。在继续推广借鉴成功生态补偿机制的基础上，按照“谁开发、谁保护，谁破坏、谁恢复，谁受益、谁补偿，谁污染、谁付费”的原则，建立长江中游城市群包括流域治理、大气污染等在内的生态补偿机制，探索建立跨三省省流域共同出资的生态补偿基金，积极探索横向生态补偿机制，保证全流域生态安全。

---

① 陈丽媛：《五大举措维护长江经济带生态安全》，《湖北日报》（理论版）2016 年 3 月 2 日。

4. 完善环保投入机制

作为国家生态安全重要组成部分，国家应从中央财政中拨出专款用于长江中游地区流域生态安全建设。同时，各级政府要进一步加大环保财政投入力度，向发达国家看齐，尽快提高环保投资占国内生产总值的比例。再有，积极拓宽环保投资渠道。积极探索税收激励、政府绿色债券融资、采购制度、公私合作模式（PPP 模式）、财政贴息等政策措施，鼓励个人、企业、外商投资，积极参与长江中游地区生态建设。①

5. 完善环境责任考核机制

包括加快编制自然资源资产负债表，建立并全面推广生态环境损害责任终身追究制等，完善政府领导班子和领导干部环保实绩考核机制，切实加强领导干部对环境保护工作的领导与责任。

参考文献

《湖北省 2016 年环境质量状况公报》。

《湖南省 2016 年环境质量状况公报》。

《江西省 2016 年环境质量状况公报》。

秦尊文、陈丽媛：《推进长江中游城市群生态文明建设一体化》，《理论月刊》2014 年第 9 期。

彭智敏：《长江中游城市群发展探讨》，《人民长江报》2013 年 6 月 29 日。

① 陈丽媛：《五大举措维护长江经济带生态安全》，《湖北日报》（理论版）2016 年 3 月 2 日。

B.5

长江中游城市群制造业集群发展思路研究*

袁云光**

摘　要：　以制造业定量分析为切入点，分析发现，长江中游城市群在制造业集聚化及专业化、产业分工及合作、龙头企业发展等方面还存在一些突出问题，提出长江中游城市群制造业集群发展的战略思路和对策建议。

关键词：　长江中游城市群　制造业　产业集群

长江中游城市群是以武汉城市圈、环长株潭城市群、环鄱阳湖城市群为主体形成的特大型城市群，规划范围包括武汉、长沙、南昌等31个城市，国土面积约31.7万平方公里，总人口1.2亿多人，分别约占全国的3.3%和8.8%。长江中游城市群承东启西，连南接北，在国家多重战略叠加下，迎来重大战略机遇期，应该而且必须像"脊梁"一样隆起，重点发挥城市群的产业集群发展的优势，形成全国经济的新增长极，并在全球制造业回归的新一轮竞争中抢占重要席位。

一　长江中游城市群制造业集群发展现状

长江中游城市群目前仍是全国重要的制造业基地，拥有一大批老工业基

* 本文是武汉发展战略研究院"长江中游城市群制造业发展总体思路研究"的部分内容，课题组主持人：袁云光，成员有聂佩进、付兴、吴怡、张云龙、骆言、简真强。

** 袁云光，武汉发展战略研究院副院长，研究员。

地，制造业特色和优势突出，制造业综合实力较强，部分优势产业已形成产业集群，但与长三角、珠三角等城市群相比，某些方面仍存在差距。总体而言，长江中游城市群在现有制造业的基础上，转型升级过程中仍有很大发展空间。

（一）制造业综合实力不断增强

长江中游城市群制造业持续快速发展，总体规模大幅扩大，综合实力不断增强，是城市群经济和社会发展的重要支撑。2015 年长江中游城市群 31 个城市工业增加值总计约 3 万亿元，占 GDP 比重为 50% 左右；增长速度基本上在 8% 左右，部分城市为 9% ~10%，发展速度较快；制造业体系较完备，长江中游城市群已经形成了汽车、电子信息、钢铁、有色冶金、装备制造、石油化工、生物医药等涵盖制造业主要领域的支柱产业，并在光电子、重型机械、重大成套设备制造、汽车、轨道交通设备制造、船舶等行业拥有一批核心技术和关键技术。

（二）重点优势产业形成集群化发展趋势

长江中游城市群各省市资源禀赋较为相似，部分制造业优势明显。武汉城市圈的钢铁、汽车、光电子信息、石油和盐化工、装备制造、纺织服装等行业已成为具有全国影响力的支柱行业；长株潭城市群在工程机械制造、交通运输设备、电子信息、有色金属、石油化工等行业具有明显的规模和技术优势，初步形成以机械工程、电子信息、轨道交通、电工电气和汽车为主导的五大优势产业集群；环鄱阳湖城市群的有色金属产业优势明显，新型制造业发展迅速。整体而言，目前长江中游城市群已在汽车产业、钢铁产业、电子信息产业、有色金属产业、装备制造业等领域形成优势产业集群，通过集群化发展提升综合实力。

（三）涌现出一批起引领作用的龙头企业

2016 年《财富》“世界企业 500 强”榜单，湖北东风汽车集团以 828.167

亿美元营业收入荣登第81位，湖南华菱钢铁以414.99亿元营业收入位列第142名，江西铜业以315.549亿美元的营业收入跻身第328位。重点企业引领带动产业发展，东风汽车（集团）公司全年累计销售汽车387.25万辆，整体市场份额保持行业第二，带动汽车产业成为重要支柱产业；湖南省以三一重工、中联重科、蓝思科技、中车株机等龙头企业带动产业链的发展。

表1 长江中游城市群制造业重点领域的产业集群

	湖北	湖南	江西
汽车产业	汉江沿线、长江沿线两条汽车产业聚集带;武汉乘用车制造基地、十堰中重型商用车制造基地、襄阳轻型汽车和发动机制造基地、随州专汽基地	长沙经开区,株洲高新区,湘潭九华工业园	九江－景德镇－南昌环鄱阳湖经济区,南昌－抚州产业带
钢铁产业	武汉、黄石、鄂州产业集群	湘潭,娄底,衡阳,新余高新区	九江,新余,萍乡产业集群
电子信息产业	武汉·中国光谷、武汉蔡甸区、宜昌、襄阳、黄石、荆州等地已形成产业集群	长沙经开区,新余高新区	南昌临空经济区
有色金属产业	黄石,大冶产业集群	株洲,常德,益阳,长沙等产业集群	鹰潭铜合金材料产业集群,宜春锂电新能源产业集群
装备制造业	东湖新技术开发区智能装备制造基地,孝感市高新区智能装备产业园,武汉、宜昌、鄂州、黄冈船舶生产基地,襄阳、荆门航空航天工业园	以长沙为中心的工程机械和电子信息产业集群,以株洲为中心的轨道交通产业集群	以南昌为核心区,以昌九走廊为产业带,赣东北、赣西、赣南共同发展的产业集群

表2 长江中游城市群重点企业

	湖北	湖南	江西
汽车产业	东风集团、神龙、东风本田、东风乘用车、东风雷诺、上海通用、东风日产	广汽、三菱、北汽、吉利、比亚迪、大众	江铃、昌河、上饶客车
钢铁产业	武钢、湖北新冶钢、鄂钢	华菱钢铁及其三个子公司湘钢、涟钢、衡钢	新余大型钢铁、萍钢
电子信息产业	武汉邮科院、长飞光纤、烽火国际、武汉新芯、天喻信息、骆驼集团	长城信息、蓝思科技、湖南电子信息产业集团、国科微电子、威胜	海派通讯、欧菲光、吉安电子

续表

	湖北	湖南	江西
有色金属产业	大冶有色、黄石鑫鹏铜材、湖北金洋冶金	五矿有色金属控股有限公司、晟通科技、金龙国际铜业集团、金旺铋公司	江西铜业集团、江西钨业集团、崇义章源钨业公司
装备制造业	武昌船舶重工集团,武汉重型机床集团,华中数控	三一重工、中联重科、蓝思科技、中车株机	

（四）三个中心城市制造业支撑作用明显

《长江中游城市群发展规划》提出要强化武汉、长沙、南昌的中心城市地位，形成多中心、网络化发展格局，促进省际毗邻城市合作发展。三个中心城市制造业基本情况如表 3 所示。

表 3　武汉、长沙、南昌制造业基本情况

指标		武汉	长沙	南昌
基本经济指标(2015 年)	GDP(亿元)	10905. 60	8510. 13	4000. 01
	工业增加值(亿元)	4081. 91	3745. 03	1451. 84
	工业增加值增长(%)	8. 4	8. 8	9. 4
规模以上工业企业数(家)		2304	2593	1211
主导产业	千亿元产业	五个:汽车及零部件,电子信息制造,装备制造,食品烟草,能源及环保业	四个:工程机械,材料,电子信息,食品	
	规模以上工业总产值排名前五的制造业细分产业(2014 年)	汽车制造业,计算机、通信和其他电子设备制造业,黑色金属冶炼及压延加工业,电力、热力生产和供应业,电器机械和器材制造业	专用设备制造业,化学原料和化学制品制造业,烟草制品业,计算机、通信和其他电子设备制造业,有色金属冶炼和压延加工业	农副食品加工,汽车制造业,电力、热力生产和供应业,计算机、通信和其他电子设备制造业,电器机械和器材制造业

续表

指标		武汉	长沙	南昌
战略性新兴产业	规模	2015 年规上工业中战略性新兴产业产值 2250 亿元左右,增长 9.8%,高于市平均水平 3.1 个百分点	2014 年战略性新兴产业营业收入 3804.37 亿元,占全省的 37.4%	2016 年上半年全市战略性新兴产业工业增加值 133.68 亿元,同比增长 15.1%
	产业领域	信息技术产业,生命健康,智能制造	先进装备制造业、新材料、文化创意、生物、新能源、信息及节能环保等	光电、航空制造、电子信息、生物医药等

制造业对三个中心城市经济社会支撑作用明显。武汉已形成汽车及零部件、电子信息制造、装备制造、食品烟草、能源及环保业 5 个千亿元产业。长沙已形成工程机械、材料、电子信息、食品 4 个千亿元产业。南昌主营业务收入过百亿元的行业达到 17 个。同时，战略性新兴产业发展势头良好，增速较快，成为制造业产业结构升级和高端制造业发展的关键。

二　长江中游城市群制造业发展存在的问题

以中游城市群三省会城市制造业定量分析为切入点，分析发现，长江中游城市群在制造业集聚化及专业化、产业分工及合作、龙头企业发展等方面还存在突出的问题，需要正视长江中游城市群制造业发展存在的差距。

（一）专业化水平不高，新产业新领域发展较欠缺

以区位熵来衡量地区产业结构的专业化和集中度。通过计算可知，武汉、长沙、南昌等三个城市区位熵值小于 1 的行业占比为 69%，说明长江中游城市群制造业专业化水平总体较低。

从各产业的区位熵来看，武汉区位熵值小于 1 的产业就有 20 个，武汉市工业 11 大产业中仅烟草制品和汽车制造的区位熵值较高，在全国范围内

具有较高的专业化水平。而目前大力发展的电子信息制造、生物医药、装备制造、精细化工等行业区位熵值都不高，集聚程度和专业化水平有待提高。长沙区位熵值小于1的产业有23个，烟草和专业设备制造业在全国有一定影响力，区位熵值较高，新产业新领域发展较弱。南昌区位熵值小于1的产业有21个，且具有比较优势的产业基本为农副产品加工业、食品制造业、纺织服装、印刷等传统轻工行业，技术含量不高。

从各城市制造业专业化水平平均值来看，武汉仅为0.9415，为三市最低。相关研究显示，2013年武汉市区位熵的均值为0.9807，说明近两年武汉制造业专业化水平还有所下降。

表4　长江中游城市群省会城市制造业专业化水平测度

序号	行业	武汉	长沙	南昌
1	农副产品加工业	0.5365	0.6482	2.4827
2	食品制造业	0.6594	0.9051	1.3669
3	酒、饮料和精制茶制造业	1.0908	0.9430	0.9695
4	烟草制品业	5.9416	9.7482	4.1397
5	纺织业	0.2344	0.2152	0.3274
6	纺织服装、服饰业	0.4169	0.2896	3.3121
7	皮革、毛皮、羽毛及其制品和制鞋业	0.0815	0.2300	—
8	木材加工和木、竹、藤、棕、草制品业	0.1531	0.2121	—
9	家具制造业	0.1661	0.8826	—
10	造纸和纸制品业	0.5981	0.8083	1.3436
11	印刷和记录媒介复制业	1.0944	2.6275	3.5993
12	文教、美工、体育和娱乐用品制造业	0.1312	0.2722	—
13	石油加工、炼焦和核燃料加工业	1.1070	0.0310	—
14	化学原料和化学制品制造业	0.4487	1.0569	0.4084
15	医药制造业	0.9132	1.4669	2.8607
16	化纤制造业	0.0545	0.0055	—
17	橡胶和塑料制造业	0.7724	0.4906	0.7964
18	非金属矿物制造业	0.5126	0.8596	0.9326
19	黑色金属冶炼和压延加工业	1.1887	0.1368	0.4249

续表

序号	行业	武汉	长沙	南昌
20	有色金属冶炼和压延加工业	0.1095	1.5448	0.7209
21	金属制品业	0.8244	0.7007	—
22	通用设备制造业	0.7582	1.1161	0.6293
23	专用设备制造业	1.1192	5.6523	1.0594
24	汽车制造业	3.2429	0.9950	2.1289
25	铁路、船舶、航空航天和其他运输设备制造业	0.7160	0.4902	0.2605
26	电器机械和器材制造业	1.1454	0.5294	1.0500
27	计算机、通信和其他电子设备制造业	1.6568	0.8894	0.9303
28	仪器仪表制造业	0.6743	1.2308	—
29	其他制造业	0.2273	0.6403	—
30	废弃资源综合利用业	1.0790	0.3972	—
31	金属制品、机械和设备修理业	1.5318	0.5610	—
平均值		0.9415	1.1799	0.9595

（二）区域分工水平不高，产业同构现象依然严重

以克鲁格曼系数来衡量区域的产业分工水平及地区间产业结构整体差异度。通过计算得知，长江中游城市群三省会城市制造业克鲁格曼区域分工指数分别为武汉－长沙0.8220，武汉－南昌0.6769，长沙－南昌0.8556，均小于1，说明三省会城市之间区域分工水平还在平均值以下，区域分工水平还不高，产业结构同构现象比较严重。根据相关研究，2013年三市区域分工指数分别为0.9034、0.9457、0.8437，说明近年来三市制造业产业同构现象越来越严重了。

另外，长江中游城市群作为国家重要的制造业基地，各地都在积极招商引资，引导沿海产业转移，加速赶超的势头也十分明显，在争夺工业市场方面的竞争也越来越激烈，为了尽快引进所谓的大项目，不考虑与本地产业的重复性、适应性以及与异地的差异性，也在一定程度上加剧了本地区制造业同质化。

表 5　长江中游城市群省会城市制造业分工指数

序号	行业	武汉 - 长沙	武汉 - 南昌	长沙 - 南昌
1	农副产品加工业	0.0056	0.1265	0.1209
2	食品制造业	0.0049	0.0144	0.0094
3	酒、饮料和精制茶制造业	0.0045	0.0035	0.0009
4	烟草制品业	0.0326	0.0163	0.0490
5	纺织业	0.0010	0.0033	0.0659
6	纺织服装、服饰业	0.0031	0.0628	0.0659
7	皮革、毛皮、羽毛及其制品和制鞋业	0.0020	0.0012	0.0032
8	木材加工和木、竹、藤、棕、草制品业	0.0009	0.0021	0.0030
9	家具制造业	0.0053	0.0013	0.0066
10	造纸和纸制品业	0.0027	0.0104	0.0077
11	印刷和记录媒介复制业	0.0098	0.0178	0.0080
12	文教、美工、体育和娱乐用品制造业	0.0023	0.0020	0.0043
13	石油加工、炼焦和核燃料加工业	0.0437	0.0450	0.0013
14	化学原料和化学制品制造业	0.0528	0.0031	0.0558
15	医药制造业	0.0131	0.0473	0.0342
16	化纤制造业	0.0003	0.0004	0.0004
17	橡胶和塑料制造业	0.0083	0.0008	0.0091
18	非金属矿物制造业	0.0228	0.0254	0.0026
19	黑色金属冶炼和压延加工业	0.0745	0.0539	0.0206
20	有色金属冶炼和压延加工业	0.0661	0.0298	0.0364
21	金属制品业	0.0039	0.0301	0.0262
22	通用设备制造业	0.0196	0.0061	0.0258
23	专用设备制造业	0.1641	0.0018	0.1660
24	汽车制造业	0.1537	0.0783	0.0754
25	铁路、船舶、航空航天和其他运输设备制造业	0.0051	0.0097	0.0046
26	电器机械和器材制造业	0.0413	0.0057	0.0356
27	计算机、通信和其他电子设备制造业	0.0681	0.0659	0.0022
28	仪器仪表制造业	0.0052	0.0057	0.0110
29	其他制造业	0.0011	0.0006	0.0017
30	废弃资源综合利用业	0.0025	0.0040	0.0016
31	金属制品、机械和设备修理业	0.0011	0.0016	0.0005
制造业区域分工指数		0.8220	0.6769	0.8556

（三）行业龙头企业较少，本土民营制造企业发展落后

长江中游地区制造业的龙头企业较少，2016 年中国制造业 500 强中，长江中游城市群仅有 38 家上榜，前 100 名仅有 9 家，且多属于农业、钢铁、有色、化工等偏重、偏传统行业，属于新兴行业的少。中部地区多数城市传统制造所占比重仍然较高，科技资源向优势产业转化能力较弱，先进制造业的创新能力的提高和发展壮大有待时日。另外，分布在长江中游地区的制造业 500 强中，国有企业居多，民营企业凤毛麟角。虽然目前长江中游的诸多城市也在想方设法发挥民营资本的内在活力，但这些地方民营经济的发展带有很多政府干预的痕迹，民营经济体量不大，发展环境不优，视野和格局不够宽广，企业创新投入也比较少，大企业、明星企业明显少于沿海地区。

三　长江中游城市群制造业发展的新机遇

（一）新产业革命方兴未艾，有利于推动长江中游城市群制造业在新领域实现突破

纵观世界近现代产业发展，有两条重要规律，归结为一点，就是要持续不断地推进创新驱动。第一，要保持经济长期平稳可持续发展，必须不断打造新的战略支点，形成新的支柱产业；第二，几乎全球每一次大的经济危机，都伴随科学技术的新突破，进而推动新的产业革命，催生战略性新兴产业，形成新的经济增长点，形成新的支柱产业。结合发展规律，在现阶段来说，就是要瞄准第三次工业革命，推进战略性新兴产业的大发展，打造培育出新的支柱产业。新产业革命有利于长江中游城市群争取布局更多国家新的核心产业项目。基于现有产业基础和发展优势，重点在大规模集成电路、核电、高铁、工程设计、智能电网、高端智能装备制造、地理空间信息、高端芯片、新能源汽车、智能机器人等领域争取国家级产业配置和重大项目安

排。也要求长江中游城市群积极发展未来产业，超前布局，加快推进虚拟技术、智能技术、基因技术、微系统技术等新兴技术、新兴产品的研发和产业化发展，抢占未来产业发展的制高点。

（二）国家实施制造强国战略，有利于推动长江中游城市群制造业转型升级和创新发展

国家在推进落实《中国制造 2025》中，提出力争到 2025 年建成若干家国家级制造业创新中心，长江中游城市群要抓住这一战略机遇。瞄准智能制造、绿色制造、服务型制造，促进优势产业向集群化、生态化方向转型发展。通过大力发展高附加值、高技术含量、高效益的先进制造业和战略性新兴产业，推动制造业与现代服务业融合发展。构建面向长江中游城市群一体化的主导优势产业链，建成几家国家制造业创新中心，把长江中游城市群打造成支撑未来中国产业发展的核心板块。

（三）长江中游城市群具有制造成本优势，有利于承接国外及东部地区制造业产业转移

整合各城市的优势产业，加快城市群的产业结构调整，加强各地区的经济合作，形成优势互补、各具特色、布局合理、互利共赢的产业新布局对长江中游城市群建设具有重要战略意义。各地区要立足自身的优势产业，优化地区间的资源配置，依托当地龙头企业，承接国外及东部地区制造业产业转移，构建出具有一定规模的产业集群。

四　长江中游城市群制造业集群发展总体思路与战略思考

（一）总体思路

1. 三大国家级规划对长江中游城市群制造业发展的定位与谋划

第一，《长江经济带发展规划纲要》，针对制造业提出的目标是：创新

驱动取得重大进展，研究与试验发展经费投入强度达到2.5%以上，战略性新兴产业形成规模，培育形成一批世界级的企业和产业集群，参与国际竞争的能力显著增强。

具体到长江中游城市群，明确提出要增强武汉、长沙、南昌中心城市功能，促进三大城市组团之间的资源优势互补、产业分工协作、城市互动合作，加强湖泊、湿地和耕地保护，提升城市群综合竞争力和对外开放水平。

第二，《促进中部地区崛起“十三五”规划》，提出建设全国重要先进制造业中心。巩固全国重要能源原材料基地、现代装备制造和高技术产业基地的地位，大力实施创新驱动发展战略，全面落实《中国制造2025》，着力推动“大众创业、万众创新”，注重军民深度融合，培育形成一批具有国际水平的先进制造龙头企业和产业集群，在部分领域引领全国先进制造业发展。

第三，《长江中游城市群发展规划（2015~2030）》，提出“把长江中游城市群建设成为具有全球影响的现代产业基地和全国重要创新基地，提升城市群综合实力和竞争力，打造长江经济带发展重要支撑，带动中西部加快发展，构建中国经济新的增长极”。

针对产业协同发展，提出“依托产业基础，发挥比较优势，强化分工协作，联合开展科技创新，加快产业转型升级，淘汰落后过剩产能，共同承接产业转移，不断提升产业和产品竞争力，打造一批有较强竞争力的优势产业基地，构建具有区域特色的现代产业体系”。

2. 长江中游城市群三大核心城市“十三五”规划对制造业的定位和谋划

武汉。建设具有核心竞争优势的制造强市，着力构建“现有支柱产业-战略性新兴产业-未来产业”有机更新的迭代产业体系，聚焦发展信息技术、生命健康、智能制造三大优势产业集群，培育壮大新材料、新能源、节能环保等成长型产业，超前谋划人工智能、无人机、无人驾驶汽车、3D打印、可穿戴设备等未来产业。

长沙。实施制造强市战略，打造具有国际竞争力的先进制造业基地，形成先进装备制造、汽车及零部件、食品加工、烟草工业、智能家电等优势产业集群，培育30家制造业领军企业、30个具有较强影响力的制造业基地；打造全国重要的战略性新兴产业基地，集中力量发展壮大新材料、电子信息、新能源与节能环保、生物产业、移动互联网等基础好、潜力大、带动强的战略性新兴产业；打造中部地区未来产业发展的先行区，着力发展北斗导航、航空航天装备、3D打印、机器人等一批有优势、有潜力的未来产业，构建梯次发展的产业结构和新一轮产业竞争的先发优势。

南昌。先进制造业重在坚持低碳和开放取向，坚持振兴做强定力，坚持跨越升级指向，坚持“抓点、连线、扩面、健体”路径，努力促进若干产业蛙跳式发展，建设世界级的LED产业集群和国家级的航空制造、电子信息、生物医药产业集群，深入打造汽车制造、轻纺工业、机电制造和战略性新兴产业共同发力的全国有影响力的先进制造业基地，打造全省智能制造示范区，博取全球价值链中应有位置。

3. 总体发展思路

综合考虑与长江中游城市群紧密相连的三大国家级规划对中部制造业发展的定位、目标和谋划，以及武汉、长沙、南昌三个核心城市“十三五”规划对各自制造业发展的定位及谋划，同时考虑到长江中游城市群制造业的发展基础及面临的复杂形势，提出了未来一段时间长江中游城市群制造业发展的总体思路。

全面落实长江经济带、中部崛起和长江中游城市群发展战略，围绕“把长江中游城市群建设成为具有全球影响的现代产业基地和全国重要创新基地”的战略定位和目标，坚持创新、协调、绿色、开放、共享发展理念，积极主动适应引领新常态，以供给侧结构性改革为主线，以区域产业协调发展、抱团发展为理想模式，重点建立不同区域利益冲突协调解决机制，促进战略性新兴产业发展壮大、传统优势产业转型升级、传统落后产业调整优化，形成“3+3”（武汉、长沙和南昌；武汉城市圈、长株潭城市群、环鄱阳湖城市群）区域发展格局，实现制造业的高端化、智能化、集群化，最终把长江中游城市群建成全国重要的先进制造业基地、传统制造业转型升级示范区和中部地区崛起的核心支撑。

（二）发展战略

根据对长江中游城市群制造业发展理念和原则的分析，以及对制造业未来发展趋势的解读，提出未来长江中游城市群制造业发展的七大战略。

1. 创新引领战略

不仅要把提高制造业自主创新能力放在首位，更要重视企业管理创新、生产组织模式创新、销售模式创新等，要把创新思维贯穿于制造业的各个环节，在科技研发平台建设、科技研发人员培养和引进、科技体制机制改革、科技成果转化等方面做出突破，以创新来提高长江中游城市群制造业的区域竞争力，以创新来推动长江中游城市群制造业转型升级、结构优化，以创新来推动产业集聚及产业链的合作，将长江中游城市群打造成国家产业创新中心。

2. 区域协同战略

长江中游城市群制造业的发展要努力克服同质化、恶性竞争，要努力做到整个城市群一盘棋，湘鄂赣三省，武汉、长沙、南昌三市，相互要抱团合作，走差异互补发展之路，要在城市群范围内实现资源要素的自由流动和有效整合，实现 1 +1 +1 >3 的效果。实施区域协同战略，重点是在坚持市场化原则下，对城市群内的区域合作做出制度上的安排，通过三省联席会议制度、制造业发展论坛等平台，协同城市间产业发展。

3. 产业承接战略

要深刻认识到长江中游城市群的发展阶段特征，以及与国际国内其他发达地区的制造业发展的差距，将承接国内外制造业转移作为做大长江中游城市群制造业的一个重要手段和途径。承接产业转移也要提高标准和条件，更多地瞄准战略性新兴产业和先进制造业。

4. 产业集群战略

要把提高长江中游城市群制造业集聚化水平作为一个重要任务，通过园区建设，吸引和集聚企业。以装备制造业、电子信息产业、汽车及零部件、生物医药、石化产业、冶金产业等为重点，努力培养 2 ~3 个世界级产业集群，以产业集群带动长江中游城市群制造业崛起。

5. 两化融合战略

“互联网+”迅猛发展，智能制造成为未来制造业发展趋势，长江中游城市群制造业的发展要顺应时代发展要求，把握科技发展趋势，深入推进信息化和工业化深度融合，提高制造业的信息化、智能化、数字化水平。两化融合的核心是大力发展智能制造，将大数据、云计算、移动互联网等新技术运用到制造业中去，全面提高制造业效率，推动柔性生产和个性化定制。

6. 绿色低碳战略

制造业的发展面临着越来越严格的资源节约和环境保护的压力，要提高产业集聚水平，提升土地集约节约利用水平，加快产业结构调整，提升制造业工艺水平，加强制造业环保标准，建设低碳循环工业园，走绿色低碳可持续发展之路。

7. “走出去”战略

长江中游城市群制造业的发展必须面向全国和全球，既要在全国和全球范围内配置资源，为我所用，更要依靠全国和全球市场，将产品和服务卖向全球。要坚定不移地实施“走出去”战略，在世界市场和舞台上参与竞争，将中国产品带给全世界。

五　长江中游城市群制造业集群发展路径和对策

（一）深化体制机制改革，转变资源配置方式

1. 持续推进以行政审批改革为核心的简政放权

实施负面清单制度，减少行政审批事项。各市要进一步清理和减少相关行政审批事项，严格控制新设行政审批事项。继续优化行政审批服务事项和流程，探索设立行政审批局，推广“互联网+审批”新模式，实现并联审批制度。完善权力清单、程序清单、责任清单制度，坚决消除权力设租寻租空间。

2. 建立以制造企业为主体的投融资体系

积极发挥政策性金融、开发性金融和商业金融的优势，加大对新一代信息技术、高端装备、新材料等重点领域的支持力度。健全多层次资本市场，推动长江中游城市群区域性股权市场规范发展。引导风险投资、私募股权投资等支持制造业企业创新发展。支持重点领域大型制造业企业集团开展产融结合试点，通过融资租赁方式促进制造业转型升级。加大对“四基”领域技术研发的支持力度，引导产业投资基金和创业投资基金投向“四基”领域重点项目。

3. 打造自由、开放、公平、法治的市场环境

积极深化市场准入制度改革，实施科学规范的行业准入制度。加快发展技术市场，健全知识产权创造、运用、管理、保护机制。进一步减轻企业负担，实施涉企收费清单制度，取缔各种不合理收费和摊派，加强监督检查和问责。在全国率先建设长江中游城市群制造业企业信用体系，建立长江中游城市群企业制造信用数据库，健全企业信用动态评价、守信激励和失信惩戒机制。

（二）强化创新驱动战略，提高制造业核心竞争力

1. 建立以制造企业为主体的创新体系

真正让企业成为创新主体。引导创新资源聚集聚合，推进产学研用一体化，加快高校和科研院所创新成果的有序转化。发挥制造业骨干企业的主导作用和高等院校、科研院所的基础作用，开展政产学研用协同创新，提升制造业基础创新能力，提高综合集成水平，构建较为完善的制造业技术创新服务体系。健全优先使用创新产品的采购政策，探索促进科技成果转化和促进创新创业的普惠税制。

2. 依托制造企业打造技术创新平台

建设完善城市群区域性科技创新平台与产学研科技创新链条，以“武汉光谷”“长沙麓谷”为引领，建设中部地区创新创业中心，探索武汉、长沙、南昌共建共享产业园区、优势产业联盟和产业技术创新战略联盟，建设

一批重点实验室、工程实验室、工程技术研究中心、企业技术中心等创新平台；建设一批国家高技术产业基地、高新区、经开区、大学科技产业园、军民融合科技创新产业园等一批科技产业化平台；建设一批成果转化、科技情报、知识产权等公共信息服务平台，加强区域之间的科技资源开放共享，引领长江中游城市群制造业转型发展。

3. 营造良好的创新环境

建立健全鼓励创新的容错机制，积极倡导鼓励创新、宽容失败的创新创业文化，大力培育创客文化，激发全社会创新创业活力。建立和完善对创新、创业、创富的宣传、表彰、奖励机制，开展全国性和国际性的创业大赛、投资路演、创业沙龙、创业训练营等创新创业活动，推动形成崇尚科学、尊重创新的社会氛围。

（三）深化信息技术应用，提高“两化”融合水平

1. 推进制造企业信息系统集成

推进信息化和工业化深度融合，深化信息技术集成应用和融合创新，提高制造企业全产业链的信息化水平，推动智能制造生产模式的集成应用，发展网络制造等新型生产方式，推进数字化、网络化、智能化、服务化制造。加强企业信息系统整合与业务协同，消除“信息孤岛”，着重推进信息技术由单项应用向集成提升发展，逐步实现业务集成、应用集成。

2. 加强信息服务能力建设

突破应用电子、工业软件、三维图形等关键技术，形成全流程产品配套能力。在工业产品生产设计环节增加技术手段，将电子信息融入产品，增加产品创意和品质。在运输、产业链方面，借助多种信息手段、信息软件积极促进融合的自动化水平。

3. 推动制造业服务化转型

鼓励信息技术服务商业模式创新，开展物联网运营服务，为企业远程服务、位置服务等新型业务提供技术支撑。推进企业积极利用物联网、云平台、大数据等技术发展基于智能产品的在线服务；支持企业利用互联网技术

整合线下服务资源，发展工业设计、远程运营维护、全生命周期管理、融资租赁、供应链金融、内容增值服务、总集成总承包等新业态，促进企业由传统制造商向服务商转变，不断延伸产业价值链条。

（四）促进区域协同发展，提升城市群整体竞争力

1. 突出差异化，避免同质恶性竞争

三个次区域城市群应增强大局意识和共赢意识，加强产业发展交流和衔接，构建区域性大产业体系。武汉城市圈重点加强以汽车及零部件、钢铁、石化、装备制造、烟草食品、家电轻工、黑色金属、有色金属等为主的支柱产业；江西着力在半导体照明、智能手机、车载通信设备、有色金属产业、铜产业方面达到国际高端水平；湖南在先进轨道交通装备、工程机械、新材料等领先优势产业上不断做大做强，到2020年在轨道交通装备、工程机械等优势产业领域中形成1～2家国家级制造业创新中心。

2. 着眼高端化，打造世界级产业集群

武汉城市圈重点在光电子信息、汽车制造、船舶制造等领域打造世界级产业集群，建设享誉世界的“光谷”和世界知名的“车都”。江西环鄱阳湖城市群在铜加工、稀土精深加工、有机硅等方面实施重大工程，打造有影响力的产业集群。湖南长株潭城市群打造成以先进轨道交通装备、中高端工程机械、新一代信息技术、新材料和中小航空等为重点的全国一流、世界先进的制造业集聚区。

3. 齐心协力推进一体化

建设全国重要先进制造业中心。落实《国务院关于促进中部地区崛起“十三五”规划的批复》的相关要求，做好与“一带一路”建设、京津冀协同发展、长江经济带发展三大战略相衔接，以提高发展质量和效益为中心，建设长江中游先进制造业中心。将规划确定的重大工程、重大项目、重大政策、重要改革任务与本地区经济社会发展紧密衔接起来，完善推进机制，强化政策保障，确保规划提出的目标任务如期完成。

（五）加强人才队伍建设，加快培养制造业创新人才

1. 加强专业交流，促进人才流动

加强三地学生和科研人员跨地区、跨学校交流，支持在线培训发展。鼓励科技人才向企业流动。探索事业单位科研人员在职创业和离岗创业有关政策，引导和支持事业单位科研人员按照国家有关规定到企业开展创新工作或创办企业。充分利用全球人才，在充分发挥现有人才作用的基础上引进培养一批高端人才。

2. 完善各类人才机制

构建三地人才通行证。配合中央做好“千人计划”“万人计划”等人才工程，整合各城市群内的人才计划和人才政策，构建三地通行的创新创业平台。深度参与国际创新合作，建设领军人才示范区。建立完善人才激励、服务、流动和使用制度。

3. 完善用人机制

充分发掘智力资源。围绕先进制造业发展的需求，建立企业、高校、科研院所相互融合的人才培养模式。以企业需求为导向，创新产学研合作机制，建立校企结合的人才综合培训和实践基地，加快形成一大批产业技术创新领军人才和高水平团队。支持制造业企业设立培训机构，或与科研院所（校）合作建立教育实践基地，开展职工在岗、转岗技能培训。

参考文献

孙智君、张颖、周滢：《长江中游城市群新型工业化水平测量与分析》，《产业经济评论》2015 年第 4 期。

白洁：《长江中游城市群产业分工协作的基础条件分析》，《湖北社会科学》2012 年第 6 期。

白洁：《工业化中期产业结构转型升级的影响因素分析》，《江汉论坛》2013 年第 7 期。

B.6 湘鄂赣三省军民融合协同创新发展现状、问题及对策

刘司可*

摘　要：　湖南、湖北、江西在军民融合协同创新发展方面已有一些成功的实践和探索，但在军地单位协同、科技成果转化和人才体制机制等方面仍然存在一些问题。因此，本文提出应遵循经济建设、国防建设和科技创新内在规律，以制度层面、管理层面、技术层面、文化层面等的创新为突破口，以军地科技资源共享共用、推动军民高技术共享和相互转移等为基本内容，夯实融合发展根基，促进军地创新互动，切实提升军民融合协同创新发展成效。

关键词：　军民融合　体制机制　协同创新　湘鄂赣

2017 年两会期间，习近平总书记在解放军代表团全体会议上强调，要深入实施军民融合发展战略，开展军民融合协同创新，加快建立军民融合协同创新体系。湖南、湖北、江西三省均有丰富的红色文化，同时也是军工大省，既具有军民融合协同创新发展的产业基础，又具有率先实现军民融合协同创新的现实条件。湖南、湖北、江西三省应把握好中央加快推动军民融合协同创新发展的重大机遇，扎实推进国防科技工业军民融合深度发展，努力

* 刘司可，湖北省社会科学院财贸研究所助理研究员。

走出一条具有中部特色的军民融合协同创新发展路径，创造军民融合协同创新发展新模式。本文将湖南、湖北、江西三省军民融合协同创新发展现状进行梳理，就发展中存在的问题进行分析总结，并提出相应的解决对策。

一　发展现状

（一）军工科技实力增强，总体水平不断提高

1. 湖南是军工资源大省，湖南军工承担着若干个武器系列和多项配套产品的研制生产任务

湖南曾研制成功我国第一台航空发动机、第一枚对空导弹，提供我国第一颗原子弹爆炸的核原料，为扬军威、壮国威写下了光辉的历史篇章。目前，湖南军工积极适应武器装备发展要求，不断加强核心能力体系化建设，初步形成了三代武器装备供给保障能力和部分第四代装备研制能力。湖南对军民融合各级相关部门进行了优化重组，在这个过程中使其管理职能得到巩固与完善。在这个基础上，湖南重点发展军民两用技术，不断提升湖南军民两用技术的创新度，刺激了科技成果转化，很多科技研发成果得到落实落地。在较为健全的产学研体系下，湖南军工及相关配套行业得到充分发展，经济效益持续增强，武器装备产品的科技含量不断提高，产业链得到充分增强。这些夯实了湖南军民融合协同创新发展基础。

2. 湖北军工战略地位十分突出，拥有较强的军工科技实力

一是技术领先。湖北得益于良好的技术创新工作，在军民技术领域培育出很多拳头性产品，技术与性能在国内外广受赞誉。我国首部台兆瓦高温超导电机就诞生于湖北的712所；还有湖北民营企业武汉高德红外，通过自主研发技术提高了我国非制冷红外探测器芯片技术层次；我国第一台万瓦光纤激光器则来自武汉光谷的锐科公司。二是设施先进。拥有国家实验室1个（武汉光电实验室），国家重点实验室24个；国防实验室11个，其中国防重点实验室4个。拥有国家级企业技术中心6个，国家级工程技术中心8

个，国防科技工业一级计量站2个、二级计量站4个。三是招才引智。在湖北军工领域，有从业人员10余万人，而从事技术研发的科技型人才占到总从业人员的近一半。其中具有高级职称的占40%，有工程院院士4名，有一批享受国务院和省政府特殊津贴的专家以及两总师等高层次人才。四是成果丰硕。据统计，截至2016年，全省国防科技工业荣获国家科学技术奖（国防科工专项）共11项，其中，特等奖1项，一等奖4项；获得国防科学技术奖（部级奖）190项，其中，特等奖6项，一等奖24项。

3. 江西拥有丰富的红色资源以及扎实的军工科技基础

新中国成立初期，江西还处于基础条件较差的时期，各项资源都十分紧缺，但在紧抓生产建设的同时，对国防科技建设没有半点松懈。从最开始的一穷二白，一步一个脚印，逐渐打造出门类较为齐全的军工研发体系，逐渐培育出具有自身特色的产品体系，特别是在航天航空、核能源、民品爆破、地方兵器等方面有了知名度，在国内长期属于技术标杆。据不完全统计，江西目前有200余家军工相关事业单位，从业人数突破10万人，有5所国防科技方面的大专院校，具有较强的科技研发基础。目前，江西依照“军民结合、平战结合、军品优先、以民养军”的战略方针，不断挖掘新的发展契机，不断优化军工产业结构，不仅为国防建设、基础工业等提供技术支持，还将服务范围扩展到服务业、加工业等新兴产业。经过多年的努力创业，江西已经形成了较为完备的军工发展体系，其军工产品种类已发展到1000多种，逐渐从军工大省向军工强省迈进。

（二）政策保障有力支撑，体系建设初步完成

2013年，湖南成立了军民融合发展领导小组，随后湖南加快各级机构的设立完善，军民融合体系建设有了雏形，军民融合发展得到较好的管理。湖南省政府制定并发布《关于加快推进军民融合产业发展的若干政策措施》《加快支持航空装备产业发展若干政策措施》等一系列政策措施，2013～2016年，设立并投放军民融合产业发展专项资金，支持军民两用高端装备、光电信息、新材料等科研开发及产业发展。军民融合产业政策支持力度不断

加大，体系不断完善，湖南各地市也相继出台了推动军民融合发展的各项举措，为湖南军民融合协同创新发展打下了牢固基础。“军转民”与“民参军”良性互动的军民融合体系正在加速形成。

湖北省将军民融合发展作为全省推动供给侧结构性改革五个专项行动计划方案之一加快推进。省委省政府坚决贯彻落实习近平总书记军民融合发展战略思想和国家军民融合发展战略，先后成立了湖北省军民结合产业发展领导小组和省军民融合发展体制机制创新专项改革领导小组，在湖北省“十三五”发展规划中，结合湖北实际，就推动军民融合发展做了专门部署。经历长期调查研究，中共湖北省委、湖北省人民政府、湖北省军区发布了《关于筹建经济建设和国防建设推进军民深度融合发展的意见》（鄂发〔2016〕30 号文件），湖北军民融合各项举措得以量化，省级层面为进一步实施军民融合协同创新发展给予了充分支持。省国防科工办加强与省发改委、省科技厅、省经信委、东湖高新技术开发区等有关部门的工作协同，在对部分军口民口单位调查摸底的基础上，引导支持军民企业参与国家和省级重大科研项目申报，并获得相关专项资金支持，夯实了军民融合协同创新发展基础。

江西较早前就成立了军民融合建设协调小组，专门对全省军民融合协同创新发展进行政策制定与统筹规划，相继发布了《关于推进军民融合深度发展的意见》等一系列政策文件，并编制了《航空产业发展规划》等规划文件，为江西军民融合协同创新发展指明了发展方向，并提供了强有力的政策支撑。江西同样将军民融合协同创新发展与社会经济发展相结合，在制定鄱阳湖等区域发展规划时，重点考虑融入军民融合协同创新发展理念，将众多重大军工项目与区域发展有机结合起来。

（三）产业优势逐步释放，竞争优势开始显现

湖南省已初步形成六大军民融合主导产业，发展态势良好。形成了以核、航空、航天、特种装备制造、船舶、民爆化工六个主导产业为骨干，以新能源、新材料、军工电子信息技术为先导的军民融合特色产业格局。2016

年，湖南军工行业实现主营业务收入1096亿元，同比增长8.2%。国家重大专项中，湖南元素日渐增强。国家航空发动机及燃气轮机重大专项、大飞机关键产品研制等，均有湖南企业参与；湘计海盾、中电48所、江南公司、华菱线缆等企业，助力“神舟十一号”“天宫二号”飞天。全省“民参军”单位达53家，中车特装、三一汽车、景嘉微电子、山河智能等民口单位参与军品科研生产。

湖北省近年来军民融合生产效益持续增长。一是“军转民”步伐加快。2016年全省军工单位民品总产出846.96亿元，是2010年的两倍多，占军工总产出的70.55%；民营企业发展活跃，截至2016年底，民口单位在全省军工生产认证单位中的占比达60%以上。二是“民参军”步伐不断加快。截至2016年底，湖北省取得武器装备科研生产许可证单位共计124家，取得军工保密资格认定单位有217家，其中民口单位均占认证单位数量60%以上。特别是2014年，武汉高德红外股份有限公司作为民营企业，率先进入全国武器总体研制领域。三是集聚效应初步显现。武汉、襄阳、孝感等地充分发挥地域优势，集聚发展资源，先后成立了武汉船舶与海洋工程装备基地、襄阳航空航天工业园及孝感军民融合产业园，这三个标志性的发展基地为湖北省军民融合集聚发展奠定了基础，集聚效应得到初步彰显。下一步，湖北还有海洋船舶、激光产业、核动力平台等多个大型军民融合项目蓄势待发，届时湖北的军民融合集聚效应将得到进一步凸显。

江西的军民融合优势产业主要集中在航天航空、电子制造、核动力等高新领域，洪都集团、长飞集团等都是江西目前较为有代表性的地方军工企业，为江西军民融合产业发展提供了较为强劲的市场发展基础。对于自己的优势产业航天航空，江西一直在持续做大做强，并且在不断延伸航天航空制造产业链。早前，江西已经在南昌建设航天城。目前航天城北区已经开始运营，其他片区也在加紧施工，有望年内相继投入使用。景德镇等地市也在不断探索新的发展机遇，景德镇逐步承接了部分直升机零部件制造项目，并修建了专门的产业园，发展雏形已经具备。除了航天航空以外，江西的装备制造、新能源等项目也在精心培育下，显示出良好的发展势头。

（四）校企协同创新发展，联合攻关技术堡垒

1. 湖南致力于校企联合技术攻关

国防科技大学、中南大学等高等院校在当地政府的支持与鼓励下，不断加强科研技术研发与转化，与多个国家技术创新示范企业、省级示范技术企业等开展有效合作，共同攻关各类国家重大科研项目，并一同进行专业转化，为北斗导航、无人驾驶等前沿项目提供技术支持，取得了不俗的成绩。湖南省政府与社会合作，致力于产学研结合的创新战略手段，以国防科技大学融合协同创新研究院和产业技术创新研究院等为研发实体，完成了多个重大项目的研发攻关。地方企业同样做出了较大贡献，湖南坚持以地方企业为实施主体，立足于具体项目实施，给予企业各类信息支持，减少地方企业参与军民融合的政策壁垒，遵循市场规律，发挥企业的主体作用。

2. 湖北在校企协同创新方面，积极促进军工企事业单位与在鄂高校的产学研联合研制攻关

湖北依托重点高校，吸纳相关企业参与，先后成立了以武汉大学为牵头单位，568 厂和荆州南湖机械总厂等军工单位参加的“雷达技术军民融合武汉大学协同创新中心”，推动雷达技术研发创新与推广应用；依托武汉大学建设“高分辨率对地观测系统湖北数据与应用中心”（简称“高分湖北中心”），促进高分系列卫星数据在湖北推广应用，服务湖北省国民经济发展。

3. 江西整合高校资源，借助南昌大学、南昌航空大学等本地高校智力支持，共同进行军工技术研发

江西一直致力于建设军民融合技术创新产业基地，江西早前成立航天科工江西科技创新服务中心，专门储备整合各类航天科技工业领域的军品研发技术，不断整合军民融合各项优质资源，为初创团队提供研发、制造、实验、推广、路演等一系列帮扶措施。江西科技创新服务中心不断加强与高校之间的合作，于 2016 年与南昌航空大学签署了共建协议，共同打造江西首个大学生军民融合创业基地，旨在为大学生提供军工项目参与支持，鼓励更多青年人参与军民融合国家发展战略。

（五）军民单位协同创新，技术成果逐步转化

1. 湖南军民单位融合不断向纵深发展

借助山河智能、中航起落厂、608所、331所等在航天航空方面的研发技术，湖南不断扩展优势产业链，增加产品附加值，增强配套产业开发，逐渐形成具有湖南特色的军民融合产业链，产业体系不断完善并且日益强大。湖南省兵器集团、282厂、627厂是兵器制造的优势单位，由于上下游产业链不断拓展，越来越多的民口企业开始为它们提供配套制造。衡山汽车制造、三一重工、中联重科等都是参与军工制造的主力军。通过军地单位的进一步融合发展，湖南军工科技水平得到不断提高，众多高技术产品在国内外得到普遍认可，为湖南的军民融合协同创新发展提供了更多机遇。

2. 湖北积极发挥军工单位与民口配套单位各自优势，努力打造协同创新新格局

湖北采取兼并重组、股份制、协作配套等多种方式合作。湖北激光产业技术研究院，就是三江航天集团公司采取市场化方式吸纳成熟的民营公司和海外研发团队加入而组建的，既面向重大军事应用研发创新，也面向民用领域解决共性技术，着力推进激光技术成果的转化和产业化应用。针对国家海洋开发需求，湖北组建了船舶和海洋工程装备院士工作中心，为湖北相关企业提供技术决策咨询和技术难题攻关，下设4个分站，有省内外的25个院士和52个行业专家加入。同时，成立以438厂为牵头单位，719所和中石化石油工程机械公司等单位参加的“国家（湖北）海洋工程装备研究院”，积极推动海洋工程装备技术创新和产业化发展。

3. 江西省军民融合发展为企业创新注入了强大动力

军民融合方面的产业项目在江西市场颇受欢迎，很多企业都争相追逐，并且不少企业由于参与军民融合项目研发，重新找到了企业的发展方向。目前，江西有超过30家民营企业获得了武器装备生产许可证，并且在多个军工配套领域发挥了重要作用。最典型的例子就是江西豪泰，该公司前后历经6次重组与并购，在军工产业发展中不断摸索前进，不断找准自己的发展路径，

公司产值逐渐从当初的1000多万元发展到现在的17亿元。业务范围也从最初的初级军工配套生产发展到现在的深层次的技术研发、转化以及生产。在国防科工研发制造方面的不懈努力，让公司进入十分稳定的高速发展期，面对经济新常态的诸多压力，公司业绩非但没有受到影响，反而持续向好发展。还有江西昌兴航空等民口配套企业，都通过不断提升自主研发水平，在军工制造方面赢得了一片发展空间，获得了企业盈利与国防发展的双赢局面。

二　存在的主要问题

湖南军民融合协同创新发展主要障碍表现在以下方面。一是军工产业结构亟待优化。军品整机项目和大型号不多。军工产业配套层次低，除了中小型航空发动机、飞机起落架、舰船动力、新材料、部分电子元器件等领域少数产品处于产业链附加价值高的位置，大部分军工行业产品属于低端配套，附加价值低。军工企业整体状况小而散，企业间配套关联弱，产业集聚效果未充分发挥。二是自主创新能力有待增强。先进航空发动机、核心元器件、部分关键原材料、计算机基础软件等还依靠进口，武器装备寿命和可靠性、军用动力、潜艇减振降噪等技术研究亟待加强。三是军民融合有待深化。军民融合产业园区建设总体规模偏小，国防科技成果转化层次较低，“民参军”规模较小，水平较低，军民需求信息、军民融合项目投资融资等服务平台建设不够。四是体制机制改革有待深化。军工开放力度不够，竞争不足。现有企业多数为国有独资或国有控股，股份制改造、投资主体多元化尚处于起步阶段。军工上市企业主要集中在民口配套企业，军工资产证券化率较低。

湖北军民融合协同创新发展主要障碍表现在以下方面。一是在推进军民融合协同创新过程中，相关法律法规建设滞后，政策覆盖面窄，相关配套政策缺失，出台的意见办法缺乏法律效力等问题长期存在，部分法规出台后落地难现象突出，保障和支持军民融合的力度不够，亟须通过立法措施来保障协同创新主体的基本权益。二是存在国防科技成果及知识产权归属不明晰、相关义务不明确、利益分配不合理、人才流失严重等问题。三是湖北军民融合协同创新中“民参军”和“军转民”准入程序较烦琐，军民标准“两张皮”现象突出。四是对民口企业进行金融扶持时存在“一刀切”现象，具有较大发展潜力的企业因资产、职员数量、规模等硬性条件而被金融扶持拒之门外。五是没有确立合理有序的支持国防工业军民融合发展的财税格局，难以对参与军民生产的民企以及传统军工企业“一视同仁”。

江西军民融合协同创新发展主要障碍表现在以下方面。一是思想认识有待提高。由于观念等方面的局限性，少部分单位仍然存在对军民融合重视程度不够的问题，一些单位对“军转民”“民参军”认识不清，还不能完全领会军民融合的重大现实意义，也仍未认识到其中蕴含的重要市场机遇，对军民融合深层发展产生了一定的阻碍作用。二是政策方面有待进一步完善。信息不对称的问题依然存在，不少民口军工单位极易被忽略，民口单位仍然不能充分参与。不少军民融合政策对传统军工单位倾斜仍然过大，导致不少传统军工单位缺乏内生动力，对国家过于依赖，自身发展潜能尚未充分激发，最终导致民口单位面前仍然存在高门槛的尴尬局面，而部分传统军工单位发展动力又不够充分，长此以往，可能会对军民融合协同创新发展造成不利。

三　对策建议

根据上文对湖南、湖北、江西三省军民融合协同创新发展现状的阐述，以及对三省发展中存在问题的分析，现从制度层面、管理层面、技术层面、文化层面等，提出推进三省军民融合协同创新发展的对策建议。

（一）制度层面创新

1. 加强立法保障，建立健全军民融合政策法规

目前，湖南、湖北、江西在推进军民融合协同创新过程中，还需要进一步完善法律规章。政策面有待进一步放宽、相关配套尚不够完善、出台的意见办法法律效力不强等问题长期存在，部分法规出台后落地难现象突出，保

障和支持军民融合的力度不够，亟须通过立法措施来保障协同创新主体的基本权益。一是建议湖南、湖北、江西三省尽快建立健全国防科技相关的法律规章，以更好地促进军民融合协同创新的发展，提供更好的法律保障，不断加强军地各方沟通协调，对现有法律法规进行定期梳理，及时更新。二是抓紧制定完善专项性政策法规，提高政策的科学性、激励性和可操作性，保障国防科技研发、投资与知识产权等利益。

2. 强化统筹协调，成立军民融合领导小组

军民融合协同创新合作领域不断拓宽，同时竞争趋势也愈发凸显，为使各协同创新主体之间做到资源互补、良性竞争，必须采取积极措施。一是成立省级军民融合领导小组。由省委省政府主要领导担任组长和副组长，军民融合领导小组办公室设在省国防科工办，省国防科工办作为全省推动军民融合的综合协调部门，加强对各地、省直机关部门及有关投融资平台公司的联系和协调，承担政策解读、信息发布、准入资格申报、督办考核等职能。二是健全工作推进机制。目前只有江西省形成了较好的各单位联系机制，湖南、湖北须尽快建立各地各部门的联席会议制度，加强各部门各地区的沟通协调，共同研究制定两省军民融合重大政策、工作方案、规划编制等。

3. 激发企业活力，深化国企产权制度改革

湖北、江西、湖南都是传统军工大省，军工科研院所和大型国企数量多，实力强，具备军民融合协同创新发展的比较优势，同时面临产权改革滞后、市场竞争力不强的问题。如武昌船舶制造厂、湖南航天电子科技公司、701 研究所等传统军工企事业单位，普遍存在过度依赖军方项目，协同创新不足，市场经营理念有待进一步提高等问题。一是尝试对军口企业进行混合所有制改革，进一步调整企业股权结构，让不同性质的投资可以引入军民融合发展，完善公司治理结构。建立激励约束机制，建立所有者与劳动者的利益共享机制，避免社会资本“陪跑”，调动骨干员工的工作积极性，让社会力量与骨干员工都能在国企找到归属感。二是健全薪酬激励机制。市场是开放的，人才是流动的，国有军工单位作为国防建设的中流砥柱，有义务也有责任培养并发挥人才的价值。积极响应中央全面深化改革的精神，对有突出贡献的科研、管理人才进行薪酬奖励，制定更加灵活的薪酬奖励体制，敢于提拔、任用中青年优秀人才，破除不合时宜的陈规旧俗。形成更加有利于军民融合协同创新的体制机制。

4. 推进标准化建设，完善军民融合规范标准

成熟配套的标准规范体系建设是军民融合协同创新的重要支撑。目前，湖南、湖北、江西三省均不同程度地存在军民标准“两张皮”现象，军口和民口企业产品标准认证时效性较低，严重降低了军民融合协同创新效能。一是军地联合定期修订军民品生产规范和标准。积极推进民口企业参与国军标和军民共用标准的制定和修订，为民参军创造标准化平台，建立标准化体系，如制定产业发展所需的基础共性标准、关键技术标准和重点应用标准等。二是深入推进军民标准融合发展。改进军民标准建设模式，通过现有民用标准转化及民标制定积极考虑军事需要、军标应用积极进行产业化推广等多种手段配合，使军民标准尽快形成相互开放、相互兼容、统一协调、先进完善的发展格局。

（二）管理层面创新

1. 发挥政府引导职能，统筹军民资源共享

（1）建立完善军民信息共享平台

建立门类齐全的军民融合发展信息库，及时发布军方的生产需求，将信息发布在公共平台上，让社会单位可以及时发现并跟进部队需求，并将社会单位的具体情况放在信息平台上，让国防单位可以迅速发现并知晓哪些社会企业可以承接自己的项目研发与生产，逐渐形成一个公开、公平、公正的信息对接平台。湖南、湖北、江西三省国防科工办或相关部门和军代局定期推介有关军民融合需求信息，定向推荐优势民营企业。制定符合当地实际情况的《军用技术转民用推广目录》和《民参军技术与产品推荐目录》。从省级层面规范网络服务平台信息交互标准和共享接口，鼓励军地探索线上线下多渠道的信息对接方式。健全供求信息交互机制，将财务运作、三方评估等工作外包给社会单位去处理，更有利于管理水平的提高。

(2) 建立完善军民科技资源共享平台

对于新建的国防科技重点实验室和军民通用性的重大试验设施，引导军地单位共同进行技术攻关，发挥资源优化组合的优势。对于具备一定生产研发且行业记录良好的社会单位，适当引导进行军品生产制造，充分发挥社会单位价值。出台促进军民资源开放共享激励措施，鼓励有偿开放相关资源。加大财政投入，将更多的文献资料、研究数据以及部分研发设备进行共享共用，厘清各种涉密资源信息，对于军地单位中不涉及国家秘密的向社会大众开放，营造更有利于军民融合协同创新发展的社会氛围。对于部分民营资本拥有的资源信息，可以采取购买服务的方式对社会有偿开放。采取合作研发、委托研发、智力引进和民用技术直接转化等多种形式，减少财力、物力的重复投资。

(3) 建立完善军民科技成果转化服务平台

依托国家军民融合公共服务平台，对于军口单位之间也应以大局为重，摒弃一些狭隘的竞争观念，既要保证自己的发展，也要适当进行资源共享互通有无，这样才能激发行业发展动力，让所有企业与单位可以整体向前发展，形成以共享为核心的平台管理机制和运行机制。加强针对军民融合协同创新发展的社会化服务，对于军民两用技术等设立技术交易中心，让这些技术可以在社会建设与国防建设中发挥出最大价值。加强中介服务性单位发展，发挥中介服务单位的平台性作用，借助中介平台，形成技术、研发、管理、市场等有机连接机制，为军地发展提供更多支持。

2. 建立健全国防知识产权保障机制，提高军民融合管理水平

创新军民人才激励机制。完善科技人员评价机制和奖励机制。针对军工科研院所人才流失问题，高度重视国防科技工业人才培养和使用，为有真才实学的青年群体提供更多施展才华的机会，拿出不拘一格降人才的精神，能者上庸者下，培养更多中青年人挑担子。将以论文奖励为主导的评价机制转换为以贡献创新为主导的评价机制，利用各种激励机制调动研发人员的工作积极性，对在科研领域做出重大贡献的人才专家给予充分奖励与支持，把专家的心捂热，鼓励他们做出更多的科研贡献。建立军民“技术专家和企业家”两类人才融合机制。推进军民人才的双向交流。湖南、湖北、江西拥有较为丰富的高等教育资源，但是国防教育发展并没有与之相匹配，要大力培养军事人才，搭建人才培养和科技创新平台，形成稳定的联系载体来培养人才、开展长期的联合相关攻关。可以采取共建或是委培的模式，将已经在军工企事业单位工作并且有一定潜力的工作人员，派到高校接受先进的理论教育，形成联合培养军工人才的工作机制。完善军民知识产权激励机制，制定国防知识产权分类管理政策。推进完善国防知识产权有序立法，不断健全《国防专利条例》，充分发挥条例的监督约束作用。出台军民两用技术知识产权权利归属与利益分配指导意见，明确军民两用技术知识产权权利归属与利益分配的目标定位、基本要求、主要原则等。提高民营企业在重大国防科工项目中的参与度，特别是对于一些研发实力较强的民口企业，要给予更多的发展机会，使其能“放心”参军，“全心”合作。

3. 创新完善产品采购管理机制，提高居民融合发展效率

（1）建立跨部门协同审查与资质互认制度

建立国防科技工业管理部门与军队装备管理部门联合审查制度。在国家层面简化合并审查内容基本相同的资格认证，采取“多证联审”。加强湖北省国防科工办与军代表室沟通和协调，探索解决双重认证的问题。调整优化现行审查认证机制，充分发挥中介组织作用，让中介组织适当承担审查职能，加大资质申报工作的培训力度。

（2）完善军品竞争性采购与军品定价制度

在涉军项目招投标中同等对待参与竞争的民营企业，加强对获得准入资格企业的动态管理。对于军工项目的保密方式采取更为灵活科学的管理，在适当的条件下调整参军企业的密级和时效。对于国防军工项目研发的核心技术与重要生产环节，要始终保持国家的绝对掌控权，对于参与重大军工项目的民营企业，要进一步规范其规章制度与股权管理，制定可操作性强的应急预案，防止突发情况发生。

4. 强化金融财税支持机制，夯实军民融合发展基础

在湖南、湖北、江西三省在军民融合协同创新中，融资难题一直没有得到较好解决，民口企业经常因为各种抵质押问题遭到拒贷。没有确立合理有序的支持国防工业军民融合发展的财税格局，难以对参与军民生产的民企以及传统军工企业“一视同仁”。

完善财税政策安排。设立省级军转民专项扶持资金针对民转军过程中的科技项目转化给予一定补贴，军民融合项目在商业贷款中给予政府贴息，运用政策资金尽量降低军转民的负担。省级层面设立军民融合投资发展基金，引导民间资本投向国防建设的基础项目领域。加大对相关科研院所、企业军民融合发展专项科研经费投入，加大财政资金对民参军企业的投入。针对军民融合产业项目，给予税费减半等帮扶政策，对于军地单位给予税收上的支持，尽量减轻企业运营负担，净化军民融合产业发展环境。在相同条件下，可以给予中小微企业更多支持，以直接投资或间接投资方式给予支持，这样更有利于激活民间投资热情，让军民融合发展焕发出更加旺盛与持久的生命力。

拓宽金融政策支持。通过设立军民融合专项贷款、贷款贴息和减息等方式提供必要的融资帮扶。拓展国防科工项目投融资渠道，在保持原有投融资渠道的同时，尽量开辟更多的投融资路径，不断丰富投融资主体。目前，金融信贷机构不断丰富，各类外资银行、民营金融机构日益增多。在固有市场的条件下，军民融合产业项目可以说是一个前沿新兴领域，可以吸引这些外资金融机构或是民营金融机构参与国防建设，这样也可以较好地弥补国有金融机构的不足。适当发展基金、国债等金融产品，以此来丰富国防建设融资渠道与融资方式。

（三）技术层面创新

1. 加强内外联动，加快建设“军政产学研用”协同

强化重点单位、重点项目引导。以军民融合产业项目为核心，引导企业、高校等不同性质的军地单位形成联合发展格局，可以形成各类创新基地、研究中心，依托这类机构发展产学研用一体化。推进优势军工技术协同创新，共同研究产业化、人才培养，如建立雷达技术协同创新平台。将总体设计研发等核心技术作为军民融合产业发展的关键部分，将相关配套项目作为社会化服务的主体内容，形成创新协同发展格局。

开展军政产学研用协同创新深度合作。依托武汉船舶与海洋工程装备基地、湖南省军民融合科技创新产业园、江西井冈山经开区军民融合电子信息产业基地、景德镇直升机研发基地等国家级、省级示范基地，加快建设一批产业技术基础平台和服务支撑平台，开展军政产学研用协同创新深度合作，推进共性技术研发和推广应用。提升技术研发水平，加强技术服务基层研究和前沿研究，促进军民科技人才资源共享。如激光研究院与湖北省科技厅联合投资4600万元用于高功率激光装备研发试验平台建设，主要包括半导体芯片技术研发测试平台、光纤技术研发测试平台、激光器技术研发测试平台。

搭建军民技术交流合作平台。通过共建园区、举办博览会等加快军民两用“引进来”“走出去”步伐，如深度融入“一带一路”倡议，支持军民企业抱团“走出去”，积极开展产能合作。

2. 鼓励联合研发，推进军民两用技术转化

推动部分国防科研资源向民用领域开放。不断解放思想，在国家安全不受到侵害的前提下，将能够促进社会经济发展的技术普惠大众，以此来丰富民用技术领域的一些不足与技术缺陷。以701所为例，该所有一批从事武器装备研发的大型试验设施，比如声隐身国防重点实验室、电磁兼容国防重点实验室、舰船损害管制中心集团重点实验室等，在保密等相关许可范围内，可以作为民用技术应用于武器装备提供研究和试验验证的平台，为技术系统决策提供依据，便于加速推进武器装备技术更新。推动军民通用标准体系的建立和实施。促进军民通用设计、制造等先进工业技术的合作开发、双向服务和成果共享。

丰富科技成果转化路径，提高科技成果过转化实效。建立多元化的技术创新投入机制。军民融合技术创新投入大，牵涉部门多，这就要求建立包括主管部门、地方政府、承担单位在内的多元化的技术创新投入机制，探索利用资本市场、地方融资平台、产业发展基金等市场方式。例如，武汉国家网络安全人才与创新基地，就是由中央网信办、湖北省政府、武汉大学和华中科技大学等多个部门和单位投入，形成了独具特色的“网络安全学院＋创新产业谷”基地。

3. 搭建孵化平台，推进军民两用技术产业化

一是建立特色鲜明的产业孵化平台。湖北加快发展船舶和海洋工程装备、光电子信息、磁电子、航空航天、机电工程、汽车、医药化工等领域的产业孵化平台，打造“三个一流”（一流的核心器部件研发生产基地，一流的科研试验平台，一流的产业孵化基地）。以“团队＋项目＋实体＋平台”的方式，引进创业项目团队入驻，加快科技园建设，打造国家级的创客空间。二是加快军民融合产业链创新。如依托江西航空航天设计研发基地优势，围绕航空与航天工程装备、空用设备和航天工程装备等，逐渐形成了包含研发设计、总装制造、生产配套等多种元素的创新协同机制。三是推动重大项目建设相衔接。例如，强化湖南军工项目联结机制，让计算机、导航、特种金属等相关项目可以有机联合在一起，加强研发资源共享，强化湖南军民融合平台建设。

4. 坚持市场主导，增强企业自主创新主体地位

一是培育创新型军民融合企业。积极稳妥推进军工科研院所改革，激发内生动力和发展活力，培育形成一批有国际竞争力的军工创新型企业。扩大武器装备科研生产对民营企业的开放。二是加大企业自主创新投入力度。鼓励企业加大军民两用高技术研发投入，支持企业创建国家级、省级技术中心和申报认定高新技术企业。如武汉光谷航天三江激光产业技术研究院被批准为湖北省光纤激光器工程研究中心和湖北省高功率激光装备工程技术研究中心及博士后工作站，高功率光纤激光器团队入选国家创新人才推进计划的重点领域创新团队。三是建立企业创新联盟。瞄准国家装备需求及前沿基础技术，构建涵盖产学研资孵用等环节的国家级激光装备创新联盟。

（四）文化层面创新

1. 传承红色基因，加深红色文化融合

湖南、湖北、江西拥有大量红色文化资源，红色文化始终与时代前行。湘鄂赣三省红色文化深耕于人民群众中，秋收起义、八一起义、大别山革命根据地、黄麻起义、洪湖赤卫队等都是军民协作的典范，体现了民拥军、军爱民的优良传统。当前，三省应当通过大力开展参观爱国主义教育基地、宣讲国防和国际安全形势等活动，以及建设航空航天主题公园、用本地地名为军舰命名等形式，增强民拥军的自觉行动和自豪感。加强军民融合文化宣传，组织各种类型军民集体活动、体育项目、文艺演出等，将拥军爱民的协同创新文化与红色文化融合。

2. 加强价值认同，加快企业文化整合

无论是民参军还是军转民，都渗透着一种文化认同，只有在互相文化意识认可的情况下，军民融合才有可能实现。特别是在民参军的过程中，企业要加强对国家军队文化的认识，提高思想觉悟，主动与红色文化融合，既有一定的思想高度，又能为国防建设设身处地地考虑。与此同时，地方企业也有使命感，毕竟军队相对社会来说信息来源较为不同，企业要在军民融合的过程中将主流市场讯息传递给军工制造，既做到维护国家利益，也不能违背市场发展，这种军地政产学研协同组织方式使合作互赢的心理预期和合作关系更加持久，也为军民两用技术产业集群协同创新提供了重要依托。通过加强资源的军工系统内部统筹和军民统筹，提高资源利用效率。

3. 增进军地协作，加大军民融合对接力度

新中国成立以来，湖南、湖北、江西军民融合事业的发展始终与国家军民融合战略对接。湖南有一大批军工产品表现优异，助力“神舟”“嫦娥”“大运”“大船”等重大工程，保障亚丁湾护航、历次军演顺利进行，圆满完成“9.3”胜利日大阅兵任务；湖北有武钢、武重、武锅、武船、武汉肉联、青山热电厂、大冶有色金属公司和武汉长江大桥等重大项目；江西同样在航天、航空、船舶、核矿冶、核地质、兵器、地方军工、民用爆破器材、军工电子等领域拥有众多成绩。这些军民融合项目，均体现了湖南、湖北、江西三省注重军地协作，注重在发展军民融合产业方面与国家战略紧密对接，体现了湖南、湖北、江西在军民融合协同创新方面的政治意识、大局意识、核心意识、看齐意识。湖南、湖北、江西三省应当继续秉承以“四个意识”为核心的文化内涵，军地协作与国家军民融合战略对接，协同推进军民融合创新发展。

参考文献

温妮、傅中力：《湖南国防科技工业军民融合深度发展研究》，《国防科技》2017 年第 2 期。

杨贵平：《深入贯彻军民融合发展战略　努力探索国防科技工业军民融合发展的“江西模式”》，《中国军转民》2016 年第 8 期。

徐振川：《认真贯彻十八届三中全会精神坚定不移推动军民融合深度发展》，《中国军转民》2014 年第 2 期。

李林等：《紧贴制造强省战略深化军民融合发展》，新浪网，2017 年 6 月 7 日，http：//news. sina. com. cn/o/2017 -06 -07/。

曾立、戚刚：《紧贴强军首责推动湖南国防科技工业转型升级》，湖湘智库，2016 年 10 月 12 日，http：//hunan. voc. com. cn/。

黎奇、朱忠诚：《推动军民融合协同创新浅析》，中国社会科学网，2017 年 3 月 15 日，http：//www. cssn. cn/jsx/ycjs_ jsx/201703/t20170315_ 3451700. shtml。

B.7

长江中游城市群开放型经济发展研究

张　静*

摘　要：　本文分析长江中游城市群对接“一带一路”的历史渊源和现实基础，认真研判当前面临的机遇与挑战，提出开放型经济发展的重点突破方向。

关键词：　长江中游城市群　“一带一路”　开放型经济

2015年3月26日，国务院批复的《长江中游城市群发展规划》明确要求：“构建统一开放的市场体系和高水平的对外开放平台，深化全球合作和国际交流，打造内陆地区全方位、多层次开放合作的先行示范区。”2016年3月，中共政治局审议通过的《长江经济带规划发展纲要》对长江经济带明确为“生态文明建设的先行示范带、引领全国转型发展的创新驱动带、具有全球影响力的内河经济带、东中西互动合作的协调发展带”。长江中游城市群是长江经济带三大跨区域城市群之一，我国全面推进“一带一路”建设，将长江中游城市群由内陆腹地推向了改革开放前沿，并催生出巨大发展新机遇，也为长江中游城市群构筑内陆开放新高地创造了基础和条件。

* 张静，博士，湖北省社会科学院长江流域经济研究所副所长、长江中游城市群研究中心副主任，副研究员，硕士生导师。

一　长江中游城市群对接“一带一路”的历史渊源和现实基础

（一）历史渊源极为深厚

历史上，湘鄂赣三省与“一带一路”沿线国家和地区有着密切的人文联系和商贸往来。根据考古和文献资料证实：早在春秋战国时期，楚国与古印度就在进行丝绸和琉璃等商品的贸易。湖北十堰郧西上津史称“天子渡口”，自古以来是南北物流的交通要道，货物“从上津顺流而下可达武汉，奔湖广、江浙，通达南方；逆流而上，可进关中，入河西，赴西域”。唐朝中后期，上津一度成为水陆物资运输的重要集散地，由此形成了历史上著名的“上津道”。现存比较完整的上津古城四个城门，分别为接秦、达楚、通汉、连郧，城门的名称直观地反映了历史上上津四通八达的重要地理位置[①]。襄阳自古就是水陆交通要津，有“南船北马”之说，是联系长江中游与中原、关中地区的交通枢纽[②]。西晋至南宋时期，以襄阳为枢纽和中转要港的汉江漕运线被称为“襄汉贡道”，其枢纽地位可见一斑。

江西是古代中原通往岭南和闽越地区的交通要冲，是闽粤桂湘等省通达运河的要道和物资运输的重要集散地。江西历史上是海上丝绸之路的重要商品基地和集散地，谓为海上丝绸之路的重要起点之一。江西陶瓷尤其是景德镇陶瓷是海上丝绸之路主要大宗商品。江西浮梁县早在唐代已成为全国重要的茶叶交易集散市场，敦煌出土的《茶酒论》中有“浮梁歙州，万国来求”的记载[③]；湖南自古就是丝绸之路经济带的重要商品输出地和货运枢纽，自隋唐以来，湖南的瓷器、茶叶、丝绸经由陆上丝绸之路运送到西亚和欧洲。

① 李之勤：《论唐代的上津道》，《中国历史地理论丛》1988 年第 4 期；张毅：《上津历史交通地理研究》，湖南师范大学硕士学位论文，2012，第 30 页。

② 严耕望：《唐代交通图考》（第 4 卷），上海古籍出版社，2010，第 1368 页。

③ 朱虹：《抢抓“一带一路”新机遇，推动江西茶产业转型升级》，《江西社会科学》2015 年第 10 期。

更重要的是，历史上著名的中俄万里茶道将湘鄂赣三省联系起来。据史料记载，“中俄万里茶道”始于17世纪末18世纪初，湘鄂赣闽等主要产茶区的茶叶以汉口为起点，借道汉水北上，经河南、山西、河北，越大漠，经乌兰巴托到达蒙俄边境的通商口岸恰克图，经伊尔库茨克、新西伯利亚、莫斯科等俄罗斯商贸重镇到达圣彼得堡。历史上的中俄万里茶道正好通过伏尔加河流域，茶叶贸易的繁盛也带动了长江中游地区以集散、转运为主要功能的节点城镇的肇兴（见表1）。

表1　中俄万里茶道在长江中游地区的重要节点城市

城市名	具有的地位和作用
湖北赤壁羊楼洞	万里茶道上青砖茶和红茶的主要茶源地和集散地，誉为中俄万里茶道迈出第一步的地方
湖北汉口	万里茶道最大的集散中心，称为“东方茶港”
湖北襄阳	万里茶道水陆联运的重要枢纽
江西上饶河口	史称“八省码头”，闽、浙、皖、赣的交通连接点，有“万里茶道水运起点”之称
江西九江	“万里茶道”的重要节点城市，拥有茶行数百家，仅1862年通过九江关输出的茶叶就达19万担，占全国茶叶出口总量的12%
湖南益阳安化	南北两条茶马古道的中心起点。茶船顺水顺江至洞庭湖，入长江抵汉口

（二）地方政府积极推进

1. 作为长江岸线最长的省份，湖北是长江经济带和“一带一路”的重要交汇点与结合部

2014年湖北省经济工作会议提出，“一带一路”引领湖北通江达海；2015年湖北省政府工作报告中指出深度融入“一带一路”；2016年湖北省政府工作报告进一步指出深入实施开放先导战略。湖北省委省政府相继颁布实施《湖北省参与“一带一路”建设实施方案》《湖北省深度融入“一带一路”建设重点任务分工方案》。湖北进入第三批自贸区建设试点，武汉城市圈获批构建开放型经济新体制综合试点试验。

2. 湖南地处东部沿海地区和中西部地区过渡带、长江开放经济带和沿海开放经济带结合部

湘南紧临珠三角经济圈，承接产业转移开放开发区位优势明显，湘西片紧邻重庆，扶贫开发政策优势明显。湖南省提出充分挖掘和放大“一带一部”区位优势，建设高铁沿线地区经济增长带，发展临港和临空经济，融入对接珠三角、长三角、北部湾和港澳台地区。湖南省委省政府相继出台《湖南省深化开放型经济体制改革实施方案》《湖南省对接“一带一路”战略行动方案（2015～2017年）》《湖南省参与建设丝绸之路经济带和21世纪海上丝绸之路的实施方案》《湖南省对接“一带一路”战略推动优势企业“走出去”实施方案》，其定位为“一带一路”的开放重地、国际产能合作的特色要地、教育卫生文化旅游的重要基地。

3. 江西是全国唯一同时毗邻长江三角洲、珠江三角洲、海西经济区三个经济最活跃经济区的省份

江西省委省政府相继颁发《关于全面扩大开放加快开放型经济发展升级的意见》、《关于积极参与“一带一路”战略的措施和意见》、《江西省参与丝绸之路经济带与21世纪海上丝绸之路建设实施方案》（赣府发〔2015〕26号）、《中共江西省委江西省人民政府关于深入贯彻开放发展新理念构建全面开放新格局的意见》（赣发〔2016〕10号）、《江西省人民政府关于进一步扩大开放打造招商引资新优势的实施意见》（赣府发〔2017〕20号），分别提出了积极参与“一带一路”建设的具体措施和意见。

（三）对外开放竞相发展

自2000年以来，湘鄂赣三省进出口总额呈现总体上升趋势，三省进出口总额呈现了两个不同的发展阶段：2008年以前三省进出口总额呈快速上涨趋势，由2000年的733907万美元增加到2008年的4688944万美元，增加了5.39倍。受国际金融危机影响，2008～2009年三省进出口总额呈现一个大的波动。2010年至今，三省进出口总额呈现了一个平稳上升趋势，由2009年的4018081万美元增加到2015年的11797427万美元，增加了1.9

倍。2000～2015 年，湘鄂赣三省进出口总额占全国的比重呈先减后增趋势，由 2000 年的 1.55% 降至 2005 年的 1.34%，2006 年起三省进出口总额所占比重开始增加，由 2006 年的 1.44% 增至 2015 年的 2.98%（见图 1）。

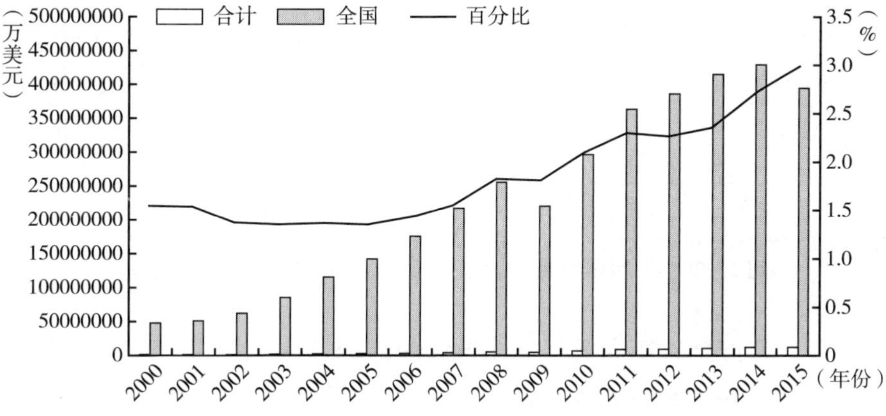

图 1　2000～2015 年湘鄂赣三省进出口总额占全国比重趋势

资料来源：根据《中国统计年鉴 2016》《湖北统计年鉴 2016》《湖南统计年鉴 2016》《江西统计年鉴 2016》和 2016 年湖北、湖南、江西三省《国民经济和社会发展统计公报》等相关数据计算所得。下同。

2003 年以来，湘鄂赣三省对外直接投资流量呈整体上升趋势，由 2003 年的 751 万美元增加至 2015 年的 276423 万美元，增加了 367.07 倍。三省对外直接投资流量占全国比重较小且增加幅度较小，由 2013 年的 0.26% 增加至 2.28%（见图 2）。

2016 年，湖北省外贸进出口值双双下降。2017 年上半年，湖北省进出口总值呈上涨趋势，比上年同期增长 25%。对“一带一路”沿线国家进出口增长 12%，其中，对印度、越南、波兰、伊朗、巴基斯坦、以色列、老挝等部分沿线国家进出口增速超过 20%；自 2016 年 8 月起，湖南对“一带一路”沿线国家单月进出口同比连续 10 个月呈增长态势。2017 年上半年对“一带一路”国家出口 224.3 亿元，增长 51.6%；江西省对部分“一带一路”沿线国家贸易增长较快，2017 年上半年进出口增速均列全国第 8 位。

对外直接投资方面，2016 年，湖北对“一带一路”沿线国家直接投资

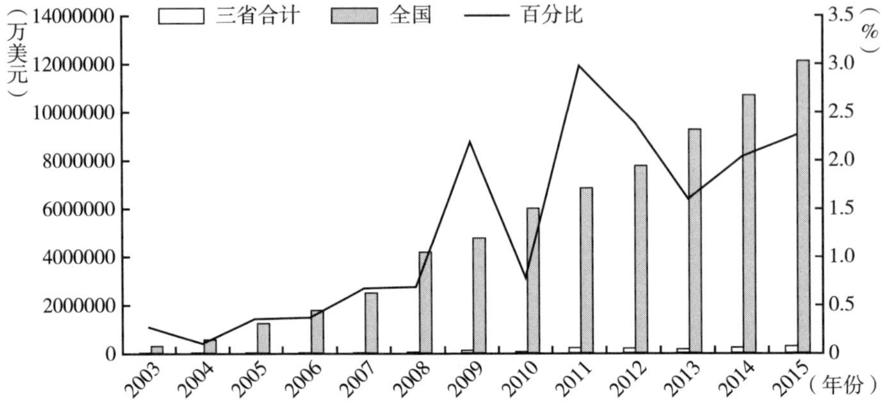

图 2　2003～2015 年湘鄂赣三省对外直接投资占全国比重趋势

2.6 亿美元，占全省境内投资主体投资额的 18.7%。2014～2016 年湖北工程企业在沿线国家累计完成营业额达到 111.3 亿美元，新签合同额达 177.2 亿美元，均突破百亿美元大关。三年来，在沿线国家完成营业额占全省总规模的比例均超过 60%，占比高于全国水平 10 个以上百分点。2016 年新签合同额占全省总规模的比例超过 50%，优势地位明显；湖南经商务部门核准（备案）的湖南省境外企业共 1348 家，涉及 87 个国家和地区，累计对外投资 92 亿美元，居中部六省第一、全国第十。在“一带一路”沿线国家设立的境外投资企业 113 家，中方合同投资额 12.96 亿美元，占全省总额的 40%；2016 年，江西省实现对外直接投资 12.4 亿美元，增长 18%。其中对“一带一路”沿线国家投资达到 3.14 亿美元，出口达到 100.9 亿美元。2016 年，江西完成对外承包工程营业额 39.43 亿美元，同比增长 12.3%，总量首次跻身全国前十，位居第九①。

（四）产业互补优势明显

湘鄂赣三省与“一带一路”沿线国家具有较强的产业互补性，经济共振点较多，开展产业合作的空间广阔。

---

① https://www.yidaiyilu.gov.cn/.

湖北第一产业优势突出，农产品出口占中部六省总量30%以上。光电子信息、装备制造业、钢材冶金、建材、纺织服装、农产品加工、建筑、可再生能源开发等产业是湖北的优势产业，建筑、汽车、食品、电子信息、生物医药五大支柱产业正向万亿元进军。目前，初步形成了在传统优势领域以工程承揽为主、在富余产业领域以水泥建材生产为主、在战略新兴产业以光纤通信为主的基本特色。

湖南拥有工程机械、轨道交通、冶金、有色、建材、能源等传统优势产业，并在种植、育种、农机等方面拥有国际先进技术。在轨道交通、工程机械、基础建设、能源开发等领域形成了一大批具备较强“走出去”能力的优质企业，华菱集团、南车株机、三一、中联等龙头企业海外投资项目取得重大突破。

江西传统优势产业包括航空及汽车制造、轻工机械、电子信息、生物医药。省发改委等部门牵头成立了海外基础设施建设、海外能源资源开发、海外工业投资、海外农业投资和民营企业“走出去”五大联盟，推动企业集群式“抱团出海”，江西铜业、江钨控股、江联重工、晶科能源、江西国际、华坚鞋业、正邦集团、赣粮实业、省出版集团等一批在各领域开展国际合作的重点龙头企业成为参与“一带一路”合作企业典范。

（五）开放平台发展迅速

1. 中欧班列相继开放

2016年，中欧班列（武汉）共开行247个班列，共运输2.18万标箱。已开通至德国、法国、俄罗斯等国的12条线路，辐射28个国家。与2015年相比，班列数增长60.39%，标箱数增长56.4%。按发货量、回程货量指标考量，中欧班列（武汉）综合实力在全国稳居前三位。中欧班列（长沙）于2014年10月开行，2015年9月实现常态化运营，中欧班列（长沙）累计发运进出口货物超过15000标箱，班列近200趟，在全国中欧出口班列中排名第四。

2. 口岸数量稳步增长

近年来，湘鄂赣三省口岸数量稳步增长，拥有湖北武汉机场、三峡机场、武汉港、黄石港4个一类口岸，武汉东湖综合保税区、武汉出口加工区、武汉新港空港综合保税区等3个海关特殊监管区域，黄石棋盘洲保税物流中心、宜昌三峡保税物流中心、襄阳保税物流中心、仙桃保税物流中心、荆门保税物流中心等5个保税物流中心（B型）。建成及在建的进境商品指定口岸达到9个；湖南拥有批准建设口岸及具有口岸功能的开放平台48个，一类口岸3个，综合保税区5个，指定口岸10个；江西拥有南昌（航空）和九江（水运）两个一类口岸。2016年9月，赣州港获批成为全国内陆第八个临时对外开放口岸和中国内陆首个国检监管试验区。

3. 口岸通道四通八达

截至2016年底，湖北共开通国际和地区客货运航线46条，进出境航空货运量近8万吨。阳逻港已成为长江中游的集装箱枢纽港，武汉港中西部“出海口”的地位正在形成。湖北口岸进出口货运量、航空口岸出入境人数均居中部前列；湖南开通直飞21个国家（地区）的73条国际（地区）航线。岳阳城陵矶已开通直航上海、东盟、香港、澳大利亚水运航线；2016年11月，赣州（吉安）至深圳铁海联运集装箱快速班列在赣州铁路口岸首发，这是继江西开通上饶（鹰潭）至宁波、赣州（吉安）至厦门、江西（宜春）至福州集装箱快速班列后的第四条口岸物流快速新通道，标志着江西省对接“海上丝绸之路”出海港口的口岸物流通道全面打通。

二　长江中游城市群深度融入“一带一路”面临的机遇与挑战

（一）面临的机遇

1. 呼应中部崛起战略

发展内陆开放型经济是我国调整经济发展结构、加快经济转型升级的重要举措。改革开放以来，国家先后实施了沿海开放、西部开发、东北振兴战略和中部崛起战略，旨在加快促进东中西部经济协调发展。湘鄂赣三省拥有长江这条对外开放的黄金水道，但各省资源相对分散、行政区划壁垒重重、基础设施配套不完备、人才集聚力较差、交通物流成本高等因素，导致湘鄂赣三省长期以来总体开放水平大大低于东部和西部地区。党的十八大报告提出“全面提高开放型经济水平”。《促进中部地区崛起“十三五”规划》对中部地区的定位是全方位开放重要支撑区，要求“构建全方位、多层次、宽领域的开放发展新格局，为经济发展注入新活力”。湘鄂赣三省积极融入对接“一带一路”，可以提高整个中部地区联通与合作的竞争力，形成在更高层次上、更大范围内和更深领域内的高效经济发展模式，从而在整体上实现同东部与西部的无缝对接，有利于加快提高内陆省份开放型经济的实力和水平。

2. 顺应长江经济带战略

《国务院关于依托黄金水道推动长江经济带发展的指导意见》要求深化向东开放，加快向西开放，推动“引进来”和“走出去”相结合，更好地利用国际国内两个市场、两种资源，构建开放型经济新体制，形成全方位开放新格局。湘鄂赣三省地处长江中下游地区，是依托长江建设中国经济新支撑带和促进中部地区崛起的重要省份，依托长江经济带，利用海陆双向开放的区位交通和资源优势，加快同周边国家和地区基础设施互联互通，通过承接东部产业转移、加强交通物流通达能力、设立内陆港和海关特殊监管区等多种措施，加强与丝绸之路经济带、21 世纪海上丝绸之路的衔接互动，共同促进长江经济带成为横贯东中西、连接南北方的开放合作走廊。

3. 因应长江中游城市群战略

近年来，长江中游城市群得到中央层面的重视并被推向国际合作层面。2012 年 7 月，为贯彻落实李克强访俄的有关指示精神，国家发改委联合外交部召开了中国长江中游城市群与俄罗斯伏尔加河流域城市群区域合作座谈会。2013 年 4 月，国家主席习近平访俄期间在莫斯科国际关系学院演讲提到“中俄万里茶道”影响巨大。2013 年 5 月，全国政协主席俞正声在北京人民大会堂会见俄罗斯总统驻伏尔加河沿岸联邦区全权代表巴比奇时，双方启动长江中上游地区和伏尔加河沿岸联邦区合作，打造两地区合作“创新版”和“升级版”。2015 年 3 月，国务院批复《长江中游城市群发展规划》，规划中对长江中游城市群的第三个战略定位是内陆开放合作示范区，

“以长江黄金水道和重要交通通道为纽带，依托中心城市和产业基地，畅通内外联系，加强与长三角、珠三角、成渝等地区合作互动，构建统一开放的市场体系和高水平的对外开放平台，深化全球合作和国际交流，打造内陆地区全方位、多层次开放合作的先行示范区”。湘鄂赣三省可以以此为契机，加强与俄罗斯伏尔加河流域城市群在经贸投资、产业发展、技术创新、环境保护、科教文化、友好省州和城市等领域的合作，共同打造中俄城市可持续发展和环境合作示范区。

（二）面临的挑战

1. 对外开放程度不均衡

从三省开放水平来看，各省之间存在发展不平衡的现象。2000～2015年，三省进出口总额以湖北最高（仅2012年和2013年低于江西），2015年湖北、湖南、江西进出口总额分别占三省总额的38.64%、24.89%、36.47%。从对外直接投资来看，湖南省所占比重最高，2015年湖南对外直接投资占三省总额的40.65%。实际利用外资方面，2000～2006年，江西省实际利用外资所占比重最高，从2007年开始，湖南省实际利用外资超过江西跃居第一，2015年，湖北、湖南、江西实际利用外资分别占三省实际利用外资总额的29.84%、38.57%和31.59%（见图3、图4、图5）。

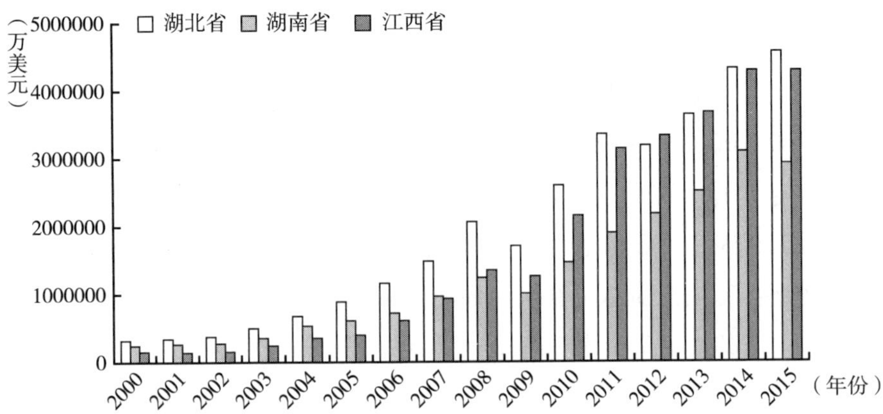

图3　2000～2015年湘鄂赣三省进出口总额变化趋势

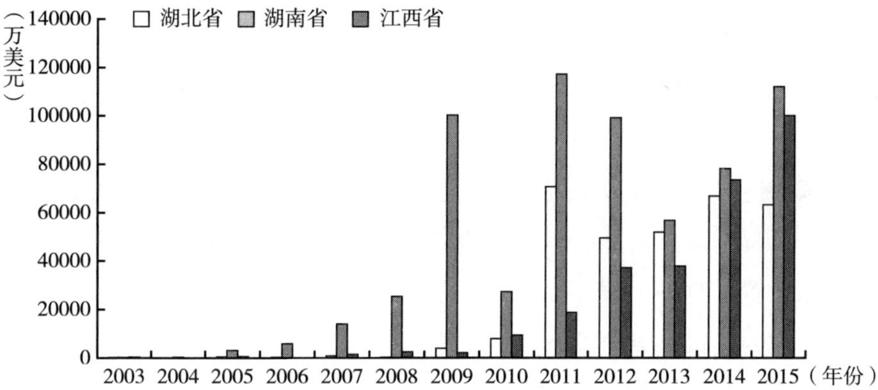

图4　2003～2015年湘鄂赣三省对外直接投资流量比较

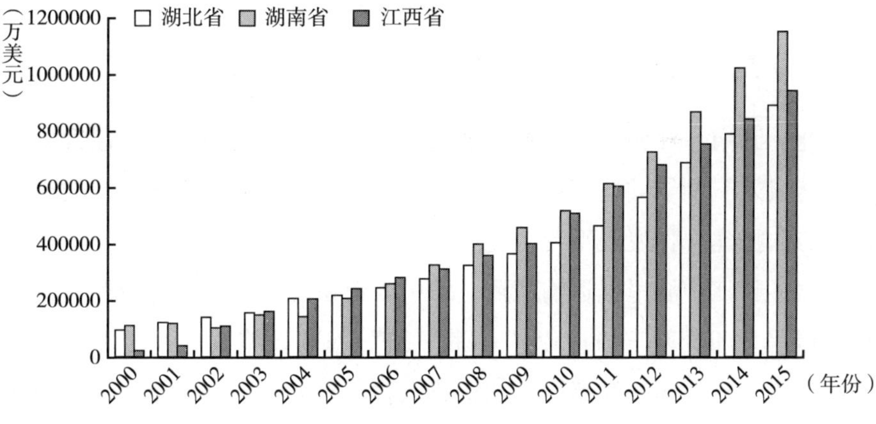

图5　2000～2015年湘鄂赣三省实际利用外资比较

2. 三省开放竞争大于合作

目前，除长江中游城市群将湖南、湖北、江西三省联系得较紧密外，受区位和交通、产业等要素资源的影响，三省尚未形成一体化分工体系，在区域合作方面也各有侧重：如湖北提出全面对接国家三大战略，江西加快推进对接长三角、珠三角和海西经济区。从出口总额在各个国家和地区占比情况来看，三省主要集中在美国、韩国、日本、中国台湾、中国香港等国家和地区。尤其是随着“一带一路”倡议的提出，湘鄂赣三省非常强调各自在西向、东向开放中的定位，如“战略高地”“战略核心腹地”“内陆开放新高地”等，推进路径主要集中在申报设立自贸区、国家级新区、保税区等。同时，“丝绸之路经济带”的铁路运输大动脉——中欧班列线路高度重合，都是西出新疆阿拉山口，途经哈萨克斯坦、俄罗斯、白俄罗斯、波兰，以捷克或德国为终点，八成以上的线路完全重合。三省开通的中欧班列均存在货量不足、返程空载率较高、运力浪费等问题，为争夺“通道资源”，由政府大量补贴运费，对外“概不议价”。这些都为今后三省在对接“一带一路”中可能出现的非良性竞争埋下伏笔。

三　长江中游城市群深度融入“一带一路”建设的重点突破方向

（一）基础设施互联互通，共建开放合作通道

湖北、湖南、江西三省在加快推进综合交通运输网络一体化建设方面取得了显著成效。围绕共建国家综合运输通道、综合交通枢纽和大宗战略物资集散中心，搭建合作发展平台，先后启动了“645”工程和省际公路联网工程，建立了长江中游甩挂运输联盟、华中大道快运联盟和华中道路客运小件快运联盟等。湘鄂赣三省应以“一带一路”基础设施互联互通为契机，加快建成覆盖三省的高速铁路网。加快建设合肥至九江、九江至武汉、西安至温州、武汉至西安等高速铁路建设，积极谋划沿江高铁、京九高铁、荆岳铁路等重大项目。以“645”工程已纳入《国家“十三五”规划纲要》和《长江经济带发展规划纲要》为契机，加快推进落实，打通长江中游“肠梗阻”，加强与上下游的联通合作。进一步加强三省省际普通国道、省道衔接，打通三省省际断头路。

（二）推进国际产能合作，打造开放合作引擎

1. 推动传统优势产业和先进制造业“走出去”

钢铁、水泥、建材、机械等是长江中游城市群的传统优势产业，近年来

加快了“走出去”步伐。2013年，华新水泥在塔吉克斯坦建成第一条新干法生产线，填补该国水泥自产的空白。2016年，华新水泥塔吉克斯坦二期年产100万吨水泥生产线已经顺利开工运营，尼泊尔项目也在着手推进。湖南、江西积极推进资源勘探开发走出国门，仅湖南就有资源勘探开发类境外企业124家。“走出去”符合供给侧结构性改革精神，既能促进企业有效利用国内国外资源和市场，又能帮助发展中国家提升制造能力，解决就业，实现双赢。进一步加快“走出去”，必将增强长江中游城市群的全球影响力和市场竞争力。

长江中游城市群一些先进装备制造企业已经率先“走出去”，如中联重科成功进军白俄罗斯。湖北汽车产业已显示出强劲势头：2014年东风集团8亿欧元收购PSA集团14%的股份并列第一大股东，将进一步深化在全球范围内的全价值链合作；襄阳汽车轴承股份有限公司收购波兰KFLT轴承公司89.15%的股份，成功并购波兰最大的轴承制造企业。在继续加强汽车产业国际合作的同时，发挥武汉、株洲轨道交通装备制造优势，加快推进轨道交通装备制造等领域企业“走出去”。

2. 联合开展对外承包工程

近年来，长江中游城市群积极贯彻落实中央“一带一路”倡议，加快企业“走出去”步伐，取得显著成效，对外承包工程规模不断扩大。三省对外承包工程业务长期保持优势地位。2014～2016年湖北工程企业在沿线国家累计完成营业额和新签合同额均突破百亿元大关，居中部六省之首。电力、交通、房建、市政等领域工程带动效应突出。中建三局参与建设巴基斯坦卡拉奇至拉合尔高速公路，合同金额28.9亿美元。葛洲坝集团承接安哥拉卡古路卡巴萨水电站项目，合同金额45.3亿美元。武汉大桥局在缅甸、泰国、孟加拉国、柬埔寨、南非、印度、马来西亚、澳大利亚、土耳其等国家和地区承揽工程，被评选为国际十大桥梁承包商之一；江西、湖南对外承包工程业务也发展较快，湖南对外承包工程营业额10.43亿美元，占全省总额的1/3，主要集中在科威特、泰国、马来西亚、老挝等国，投资航业以公路桥梁、电力设施等领域的工程建设为主。江西国际、中鼎国际和江西中煤等 3 家企业连续多年入围全球最大 250 家国际承包商。三省在“一带一路”基建领域既有成功经验，又有配套产业，要抓住“一带一路”倡议实施、亚投行建立等机遇，加快工程承包企业抱团“走出去”。

3. 积极发展海外现代农业

国际产能合作不能仅限于制造业，还应当向农业领域扩展。湖南杂交水稻是湖南农业“走出去”的金字招牌，农业企业纷纷在“一带一路”沿线国家建立农业产业园，如隆平高科东帝汶产业园、湖南炫烨老挝农业产业园、潇湘－伏加尔农机产业园、北欧湖南农业产业园。农业利用外资方面，争取“亚行技术援助湖南耕地污染修复研究项目”，农业外贷项目“农产品产地质量提升项目”已通过世行评估。三省可以联合在海外拓展现代农业，服务“一带一路”建设。

（三）推进开放平台建设，拓宽开放合作渠道

1. 统筹推进国家重大改革试验

以中国（湖北）自由贸易试验区获批建设为契机，高标准对接国际规则，实现贸易便利化、投资自由化，建立适应国际通行规则和形势的开放型体制机制。加强与上海自贸区、重庆自贸区的对接与融合，加强理念接轨、体制接轨、产业接轨、人才接轨，探索协同管理新机制。

2. 建设实体性平台

发挥综合保税区的特殊功能和政策效应，推进港口基础设施建设，将武汉新港、宜昌港、荆州港、岳阳港、九江港建设成为开放型经济的核心区、先导区。依托国家级和省级工业园区，创新体制机制和管理模式，加大投入力度，完善园区设施，加强产业配套，增强园区外向型项目承载能力。进一步强化口岸功能，加强与沿江口岸的互补合作。

3. 共建承接产业转移平台

抓住湖南湘南、湖北荆州两个国家承接转移示范区平台优势，将产业梯度转移的区域发展目标与国家主体功能区建设紧密结合，建立产业转移跨区

域合作机制，探索建立省际产业转移统筹协调机制，探索重点开发区域承接产业转移有效模式。积极发展“飞地经济”，鼓励以委托管理、投资合作等多种形式与东部沿海地区合作共建产业园区。共同要求国家发展和改革委员会、商务部要加大对长江中游城市群承接产业转移示范区建设的支持力度，推动江西建设承接产业转移平台。

（四）统筹区域内外合作，拓展开放合作空间

1. 深化与国外大河流域地区合作，加强与俄罗斯伏尔加河流域的合作

《长江中游城市群发展规划》提出“深化与伏尔加河流域合作”“共同打造中俄城市可持续发展和环境合作示范区”。长江中游城市群可以汽车、通用飞机等装备制造业和环保产业、生态农业为突破口，在伏尔加河流域中心城市设立产业园，打造三省企业进军俄罗斯的桥头堡。发掘中俄万里茶道历史文化底蕴，结合中欧班列，联手开辟丝绸之路经济带新通道。积极构建中俄城市群双边城市可持续发展平台，共同打造中俄城市可持续发展和环境合作示范区。加强与美国密西西比河流域的合作。积极借鉴密西西比河流域的治理模式与经验，加强长江流域的治理。利用定期召开中美长江－密西西比河战略合作论坛，推进港口自由贸易区及综合保税区建设与管理等领域的合作。扩大与西欧莱茵河流域的合作。湖北、湖南、江西等省与法国、德国等莱茵河流域重要国家一直有着重要联系。法国在武汉设有总领事馆，领事馆区为长江中游地区。被称为德国“中部之州”的黑森州共与欧洲、北美和亚洲地区七个省区建立了友好合作伙伴关系，亚洲只有中国的江西省和湖南省。要进一步加强与法国、德国等国的交流，借鉴莱茵河流域治理经验，在水质保障、动物保护、防洪治患、鱼类迁徙、水利能源、航运导航等方面开展合作。

2. 进一步加强国内区域合作

抢抓国家长江经济带发展战略机遇，着力提升湖北长江黄金水道功能，深化与东盟国家经贸往来，加快融入 21 世纪海上丝绸之路。整合三省“中欧”班列品牌，开展合资合作经营，建立统一货源组织网络。依托

对外开放国际大通道，打造国际经济合作走廊，深化与丝绸之路经济带沿线国家往来。依托国家东中西区域合作示范区，形成大协作、大开放、大融合的区域合作新格局。加强与周边省份和中西部省份合作，共建内陆合作开放高地。以“重走中俄万里茶道”和“万里茶道跨国联合申遗”为契机，加强与河南、山西、河北、内蒙古等万里茶道沿线省份合作。加强与京津冀、长三角、珠三角等经济发达地区的产业配套、协作联动，建立港口合作机制和产业合作发展机制。通过长江和汉江水道、中欧班列等通道加强与北部湾、海峡西岸经济区和关中－天水城市群等“一带一路”沿线城市群的合作对接。

（五）加强人文领域交流，提升开放合作形象

1. 大力推进文化“走出去”

长江中游城市群文化底蕴深厚，湖南卫视、湖北《知音》等在海外有众多粉丝，江西的文化产品出口总值居中部前列。深入挖掘本土民族文化资源，组织各类对外文化交流主题活动，利用各类文化交流平台，讲好长江中游城市群故事。鼓励长江中游城市群文艺院团、非物质文化遗产赴海外演出展览。打好“万里茶道”牌，加强中、蒙、俄在文化遗产保护方面的交流合作，探索建立同沿线有关国家的机制性人文交往平台。扶持长江中游城市群文化企业开展跨境服务和国际服务外包，引导骨干企业在中亚、西亚、南亚、东欧等国家和地区拓展文化贸易空间。推动湖湘文化、荆楚文化、江西文化联合“走出去”。

2. 打造跨省旅游标准化示范区

长江中游城市群旅游资源丰富，应加强与沿线国家旅游宣传推广合作，与境外旅行社联合开辟欧亚文明之旅、古丝绸之路、万里长江＋海上丝绸之路、万里茶道等主题旅游精品线路。联合沿线国家共同开发特色旅游项目和产品，举办旅游节、研讨会、推介会、交易会等活动，培训一批中文导游和管理人员，大力推介长江中游城市群旅游品牌。

参考文献

葛剑雄、胡鞍钢等：《改变世界经济地理的“一带一路”》，上海交通大学出版社，2015。

孙久文、高志刚：《“丝绸之路经济带”与区域经济发展研究》，经济管理出版社，2015。

张静、汤鹏飞：《湖北融入对接“一带一路”研究》，湖北人民出版社，2017。

王洪元：《论“一带一路”战略机遇下的湖南开放型经济发展》，《湖南社会科学》2017 年第 2 期。

孔柠檬：《河口镇在明清茶叶贸易中的地位——兼论茶叶与“一带一路”》，《农业考古》2016 年第 2 期。

张静：《“一带一路”战略下的湖北发展举措研究》，《湖北社会科学》2016 年第 3 期。

《湖南省参与建设丝绸之路经济带和 21 世纪海上丝绸之路的实施方案》，湘发〔2015〕24 号。

《江西省参与丝绸之路经济带与 21 世纪海上丝绸之路建设实施方案》，赣府发〔2015〕26 号。

区域报告

Regional Reports

B.8

长江中游城市群省会城市合作研究*

长江中游城市群城市合作秘书处　长江中游城市群研究中心**

摘　要： 本文介绍了长江中游城市群省会城市发展现状、省会城市合作进展，提出应深入省会城市合作六个方面的一体化。

关键词： 长江中游城市群　省会城市　合作

自2013年以来，按照国家总体部署，武汉、长沙、合肥、南昌四市积

* 从长江中游城市群提出之初，安徽就参加其活动，而且它既是中部省份之一，又地处长江中下游交界地区，与湘鄂赣经济联系密切。因此，尽管2015年国家批准的长江中游城市群发展规划没有包括安徽，但合肥作为长江中游城市群省会城市合作的发起方，一直参与其活动，并做出了积极贡献。因此，本文所指的长江中游城市群省会城市包括武汉、长沙、南昌、合肥等四个城市。

** 执笔人：长江中游城市群城市合作秘书处林汝湛，长江中游城市群研究中心张宁。

极落实湘鄂赣皖省际合作协议要求，率先贯彻国家《长江中游城市群发展规划》，紧紧围绕共同签署的《武汉共识》《长沙宣言》《合肥纲要》《南昌行动》4个合作协议文件，主动作为，大胆探索，加快建立完善合作机制，携手推进交通互联互通、市场一体化、公共服务共享等重点领域合作，长江中游城市群省会城市合作取得明显成效，受到国家领导人和社会各界广泛关注和肯定。

一　长江中游城市群省会城市发展现状

（一）武汉市发展现状

近年来，武汉市按照中央决策和省委部署要求，抢抓长江经济带发展和长江中游城市群建设机遇，全力推进经济社会持续较快发展，各项事业发展成绩显著。2016年12月23日发布的《国务院关于促进中部地区崛起“十三五”规划的批复》，明确支持武汉建设国家中心城市。规划要求武汉“加快建成以全国经济中心、高水平科技创新中心、商贸物流中心和国际交往中心四大功能为支撑的国家中心城市”。

1. 综合经济实力跨上新台阶

经济规模扩大，质量效益提升，经济总量突破万亿元大关。2016年全市地区生产总值11912.61亿元，公共财政预算总收入2423.16亿元；城市常住居民人均可支配收入39737元；农村常住居民人均可支配收入19152元。工业实现倍增发展，形成汽车及零部件、电子信息、装备制造、食品、能源环保等5个千亿元产业。其中汽车及零部件产值突破3000亿元，汽车产量176.7万辆，全球十大汽车制造厂商4家在汉投资，武汉成为中国拥有车系最多的城市，“中国车都”初具规模。信息技术制造产值突破2000亿元，世界主要的光通讯科技创新及产业基地是国家存储芯片产业基地，“中国光谷”蜚声海内外。桥梁、高铁工程设计及建设能力居全球领先地位。金融机构本外币存贷款余额首次双超两万亿元，存款余额增速居全国城市前列、副省级以上城市首位，贷款余额增速居副省级以上城市第2位。社会消费品零售总额5610.6亿元，旅游业增加值、软件和信息服务业收入均超过千亿元。农产品加工业产值2682.1亿元。

2. 加快形成发展新动能

武汉科教综合实力位列全国城市第三，是中国全面创新改革试验区，致力打造具有全球影响力的产业创新中心。现有高等院校84所，在校大学生106.4万人，居世界城市第一。全社会研发投入占地区生产总值的3%。被美国《外交政策》杂志预评为2025年全球最具活力城市第11位。高新技术产业产值8446亿元，占规模以上工业总产值比重达到64%，高新技术产业、现代服务业等新动能占经济总量比重达到60%。创新人才创投资本加速汇聚。认定“城市合伙人”116名，新引进创新创业领军人才251名，其中国家千人计划人才13名，留汉就业创业高校毕业生15万人，创历史新高。全市各类创投机构724家，管理资本规模过千亿元。“双创”平台不断完善。东湖新技术开发区成为全国首批“双创”示范基地。启动3批共13个“创谷”建设。各类孵化器221家，总面积超过千万平方米，居全国城市首位。举办“黄鹤杯”高层次人才创新创业项目大赛等“双创”活动，新增大学生创业企业2100家。企业创新主体作用日益增强。新增国内外500强和跨国公司研发机构30个、各类科技创新平台201个。发明专利申请量20643件，增长36.9%，企业申请量占一半以上。高新技术企业新增521家，累计2177家。涌现出超高速超大容量超长距离光传输、首台常温常压储氢·氢能汽车等一批世界领先的自主创新成果。①

3. 对内对外开放实现新跨越

武汉地处中国经济地理中心，通江达海，辐射八方，对内对外开放条件优越。武汉是全国四大铁路主枢纽之一、全国高速公路主骨架网络节点、长江中游航运中心和全国性物流节点城市，铁路客运量全国第一，内河航运进

① 万勇：《政府工作报告——2017年2月15日在武汉市第十四届人民代表大会第一次会议上》，《长江日报》2017年2月27日。

入世界第一方阵。以武汉为中心、以1000公里为半径画圆，可覆盖中国10亿人口和90%的经济总量。武汉国际综合通达能力中部第一，拥有国际及地区航线41条，直达五大洲；近海近洋航线通达中国台湾、日韩、东南亚等，成为中西部“出海口”；中欧（武汉）国际货运班列货运量全国第二，回程量第一。法国、美国、韩国、英国在汉设立总领事馆，俄罗斯驻武汉总领事馆也正在选址建设。在汉世界500强企业达到243家。以武汉片区为主体的中国（湖北）自由贸易试验区、武汉新港空港综合保税区获批，武汉成为内陆唯一拥有两个综合保税区的城市。口岸出入境人数251.7万人次，居中部城市第一。武汉已连续成功举办两届国际马拉松赛等重大国际性赛会。

4. 重点领域改革取得新突破

全面创新改革试验方案获国务院正式批复，《中国制造2025》城市试点示范、投贷联动试点等10项国家授权先行先试改革任务落地实施。统筹推进100项重点改革任务，发展活力显著增强。推进区级行政审批3.0改革全覆盖，实现审批职责、事项、环节全集中；推进“双随机一公开”监管创新，80%的执法部门建立了“一单两库”。改革市、区财政体制，深化专项资金管理。拓宽民间投资领域，启动10个PPP项目试点，民营众邦银行获准筹建。新增各类市场主体14.61万户，同比增长12.3%。社会治理“1+10”改革取得新进展。深化法治政府建设，办结人大议案两件、代表建议283件、政协建议案3件、提案615件，满意率均为99%以上。[①]

（二）长沙市发展现状

近年来，长沙紧紧围绕党中央“五位一体”总体布局和“四个全面”战略布局，坚决落实省委省政府“创新引领、开放崛起”战略，加快打造国家智能制造中心、国家交通物流中心、国家创新创意中心，努力创建国家

① 万勇：《政府工作报告——2017年2月15日在武汉市第十四届人民代表大会第一次会议上》，《长江日报》2017年2月27日。

中心城市，实现基本现代化。

1. 综合实力跃上新台阶

2016 年，全市实现地区生产总值 9323.7 亿元，增长 9.4%，经济总量位居全国省会城市第 6；固定资产投资 6693.32 亿元，增长 13.9%；完成一般公共预算收入 1231.02 亿元，增长 10.6%；社会消费品零售总额 4117.40 亿元，增长 11.6%；城乡人均可支配收入分别为 43294 元、25448 元，增长 8.3%、7.8%。规模工业总产值迈上万亿元台阶，培育形成新材料、工程机械、食品、电子信息、文化创意、旅游等六大千亿元产业集群，产业多点支撑格局初步形成。坚持创新驱动发展，国家自主创新示范区建设稳步推进，引进航天新材料技术、智能制造、北斗安全技术等一批技术创新研究院；全国首个科技数字产权交易平台和湖南知识产权公共服务平台在示范区上线运营，成功打造麓谷·创界、微软云孵化、腾讯众创、阿里云创客等“双创”孵化摇篮，创新能力进入全国高新区十强，全市万人有效发明专利拥有量居省会城市第四。以智能制造统领产业转型升级，230 个示范项目顺利推进，武汉成为《中国制造 2025》试点示范城市。北斗导航、3D 打印等产业增速均超过 50%，高新技术产业增加值占地区生产总值比重超过 30%。移动互联网产业快速崛起，集聚互联网企业 1 万多家，武汉获评中国“互联网 +”建设十大标杆城市。现代服务业综合试点城市加快建设，现代金融、现代物流、电子商务等新型业态不断壮大，服务业增加值增长 11.6%，居中部省会城市首位。长沙县、浏阳市、宁乡县在全国 100 强县（市）中排名大幅前移。①

2. 改革开放实现新突破

认真落实中央、省委全面深化改革部署，统筹推进 440 多项改革，实施 20 多项“国字号”试点。行政管理体制改革积极推进，率先在全省公布权力清单、责任清单，行政审批效率整体提速 50% 以上。财税、金融、投融

① 陈文浩：《政府工作报告——2017 年 1 月 9 日长沙市第十五届人民代表大会第一次会议通过》，《长沙晚报》2017 年 1 月 11 日。

资等要素市场改革继续深化，一批 PPP 项目相继实施。商事制度改革取得积极进展，率先实施“三证合一、一照一码”。启动新一轮国资国企改革，推进国企办社会职能分离、国资分类分层监管。医药卫生体制改革成效明显，县级公立医院改革全面实施，新组建医联体 29 个，实现公办基层医疗卫生机构基本药物制度全覆盖，基本药物销售价格平均下降 30%。“两型社会”建设综合配套改革深入推进，率先开展绿色发展考评、两型标准认证等试点。文化、教育等社会领域改革迈出实质性步伐，户籍制度改革、行政区划微调、县域功能分区等改革稳步推进。对外开放持续深化，实际利用外资、进出口总额年均分别增长 12.5%、14.2%，获批现代服务业综合试点、跨境电子商务试点，中欧班列（长沙）常态化运行，黄花综合保税区成功获批并启动建设，国际会展中心建成运营，国际邮件居中部海关第一，霞凝货场被确定为国家一级铁路物流基地，金霞经开区获评国家级示范物流园区，湘江新区与东部开放走廊“双引擎、双高地”加快建设，长沙成为“一带一路”重要节点城市、长江经济带中心城市。

3. 城市品质彰显新风貌

围绕“宜居宜业、精致精美、人见人爱”目标，推进品质长沙建设向升级版迈进。城市建成区面积由 316 平方公里拓展到 364 平方公里，主城区常住人口突破 400 万人。黄花机场新航站楼竣工运营，磁浮工程实现机场与高铁站无缝连接，城市地铁迈入换乘时代，现代立体交通体系日益完善。2016 年完成棚改 4.46 万户 557.31 万平方米，改造城中村 9 个。提质改造主干道 10 条、支路街巷 100 条、老旧社区 50 个，违法建筑基本清零。“三年造绿大行动”圆满完成，给市民带来更多绿色福利。湘江两岸、城市桥梁和重要干道亮化提质，长沙夜色流光溢彩。铁腕治理环境污染，加强湘江长沙段、浏阳河流域治理，空气优良率达 73.8%，[①] 长沙水更清，天更蓝，空气更清新。

① 陈文浩：《政府工作报告——2017 年 1 月 9 日长沙市第十五届人民代表大会第一次会议通过》，《长沙晚报》2017 年 1 月 11 日。

4. 城乡融合开创新格局

实施统筹城乡融合发展三年行动计划，加快城乡资源要素、基础设施、公共服务对接和环境同治。启动南、北横线建设，基本实现乡镇30分钟上高速，行政村、自然村100%通水泥路。农村电网改造升级率超过90%，自来水普及率达70%，乡镇污水处理厂覆盖率提高至75%以上。新增新型农业经营主体5000余家，培育国家级农业龙头企业6家，农村电商企业超过900家。以15个中心镇、小城市、特色镇为示范的新型城镇化建设加快推进，10个镇入选国家重点镇，湘江古镇群等城镇魅力彰显。美丽乡村建设全域推进，涌现了彩陶源村、坪头村、天马新村等一批美丽乡村，形成“幸福屋场”“乐和乡村”等美丽乡村品牌，乡村生态秀美，经济繁荣，美丽乡村成为长沙靓丽的风景线。

5. 社会事业取得新发展

按照保基本、兜底线、促公平的要求，提升公共服务水平，持续保障和改善民生，确保发展成果更多更好地惠及全市人民。财政支出中民生支出占73%以上。新增就业60多万人，零就业家庭100%动态清零。城乡居民养老、医保统筹一体化和大病保险全覆盖，失业保险金、企业退休人员养老金、城乡居民基本养老保险基础养老金分别实现13连增、12连增和9连增。率先实现义务教育阶段合格学校全覆盖，基本普及十五年教育，全面建成国家义务教育基本均衡市。获批国家首批公共文化服务示范区，当选“东亚文化之都”，成为首批国家公共文化服务示范区。社会治安形势持续向好，公众安全感和群众满意度逐年上升，荣获全国平安建设“长安杯”和2016全国创新社会治理优秀城市称号，连续九年被评为最具幸福感城市。

（三）南昌市发展现状

近年来，南昌市经济社会发展各个领域全面发力，经济社会持续健康较快发展。

1. 经济实力不断增强

“十二五”期间，地区生产总值突破4000亿元，年均增长11%；财政总收入连续跨越400亿元、500亿元、600亿元、700亿元四个台阶，达到727.2亿元，年均增长17.7%；地方一般公共预算收入连续跨越200亿元、300亿元台阶，达到389.2亿元，年均增长21.6%；500万元以上固定资产投资实现翻番，达到4000亿元，年均增长20.3%；规模以上工业增加值实现翻番，达到1450亿元，年均增长17.5%；社会消费品零售总额实现翻番，达到1608亿元，年均增长16%；人均生产总值突破10000美元，年均增长12%。2016年，全市经济社会呈现良好发展势头，“十三五”实现开门红，财政总收入、地方一般公共预算收入、500万元以上固定资产投资等多项经济指标保持两位数以上增长。

2. 创新驱动深入推进

从生产了新中国第一架飞机、第一辆军用摩托车、第一架多用途民用飞机、第一辆轮式拖拉机和第一批海防导弹的“五个第一”的辉煌历史，到2015年以硅衬底LED项目打破日美技术垄断，荣获国家技术发明一等奖，再到引领时代潮流的前沿科技，打造全国首家VR产业基地，南昌人一直敢闯敢试，敢为人先。到2016年底，全市新认定高新技术企业184家，累计拥有高新技术企业436家。累计拥有国家级工程技术研究中心5家、重点实验室4家；累计拥有省级工程技术研究中心93家、重点实验室87家；获得国家技术发明奖1项、国家科技进步奖5项；拥有省级技术成果90项。2016年，全市专利申请量16184件，专利授权量8592件，分别比上年增长68.55%和36.88%。全年登记技术合同1079项，技术合同成交金额39.13亿元，比上年增长29%。全市新增省级产业技术创新联盟1家，省级产业技术创新联盟18家。①

3. 开放合作成效显著

据海关统计，2016年，南昌地区内企业（含中央、省属公司）实现进出口总值94.07亿美元，比上年下降17.28%。其中，出口值57.84亿美元，

① 南昌市统计局：《南昌市2016年国民经济和社会发展统计公报》，南昌统计信息网，2017年3月28日。

下降31.97%；进口值36.24亿美元，增长26.23%。分贸易方式看，一般贸易出口43.47亿美元，同比下降32.93%；加工贸易出口13.75亿美元，同比下降8.58%。分重点商品来看，高新技术产品出口13.9亿美元，下降15.28%，占全市的24.03%；机电产品出口28.78亿美元，下降29.11%。全市实际利用外资30.65亿美元，比上年增长13.25%。其中，第二产业14.73亿美元，第三产业15.91亿美元，所占全市份额分别为48.07%和51.92%。2016年，全市批准外商投资企业72家。其中，中外合资企业占26.39%，外商独资企业占73.61%。全年实际利用内资1158.35亿元，增长13.84%。其中，利用省外资金项目进资765.03亿元，增长13.64%。[①]同时，作为与长、珠、闽三个三角区毗邻的唯一省份的省会城市，以及入选开放型经济新体制综合试点，南昌有着独特的开放意识。近年来，随着轨道交通、快速路网等加快建设，航线发展、港口建设加快推进，立体交通网络正加速形成。特别是随着沪昆高铁的开通，南昌快速迈进“高铁时代”，正与周边城市互联构建一小时高铁经济圈。

4. 城市地位日益彰显

随着“一带一路”、长江经济带、长江中游城市群、促进中部地区崛起等一系列国家重大战略的叠加实施，以及赣江新区、综合保税区的获批，南昌成为重大区域发展战略的密集叠加区，经济社会发展面临难得的历史性机遇。南昌将紧紧围绕“打造带动全省发展的核心增长极”目标，主动作为，抢抓机遇，充分利用国家级赣江新区、综合保税区等新平台、新载体，着力构建内陆双向开放高地，通过“强攻产业、决战工业”，实现工业四年倍增，服务业“十三五”时期倍增，力争到2020年工业实现“万亿目标”；深入开展“美丽南昌·幸福家园”环境综合整治，加快新城建设，加速旧城复兴，加强城市管理，力争把南昌建设成为“干净整齐、畅通有序、文明友善、和谐宜居”的美好城市家园，全力打造富裕美丽幸福江西“南昌

① 南昌市统计局：《南昌市2016年国民经济和社会发展统计公报》，南昌统计信息网，2017年3月28日。

样板”，努力把南昌建设成为“一带一路”倡议重要节点城市、长江中游城市群核心城市。

（四）合肥市发展现状

1. 综合经济实力和城市美誉度迅速提升

“十二五”以来，在安徽省委、省政府坚强领导下，合肥市加快“创新、转型、升级”发展，在打造“大湖名城、创新高地”的征途上迈出了坚实步伐，“文明城市”“幸福城市”“创新城市”“森林城市”“平安城市”的美誉度不断提升。在全国26个省会城市中，合肥主要经济指标总量大多从“十五”末的第17位、第18位，提升至前10位，或接近前10位。2016年，实现地区生产总值6274.3亿元，增长9.8%；完成财政收入1114.1亿元，增长11.4%，其中地方财政收入614.9亿元，增长7.6%；规模以上工业增加值2269.1亿元，增长9.9%；固定资产投资6501.2亿元，增长11.1%；社会消费品零售总额2445.7亿元，增长12%。近年来，合肥持续开展“效能革命”，被评为“全国投资环境50优城市”“全国十大经商成本最低城市”“中国最佳投资城市”，是国务院表彰的“全国创业先进城市”，获批“国家小微企业创业创新基地城市示范”。多次被评为“全国最具幸福感城市”，三次捧得“长安杯”。

2. 创新驱动产业发展成效显著

合肥科教资源丰富，是全国重要的科教基地、唯一的国家科技创新型试点市、国家创新型试点市，也是世界科技城市联盟会员城市。中国第一台窗式空调、微型电子计算机及世界第一台VCD、仿生洗衣机、变容式冰箱等均诞生于合肥。现有中国科学技术大学等高校60所，中科院合肥物质科学研究院、中电科38所等中央驻肥科研机构13家，各类研发机构959家，省部级重点实验室和工程试验室150个、国家大科学工程5个，进入“千人计划”的海归人才225人，在肥工作的两院院士86名，各类科技人员60多万人。英国《自然》杂志报告评价，合肥基础科研实力位居中国第三，仅次于北京、上海。2017年1月，合肥综合性国家科学中心获批建设。现在，合肥正在大力推进中国科学技术大学先进技术研究院、中国科学技术大学国际金融研究院、清华大学公共安全研究院、中科院技术创新工程院、合肥工业大学智能制造研究院、北京大学未名生物经济研究院、中国农科院食品创新研究院、安大绿色发展研究院、北航合肥创新研究院、中科院热物理所合肥先进能源装备研究院、哈工大机器人中央研究院等一批重大创新平台建设，朝着具有国际影响力的创新之都迈进。近年来，先后获批国家节能与新能源汽车示范推广城市、国家半导体照明应用工程试点城市、国家股权激励和分红激励试点、国家科技和金融结合试点、国家文化和科技融合示范基地、国家信息化和工业化融合试验区、全国“智慧城市”试点示范城市等。通过实施创新驱动战略，合肥形成鲜明产业特色，区域竞争力不断增强。现有 37 个工业行业，200 多个工业门类，拥有家电、装备制造、汽车、电子信息等一大批重点产业，是全国最大的家电城，全国最大的挖掘机、叉车、轮胎生产基地之一，全国汽车及零部件出口基地，是我国为数不多的全系列汽车生产基地，拥有江淮、安凯、长安等知名自主汽车品牌。近年来，新型平板显示、智能语音、新能源汽车、太阳能光伏、公共安全等战略性新兴产业呈爆发式增长，确立在全国先发优势，集成电路、燃气轮机、生物医药、高端医疗与装备、智能机器人与智能制造等产业加快推进，正在形成新的突破。2016 年，战略性新兴产业实现增加值 685 亿元，同比增长 13.5%；高新技术产业实现增加值 1300 亿元，同比增长 12%，国家高新技术企业增至 1357 家，主要创新指标稳居全国省会城市“十强”。

3. 全国性综合交通枢纽建设加快推进

合肥高铁南站与上海虹桥站、南京南站和杭州东站组成“华东四大铁路枢纽站”，随着该站的开通，合肥逐步形成“米”字形的高铁路网，3 小时内可通达国内诸多重要城市。轨道交通 1 号线开通运营，合肥迈入地铁时代。4E 级新桥国际机场设计年吞吐能力 1200 万人次。1500 吨级货轮可从合肥新港通江达海。合肥开通了新亚欧大陆桥国际货运班列。集高速铁路、高速公路、国际机场、内河航运等多式运输于一体的合肥综合交通枢纽建设，取得可喜成果。

4. 开放活力显著增强

大力弘扬“开明开放、求是创新”的城市精神，先后同180多个国家和地区建立经贸往来，与美国哥伦布等国外多个城市结为友好城市。目前，已有来自58个国家和地区的近3000家企业在肥投资发展，其中境外世界500强企业40家。已建或正在建设“四港”（水运港、国际内陆港、航空港、跨境电子商务港）、“三区”（综合保税区、出口加工区、空港保税物流中心）、“一中心”（对外劳务合作服务中心）等八大对外开放平台，推动合新欧国际货运班列西延入欧，国际货运航班直达欧美。深度参与长三角区域发展分工合作，积极参加长三角大通关建设和长江经济带海关区域通关一体化发展，复制推广上海自贸区成功经验，不断提升产业承接、市场融合、体制接轨以及基础设施互联互通水平，努力打造对内对外开放新高地。

二　长江中游城市群省会城市合作进展

（一）建章立制，省会城市合作框架基本建立

充分发挥政府的引导作用，加快推进长江中游城市群的培育和发展，探索建立城市合作新的体制机制，“决策－协调－执行”的合作框架基本形成。

1. 省会城市合作会商会机制不断完善

长江中游城市群省会城市会商会由四省会市委书记、市长出席，为省会城市合作决策机制的主要形式。2013年2月，在武汉召开首届长江中游城市群四市会商会，达成《武汉共识》，提出联手推动长江中游城市群成为中国经济增长“第四极”，四市合作由此发端。2014年2月，第二届会商会在长沙举行，四市发布《长沙宣言》，提出共同探索创新驱动、转型发展新路，建设具有国际竞争力的特大城市群。2015年2月，第三届会商会在合肥召开，四市签署《合肥纲要》，明确在市场一体化、基础设施互联互通、环境保护联防联治、产业合作、社会公共服务共享等方面深化合作。2015年3月，国务院批复《长江中游城市群发展规划》，标志着长江中游城市群

建设进入一个崭新的阶段。2016 年 3 月，在南昌第四届会商会上四市签署《南昌行动》，提出争当长江中游城市群城市合作的典范，努力提高四市之间客流和物流通行效率、公共服务一体化水平、产业集群发展配套水平。四年来，在四市的高度重视和主要领导参与下，省会城市会商会机制不断得到深化，在推进省会城市合作过程中发挥中枢作用。四届会商会的重要成果——《武汉共识》《长沙宣言》《合肥纲要》《南昌行动》四个合作协议文件，为推动省会城市合作奠定了坚实基础，使省会城市合作由倡议变为共识，由共识变成实践，指导省会城市合作不断走向深入和务实。

2. 省会城市合作协调会机制顺利建立

为健全省会城市合作机制，更加有效地协调落实会商会议定的重要事项，2015 年 6 月 16 日，省会城市合作协调会第一次会议在武汉召开，会议通过的《长江中游城市群城市合作协调会制度》，标志着省会城市合作协调会制度的正式建立。已成功召开了三次会议，四市分管副市长、副秘书长通报合作进展，交流推进经验，并就交通一体化规划、专家委员会、省会城市新一轮合作行动计划编制等问题进行积极协商并达成共识。合作协调会制定的“协调”职能越发凸显，为及时研究解决推进合作过程中遇到的重大困难和问题发挥了重要作用。

3. 合作执行机制不断健全

一是设立城市合作秘书处。秘书处依托武汉市发展改革委开展工作，武汉市发展改革委为省会城市会商会、协调会的日常执行机构，长沙、合肥、南昌发展改革部门为秘书处成员单位。省会城市合作协调会第一次会议通过了《长江中游城市群城市合作秘书处工作制度》，批准了城市合作秘书处组成人选。2016 年 6 月，秘书处组成人员顺利完成了第一次组成人员换届。长江中游城市群城市合作秘书处顺利运作，成为协调落实会商会、合作协调会部署和要求的重要“助手”。二是成立专题合作组。根据《南昌行动》要求，四市对口部门分别成立了专题合作组，建立了联席会议机制，推进专项领域合作任务的落实。制定了《长江中游城市群城市专题合作组工作制度》。至此，省会城市“决策－协调－执行”的合作框架基本形成。

4. 工作推进机制逐步建立

一是建立任务分工机制。每年对会商会上共同签署的合作协议明确的重点合作事项，进行任务分解，落实责任部门，明确年度目标和时间节点，定期通报工作进展。二是搭建信息交流平台。共同建立了“长江中游城市群城市合作网”、“中三角支点”微信公众号等，推进信息资源共享，提升城市群对外宣传形象。三是共同开展研究。对照国家有关要求及四市达成的合作共识，组织国内知名研究机构对四省会合作发展取得的成绩进行总结，分析存在的困难和问题，提出下一步合作发展建议。

5. 各级合作交流机制丰富多样

一是合作交流形式多样。四年来，四市各部门之间的交流日益频繁，交流活动丰富多彩。据不完全统计，每年四市举办的各类联席会、座谈会、论坛、联展、交流等交流活动为30～40场次，四年共新制定、签订各类合作协议、标准、方案、计划等合作文件50多份。二是参与主体除政府部门，还有企业、社会组织、研究机构等，如四市法学会每年召开法治论坛，四市社科组织共同举办学术研讨活动等。

（二）民生优先，公共服务一体化成效显著

1. 住房公积金异地互认互贷经验全国推广

2014年12月，四市住房公积金管理机构在全国率先打破公积金贷款管理的城市壁垒，开展了省际住房公积金异地互认互贷。统一住房公积金异地贷款政策和操作流程，为四市异地贷款职工提供便利，并逐步向城市群推广。四市自开展住房公积金异地贷款业务以来，城市群内开具公积金缴存证明合计9085人次，开具金额合计31.2亿元；城市群内申请公积金贷款合计2365人次，申请贷款金额合计82350.8万元；已发放1973人次，金额68011.63万元。经验在全国复制推广。2015年9月，住建部下发《关于住房公积金异地个人住房贷款有关操作问题的通知》，借鉴长江中游城市群四市公积金异地合作的相关做法和经验，在全国全面推开了住房公积金异地互

认互贷业务。

2. 四市医疗保险异地就医实现即时结算

2015 年 12 月 22 日，正式实现四市基本医疗保险异地就医即时结算，为四市居民异地就医带来实实在在的便利和实惠。此项工作惠及长江中游城市群 3000 万民众，引起社会广泛关注和国家领导人的重视。截至 2016 年底，异地就医即时结算资金 158.3 万元。

3. 建立人社一体化制度安排

建立了四市人社局长联席会议制度、合作工作推进制度、对口部门对接合作机制、信息互通和情况通报制度等。召开了 4 次人社部门会商会，签订了长江中游城市群省会城市《人力资源和社会保障一体化合作协议》《人力资源合作协议》《异地就医即时结算合作协议》《大众创业万众创新合作协议》《互联网 + 人才信息合作协议》等 5 个协议。共同开展重大课题研究合作，在研究编制《人力资源和社会保障事业发展“十三五”规划》过程中深入开展合作，加强规划对接。开展干部联合培训，四市委组织部联合举办的长江经济带开放开发与区域经济协调发展专题培训班在中国浦东干部学院顺利完成。

4. 四市退休人员实现异地年审互认

四市异地退休人员持退休人员异地年审“认证表”、离退休证及身份证，到居住地市社保经办机构进行审验，并在规定的时期内寄达养老金发放地社保经办机构，四市社会保险经办机构对异地退休人员年审予以互认，并根据互认结果发放养老金。

5. 就业创业和人力资源管理实行统一互惠政策

武汉、长沙、南昌、合肥四市共同实行统一互惠的就业创业扶持政策，即对持四省发放的就业失业登记证的劳动者，不管在城市群内哪个城市就业创业，都享受同样的优惠政策，在人力资源市场享受免费就业创业服务。共同推进“大众创业、万众创新”。四市同步组织开展“就业创业指导进高校服务周”活动，助推大学生就业创业。共举办了 4 次大型人才招聘会，参与企业 800 余家，提供岗位 60000 余个。统一推进了人才网站改版，设置统一的标识，打造统一的长江中游城市群人才招聘平台和品牌，实现了人才资源信息的共享。

6. 医疗卫生工作合作成效丰硕

一是建立研究筹备疾病预防控制协作机制。签署《长江中游城市群暨长沙、合肥、南昌、武汉四城市疾病预防控制中心协作组章程》等合作文件。二是建立“长江中游城市群公共卫生协作中心”。以常务理事长轮值制度进行运行，设立长江中游城市群公共卫生协作秘书处，成立公共卫生协作研究中心学术专家委员会。三是启动协助项目建设。四市分别牵头启动《基于数学模型的丙型病毒性肝炎多模型预测及传播能力与防控策略模拟研究》等四个首批公共卫生协作项目。四是推进医疗服务共享。启动开展友好医院结对，成立了“长江中游城市群医药卫生学会合作交流秘书处”。成立长江中游城市群急救联盟，由四省会城市发展至城市群 20 个联盟城市，推进紧急医疗救援合作，跨省长途医疗急救转运合作正式开展，长江急救联盟季刊正式发行。制定血液管理合作框架，签订采供血合作协议，加强血液中心项目合作。五是推进医学专业学术交流合作。共同举办或邀请参加各类学术会议，成立“长江中游城市群肛肠联盟”。六是推进城市异地办医合作。长沙亚韩医学美容医院有限公司拟投资 5000 万元在武汉布点设置一家整形外科医院。

7. 教育合作交流密切

教育资源公共服务平台互相开放，推进教育资源共享，职业教育、基础教育交流协作深入开展。在长沙共同举办主题为“创新教研方式，推进课堂建设”的四市第二届教研交流活动，成立了“长江中游四省会城市教研协作体”，形成了《长江中游四省会城市教研协作体章程》，共享教育教学资源，共同探究教研新模式。推进职业教育校企合作互联，长沙市牵头会同三省会城市制定了《武汉、长沙、合肥、南昌四城市职业院校合作方案》，形成了校企合作联盟的基本框架。建立了四城市职业教育教学联盟信息沟通平台，探讨职业教育品牌建设、校企合作、集团化办学等方面的政策措施和实施路径。举办四城市中职学校创业教育师资培训，培训教师 105 名。

（三）服务企业，市场一体化进展顺利

1. 市场监管一体化取得积极进展

一是建立联席会议制度。在南昌市召开了长江中游四省会市场监管（工商、质监）工作联席会议，就深入推进四省会市场一体化工作进行了深入沟通和研讨，共同签署了《长江中游城市群省会城市市场监管（工商）工作合作框架协议》。二是大力推进工商政务云平台建设。出台了《长江中游城市群省会城市（区域）工商政务云平台项目建设方案》，运用大数据、云计算等技术，建立常态化、标准化的工商政务信息归集和共享交换机制，推动四市工商政务信息的整合。三是建立四市注册登记数据共享机制。经任一城市工商登记机关核准的企业，无论是否换发“一照一码”营业执照，只要在有效期内，在其他省会城市投资或设立分支机构的，均予以认可。四是互换保护名录，增进协作。实行驰名商标、地理标志、省著名商标、市著名商标名录对接互换。

2. 建筑行业一体化建设取得突破

武汉市取消对进入本市的城市群企业的资质证书、个人执业证书及相关的信用状况进行核验，直接采集信息，与本地企业同等待遇。协调省直部门对于四省会范围内的建筑企业取消进入湖北省的外来备案注册。共同建立四市建设工程交易专家库，基本搭建起了专家库共享工作平台。四市公共资源交易管理一体化积极推进，交易信息平台互设工程交易市场窗口，共享招投标市场信息，推进建立招投标市场奖惩共享机制。2015 年 12 月底，全国建筑工程领域首次跨省电子评标在武汉实现，来自武汉、合肥两地的 5 位专家坐在各自城市的交易中心，完成了“武汉汇悦天地（K4 地块）工程监理”项目评标工作。

3. 质量监督一体化成效初显

共同举办质量合作论坛。签订了质监合作备忘录，建立质量技术一体化机制，建立了信息交流、资源共享、市场准入、品牌互认、打假联动等机制。确立了友好合作单位关系，建立了合作协调联络机构；积极推进企业质

量信用信息共享，共同服务企业发展；定期通报产品质量监督抽查结果、特种设备安全监管、行政执法领域相关工作，建立质量安全监管联防联治机制；建立质量技术基础工作合作交流机制，加强质量强市工作经验、实施技术标准战略、推进建设武汉国家技术标准创新基地（中部中心）、推进法制计量合作、检验检测技术机构合作、技术专家学习合作等方面的交流；加强质量品牌互认，共同提高名牌产品竞争力。

4. 通关一体化初步实现

四市均已加入长江经济带海关区域通关一体化和检验检疫通关一体化改革，四市所有外贸企业，均可自由选择申报、纳税、放行地点，以及可根据自身需求或物流情况定制个性化的通关流程，自主选择在货物入境口岸或目的地申请报检，并且能在目的地实施检验检疫，避免了以往在属地和港口之间奔波带来的不便。

5. 食品药品稽查协作机制逐步建立

四市通过中部六省省会城市食品药品监管联席会议平台，加强食品药品稽查打假协助。建立重大事项通报机制，实现最大化的信息资源共享。建立稽查联动机制，形成防范和打击食品药品违法犯罪活动的合力，保持区域内食品药品打假治劣的高压态势。建立学习交流机制，采取实地参观考察、专家交流授课、相互培训人员、举办稽查执法技能竞赛、干部挂职锻炼等多种形式，相互学习借鉴，共同提高。

6. 金融一体化合作机制初步建立

在南昌共同举办“长江中游城市群首届金融峰会”，发布了《长江中游城市群金融合作与发展倡议书》，共推长江中游城市群金融一体化建设。武汉市地方法人金融机构长江证券和合众人寿保险已在南昌、长沙、合肥等城市开设营业部和分支机构。积极争取国家金融监管部门支持地方法人银行跨区域经营，在长江中游城市群城市设立分支机构和科技金融服务平台。

7. 经贸交流合作日益紧密

相互之间投资力度不断加大。2014～2016 年，南昌在武汉注册投资的企业总数由 681 家增加到 1253 家，增长了近 1 倍；武汉在长沙、合肥的新注册投资企业为1300家，均增长50%。江淮汽车在武汉蔡甸建设新能源汽车基地；东风汽车在合肥建设精密铸件等项目；武汉凯迪在合肥投资建设生物质能发电项目。武汉光谷投资35亿元建设“合肥金融港”。武汉卓尔投资60亿元在长沙建设电商城，九州通在合肥建设现代医药物流及科技孵化中心。武汉铁四院设计长沙全国首条中低速磁浮轨道交通；中铁武汉分公司承建南昌地标性建筑铜锣湾广场。四市共同举办或相互参加中博会、机博会、光博会、食博会、农博会等大型展会。长沙市组织20余家企业赴南昌参加“第八届中国绿色食品博览会”。武汉、合肥两市就共同融入“一带一路”开展合作，“汉欧”班列发运合肥市约300万美元货物。中铁建总包的埃塞俄比亚至吉布提铁路项目中，武汉中铁大桥局与合肥中铁四局联合承接其中的电气工程项目、轨道铺轨施工项目。

8. 民间大会商机制建立

2016年7月27日，四市牵头发动城市群相关城共26个城市的工商联（总商会）共同签署了《长江中游城市群四市暨相关城市圈民间商会合作备忘录》，充分发挥长江中游城市群四市总商会优势，全面融合四城市相关城市圈、“一体化”战略城市（地级市）商会和各区域、行业、外埠、异地民间商会各类资源，创建长江中游城市群“大商会”合作机制，推进民间商会区域一体化和协调合作共赢发展的新模式。

（四）夯实基础，交通运输合作步伐加快

1. 交通运输合作长效机制建立完善

四年来，四市分别就交通基础设施建设规划、物流发展、城市一卡通、长江水系航运的协调推进、中欧货运班列、道路运输行政执法、网约车管理、道路运政执法、国省干线公路建设与管理养护等方面的工作开展了研讨座谈，对各城市好的经验做法、面临的共性问题与对策措施等进行了合作交流，签订了《交通运输合作联席会制度》《交通运输发展规划合作机制》《道路运输行政执法协助工作机制》《公路信息交流合作机制》等四个合作文件，形成了合作机制，取得了部分成果。

2. 交通运输规划合作有效对接

四市就各自的《“十三五”交通运输发展规划》进行了交流对接，在连通四市的一些高速公路项目的建设时间和进度上部分达成一致意见，如武深高速涉及武汉与长沙市的对接，武阳高速涉及武汉与南昌市的对接等。四市积极争取铁路部门将四城市环形高速铁路网的规划纳入国家相关规划。共同争取“长江航道645工程”纳入国家“十三五”规划。

3. 公交一卡通启动建设

2016年3月，在第四届会商会上签署的《南昌行动》中明确提出要开展长江中游四市一卡通互联互通工作。2016年10月，四市交通部门在合肥举行四城市交通运输联席会，签署了《长江中游城市群互联互通战略框架协议》和《长江中游城市群省会城市交通一卡通合作框架协议》，进一步细化了交通一卡通工作方案及工作步骤。华中一卡通公司正积极筹备设立，公交“一卡通”即将投入试运行。

4. 物流业合作发展积极推进

武汉赤湾东方、乐道物流公司联合长沙市恒邦、大地物流公司，合肥市徽商、国力、宏胜、永春物流公司，南昌市三志物流等物流企业，共同组建了华中甩挂运输联盟，目前联盟企业已达40家。武汉大道物流发起组建了华中大道零担运输联盟，取得了较好的效益。

（五）齐头并进，专项领域合作亮点纷呈

1. 科技合作积极推进

一是建立四市科技合作联席制度。自2013年起每年举办一次。会议由各市分管市长、副秘书长参加，推进落实年度科技合作的具体事宜，取得了较好的效果。二是科技成果鉴定、科技奖励评审和科技项目评审评估合作顺利开展。从2013年开始，四市科技局门户网站顺利联通，并相互开放四市科技局管理的专家库，推进和鼓励各市科技部门在科技成果鉴定与验收、科技计划项目的评审与评估、科技奖励的评审中，优先在四市共享专家库中遴选专家并确定了选用专家的比例。武汉实现了前资助项目100%异地评审，

评审专家100%为异地专家，有力地推动了科技计划项目评审工作的公正、公平和公开。三是共同举办科技创新成果展示。在第十三届“中国光谷”国际光电子博览会上联合举办“长江中游城市群省会城市——武汉、长沙、合肥、南昌科技创新成果展”，66家公司的90多个项目参加了展出。省会城市科技创新成果展已连续举办了三届，共计150多家企业的近300多项科技成果在展会上进行了展示。

2. 文化体育合作精彩纷呈

一是连续4年成功举办长江中游城市群全国文物艺术品交流会。二是共同参加长江流域非遗大展。包括四市在内的11个城市共同签订《长江流域主要城市非物质文化遗产保护战略联盟合作协议》。三是建立长江中游城市群“3+1”演出联盟，签署了《长江中游城市群3+1模式演艺联“武汉宣言”》，促进四市之间的文化交流与合作，推进长江中游城市群演出市场繁荣发展。四是共同举办《长江中游城市群戏曲群英会》。在一个月的时间里集中展示长江中游城市群的四大省会城市——武汉、长沙、南昌、合肥的本土传统戏曲文化，让湖北武汉的京剧、汉剧、楚剧，江西南昌的采茶剧，湖南长沙的花鼓戏，湖北和安徽的黄梅戏交相辉映。五是共同举办了长江中游城市群流行音乐比赛。六是互相邀请参加或观摩重大文体活动。互相邀请参加各自城市举办的国际马拉松比赛等重大体育活动。兄弟城市组队参加武汉“纪念毛泽东主席横渡长江”游泳活动。共同举办省会城市网球俱乐部联赛、机关干部乒乓球赛、省会城市击剑邀请赛。武汉市邀请兄弟省会城市到武汉观摩国际体育舞蹈大奖赛、武汉国际时装周。

3. 农业交流合作频繁

一是建立日常联系和信息共享机制。通过中部六省省会城市农业经济协作联席会议平台，武汉、长沙、合肥、南昌加强农业经济合作交流。建立了农业信息交流平台，加强了长江中游城市群省会城市农产品价格、市场供需、技术服务等信息资源的交流沟通。二是不断拓展农业展会的交流平台。积极推进长江中游城市群省会城市农产品品牌建设，相互参加农业交流累计20多次，农业展会30多场，农业品牌推介会20多场。长江中游城市群省会城市农产品品牌通过长沙农博会、武汉农博会、合肥农博会、南昌农博会不断走向全国，走向世界。三是不断加大农业招商引资力度。农业资源整合力度加大，省会城市互相引进蔬菜基地建设、批发市场建设等农业项目20余项，协议资金近亿元。四是不断扩大农超对接规模。武汉企业赴长江中游城市群省会城市开展“农超对接”活动总场次达到近20场，协议额超过4.5亿元。长江中游城市群省会城市农产品在武汉市场占有率得到不断提高。五是建立长江中游城市群农业科技创新战略联盟。四市农科院共同创建长江中游城市群农业科技创新战略联盟，实现人才、资源和平台共享，共同促进区域重大农业科技成果产出和高效转化，为国家和长江中游现代农业发展提供强有力的科技支撑。

4.旅游合作成效显著

建立长江中游城市群省会城市旅游合作会商会机制。长江中游城市群旅游年卡正式开售，同步网上销售，并在武汉城际列车头枕垫、高铁杂志《商旅时代》发布广告。四市市民花200元持此卡一年内可以不限次数游览4市43个旅游景点。共同在杭州、广州举行旅游推介会。联合推出了30余条中三角旅游线路。

5.规划合作深入开展

共同举办了“长江中游城市群”专题论坛及“新战略、新格局、新中部”——长江中游城市群发展高峰对话，邀请国内多名知名学者纵论长江中游城市群建设发展。共同开展长江中游城市群空间协调发展规划研究，为城市群城市规划建设提供决策依据。共同举办城市群测绘地理信息发展战略论坛。

6.环保合作积极推进

签署了《长江中游四市环保合作协议书》，推动建立环保合作长效机制。统一环保市场准入，对从事环境保护业务的企业予以相同的政策待遇。促进了机动车注册登记环保标准与车用燃料标准统一。积极推进四市核发机动车环保标志互认，转移危险废物信息互通，共同严管秸秆露天焚烧。建立环境监测、空气质量数据共享的长效机制，互相通报交流大气污染防治工作进展和大气环境质量状况，推进落实大气重污染预警应急联动。加强机动车尾气污染防治，与其他城市逐步实现黄标车信息共享、机动车环保标志互认。

7. 湿地生态保护联盟成立

为加强长江中游城市群湿地生态保护工作，武汉、南昌、长沙、合肥、九江、岳阳、宜昌、安庆8个城市的林业部门于2016年4月6日在武汉共同举办了长江中游城市群2016“爱鸟周”活动，并发起成立长江中游城市群湿地生态保护联盟。以城市发起建立城市群湿地生态保护联动机制尚属首次，旨在为城市群湿地生态保护提供交流机会。

8. 研究机构交流常态化

四市社科系统每年组织召开长江中游城市群建设论坛，就城市群一体化建设进行深入理论探讨和交流。四市的法学会共同主办城市群法治论坛，推进地方法治建设进程，促进长江中游城市群经济社会共同发展。

三 长江中游城市群省会城市合作应推进六个一体化

（一）推进空间布局和城镇一体化

围绕长江中游四个省会中心城市，优化长江中游枢纽城市结构，形成“一核引领、四群（圈）联动，五路畅通”的发展格局。“一核”，即强化武汉国家中心城市核心地位，打造国际枢纽城市；“四群（圈）联动”，即在实现武汉城市圈、合肥城市圈、环长株潭城市群、环鄱阳湖城市群内部城市之间联动的同时，重点推动以四个中心城市为核心的圈群之间的城镇空间、资源要素、环境生态等协同联动；“五路畅通”，即畅通长沙－南昌（沪昆）、武汉－合肥（沿江）、武汉－长沙（京广）、武汉－南昌（京九）、合肥－南昌等五条综合大通道，高效联通四个中心城市，辐射周边城镇，形成高效快捷、覆盖广泛的综合交通大网络。

要突出中心城市带动功能，促进大中小城市协同发展，创新驱动长江中游城市群多层级联动发展。推动武汉、长沙、南昌、合肥等中心城市向高端化、服务化方向发展，逐步转移扩散部分功能、产业和生产环节，支持中小城市和小城镇向专业化、特色化方向迈进，促进大中小城市和小城镇合理分工，健全城镇体系。同时，注重毗邻地区联动发展。

（二）推进交通发展一体化

深化武汉港、宜昌港、岳阳港、长沙港、南昌港、九江港等主要港口之间的合作，构建功能完善、布局合理、层次分明、协作紧密的长江中游港口群。强化武汉天河国际机场、长沙黄花国际机场的区域枢纽功能，发挥南昌昌北机场等干线机场作用，优化航线网络，提高城市群与全国主要城市间航班密度。四个省会城市应建立国际航班共同市场，达到市场共享、客源互送、合作开航、分工负责、实现共赢的合作目的。

（三）推进产业发展一体化

四市都有良好的工业发展基础，其中武汉是中国近代工业的发源地之一，长沙、南昌、合肥是现代新兴工业城市。武汉市硚口区、长沙市开福区、南昌市青云谱区、合肥市瑶海区被列为全国老工业基地。

长江中游城市群具有制造成本优势，有利于承接国外及东部地区制造业产业转移。要建立健全产业转移推进机制和利益协调机制，搭建产业合作平台。合理布局工业产业、农产品加工业和高新技术产业，把握各类产业发展趋势，构建区域绿色产业联动发展。要建立以制造企业为主体的投融资体系：积极发挥政策性金融、开发性金融和商业金融的优势，加大对新一代信息技术、高端装备、新材料等重点领域的支持力度；健全多层次资本市场，推动长江中游城市群区域性股权市场规范发展。引导风险投资、私募股权投资等支持制造业企业创新发展；支持重点领域大型制造业企业集团开展产融结合试点，通过融资租赁方式促进制造业转型升级。

以大项目为抓手，壮大合作体量。围绕打造世界级产业集群的目标，以多种形式合作开发，以大项目带动产业链、产业集群、产业基地或工业园区的合作。建议四城市国家级园区加强合作，跨区域联动发展。探索采取“园中园”模式，相互投资渗透，融合发展。

（四）推进生态文明建设一体化

探索拓展生态补偿范围，将耕地保护和空气污染治理纳入生态补偿范畴。在探索空气污染治理的过程中，可以将生态补偿问题和大气污染治理结合起来，考虑建立区域内部和区际相结合的补偿机制，按照污染者负担和获益者负担相结合的原则，考虑设立区域间的专项空气治理资金；严格排污费征收并专款专用于治理空气污染；运用市场机制进行排污权交易等方式建立能有效解决空气污染问题的生态补偿机制。同时，创新补偿方式，用社会资源或其他类型生态资源来置换提供生态服务的资源。

以湖北为依托，建立长江中游城市群统一的碳排放和排污权交易市场，促进城市群内各相关主体利用市场机制来优化环境资源的有效配置，提高生态效率。建立城市群一体化生态环境信息平台，有效实施对全流域生态环境的监控、预警，防范区域性生态风险发生，全面提高生态治理的治理效率。

（五）推进创新驱动一体化

联合建设资源共享的高水平前沿技术研究基地，实现科技创新资源共享，促进城市群科技信息服务一体化，建立城市群协同创新联盟，建议依托城市群相关企业、科研机构、大学以及社会其他组织，以提升城市群整体产业技术创新能力为目标，建立优势互补、利益共享、风险共担的联合开发的跨区域技术创新联盟，培育形成创新的整体规模效应。要在坚持“创新驱动、互联互通”的主体目标诉求前提下，通过“接天线、取名分、占先机”，创建一批“互享型”的服务功能平台，包括创建智能制造服务外包采购中心、区域性碳排权银行、城市创新创业题材储备银行、创意产业高端服务业联盟等。

（六）推进对外开放一体化

发挥湖北自贸区优势，联手推进中欧班列常态化，共同打造万里茶道经济带，共建境外经贸合作区，特别是可以联合开展对外承包工程。“一带一路”沿线国家多数基础设施建设欠账较多，而四省会城市在基础设施建设发展方面不仅有成功经验，而且有竞争力较强的配套产业。通过参与国外基础设施建设，能带动建筑、工程机械等相关企业抱团出海。

B.9
大武汉城市圈开放型经济发展现状与展望

秦尊文　叶学平　倪　艳　傅智能*

摘　要： 本文介绍了大武汉城市圈的开放型经济发展建设进展，分析了存在的问题，提出了构建内陆开放新格局的政策建议。

关键词： 大武汉城市圈　开放型经济　“一带一路”

长江中游城市群是我国新兴的大型跨省城市群，由湖北、湖南、江西三省相互连接的次级城市群构成。其中湖北范围在武汉城市圈的基础上，加上襄阳、宜昌、荆门、荆州。深度融入“一带一路”倡议，大力发展开放型经济，是大武汉城市圈和湖北省抓住下一轮中高速发展机遇的必然选择。近年来，湖北实施以开放促发展的总体战略取得了显著的成效。结合新一轮全方位开放的紧迫形势，面向“建成支点，走在前列”的目标定位，湖北如何科学筹划、主动深度融入国家“一带一路”建设，如何在“一带一路”建设中凸显湖北的地位和作用，通过内联外融，进一步加大全方位开放力度，探索开放发展新路径，形成新的增长动力，打造内陆开放新格局，都是值得深入研究的重大问题。

湖北作为“双重内陆”省份（与湖北接壤全部都是内陆省份），在开放

* 秦尊文，湖北省社会科学院副院长、长江中游城市群研究中心主任，研究员，博士生导师，博士；叶学平，湖北省社会科学院经济研究所所长，研究员，博士；倪艳，湖北省社会科学院经济研究所所长助理，副研究员，博士；傅智能，湖北省社会科学院经济研究所副所长，副研究员。

社会科学文献出版社简介

社会科学文献出版社成立于1985年，是直属于中国社会科学院的人文社会科学学术出版机构。成立以来，社科文献出版社依托于中国社会科学院和国内外人文社会科学界丰厚的学术出版和专家学者资源，始终坚持“创社科经典，出传世文献”的出版理念、“权威、前沿、原创”的产品定位以及学术成果和智库成果出版的专业化、数字化、国际化、市场化的经营道路。

社科文献出版社是中国新闻出版业转型与文化体制改革的先行者。积极探索文化体制改革的先进方向和现代企业经营决策机制，社科文献出版社先后荣获“全国文化体制改革工作先进单位”、中国出版政府奖·先进出版单位奖，中国社会科学院先进集体、全国科普工作先进集体等荣誉称号。多人次荣获“第十届韬奋出版奖”“全国新闻出版行业领军人才”“数字出版先进人物”“北京市新闻出版广电行业领军人才”等称号。

社科文献出版社是中国人文社会科学学术出版的大社名社，也是以皮书为代表的智库成果出版的专业强社。年出版图书2000余种，其中皮书350余种，出版新书字数5.5亿字，承印与发行中国社科院院属期刊72种，先后创立了皮书系列、列国志、中国史话、社科文献学术译库、社科文献学术文库、甲骨文书系等一大批既有学术影响又有市场价值的品牌，确立了在社会学、近代史、苏东问题研究等专业学科及领域出版的领先地位。图书多次荣获中国出版政府奖、“三个一百”原创图书出版工程、“五个‘一’工程奖”、“大众喜爱的50种图书”等奖项，在中央国家机关“强素质·做表率”读书活动中，入选图书品种数位居各大出版社之首。

社科文献出版社是中国学术出版规范与标准的倡议者与制定者，代表全国50多家出版社发起实施学术著作出版规范的倡议，承担学术著作规范国家标准的起草工作，率先编撰完成《皮书手册》对皮书品牌进行规范化管理，并在此基础上推出中国版芝加哥手册——《SSAP学术出版手册》。

社科文献出版社是中国数字出版的引领者，拥有皮书数据库、列国志数据库、“一带一路”数据库、减贫数据库、集刊数据库等4大产品线11个数据库产品，机构用户达1300余家，海外用户百余家，荣获“数字出版转型示范单位”“ 新闻出版标准化先进单位”“专业数字内容资源知识服务模式试点企业标准化示范单位”等称号。

社科文献出版社是中国学术出版走出去的践行者。社科文献出版社海外图书出版与学术合作业务遍及全球40余个国家和地区并于2016年成立俄罗斯分社，累计输出图书500余种，涉及近20个语种，累计获得国家社科基金中华学术外译项目资助76种、“丝路书香工程”项目资助60种、中国图书对外推广计划项目资助71种以及经典中国国际出版工程资助28种，被商务部认定为“2015-2016年度国家文化出口重点企业”。

如今，社科文献出版社拥有固定资产3.6亿元，年收入近3亿元，设置了七大出版分社、六大专业部门，成立了皮书研究院和博士后科研工作站，培养了一支近400人的高素质与高效率的编辑、出版、营销和国际推广队伍，为未来成为学术出版的大社、名社、强社，成为文化体制改革与文化企业转型发展的排头兵奠定了坚实的基础。

经 济 类

经济类皮书涵盖宏观经济、城市经济、大区域经济，
提供权威、前沿的分析与预测

经济蓝皮书

2017 年中国经济形势分析与预测

李扬 / 主编　2017 年 1 月出版　定价：89.00 元

◆　本书为总理基金项目，由著名经济学家李扬领衔，联合中国社会科学院等数十家科研机构、国家部委和高等院校的专家共同撰写，系统分析了 2016 年的中国经济形势并预测 2017 年中国经济运行情况。

中国省域竞争力蓝皮书

中国省域经济综合竞争力发展报告（2015 ~ 2016）

李建平　李闽榕　高燕京 / 主编　2017 年 5 月出版　定价：198.00 元

◆　本书融多学科的理论为一体，深入追踪研究了省域经济发展与中国国家竞争力的内在关系，为提升中国省域经济综合竞争力提供有价值的决策依据。

城市蓝皮书

中国城市发展报告 No.10

潘家华　单菁菁 / 主编　2017 年 9 月出版　估价：89.00 元

◆　本书是由中国社会科学院城市发展与环境研究中心编著的，多角度、全方位地立体展示了中国城市的发展状况，并对中国城市的未来发展提出了许多建议。该书有强烈的时代感，对中国城市发展实践有重要的参考价值。

人口与劳动绿皮书

中国人口与劳动问题报告 No.18

蔡昉　张车伟 / 主编　2017 年 10 月出版　估价：89.00 元

◆　本书为中国社会科学院人口与劳动经济研究所主编的年度报告，对当前中国人口与劳动形势做了比较全面和系统的深入讨论，为研究中国人口与劳动问题提供了一个专业性的视角。

世界经济黄皮书

2017 年世界经济形势分析与预测

张宇燕 / 主编　2017 年 1 月出版　定价：89.00 元

◆　本书由中国社会科学院世界经济与政治研究所的研究团队撰写，2016 年世界经济增速进一步放缓，就业增长放慢。世界经济面临许多重大挑战同时，地缘政治风险、难民危机、大国政治周期、恐怖主义等问题也仍然在影响世界经济的稳定与发展。预计 2017 年按 PPP 计算的世界 GDP 增长率约为 3.0%。

国际城市蓝皮书

国际城市发展报告（2017）

屠启宇 / 主编　2017 年 2 月出版　定价：79.00 元

◆　本书作者以上海社会科学院从事国际城市研究的学者团队为核心，汇集同济大学、华东师范大学、复旦大学、上海交通大学、南京大学、浙江大学相关城市研究专业学者。立足动态跟踪介绍国际城市发展时间中，最新出现的重大战略、重大理念、重大项目、重大报告和最佳案例。

金融蓝皮书

中国金融发展报告（2017）

王国刚 / 主编　2017 年 2 月出版　定价：79.00 元

◆　本书由中国社会科学院金融研究所组织编写，概括和分析了 2016 年中国金融发展和运行中的各方面情况，研讨和评论了 2016 年发生的主要金融事件，有利于读者了解掌握 2016 年中国的金融状况，把握 2017 年中国金融的走势。

农村绿皮书

中国农村经济形势分析与预测（2016 ~ 2017）

魏后凯　杜志雄　黄秉信 / 主编　2017 年 4 月出版　估价：89.00 元

◆　本书描述了 2016 年中国农业农村经济发展的一些主要指标和变化，并对 2017 年中国农业农村经济形势的一些展望和预测，提出相应的政策建议。

西部蓝皮书

中国西部发展报告（2017）

徐璋勇 / 主编　2017 年 7 月出版　估价：89.00 元

◆　本书由西北大学中国西部经济发展研究中心主编，汇集了源自西部本土以及国内研究西部问题的权威专家的第一手资料，对国家实施西部大开发战略进行年度动态跟踪，并对 2017 年西部经济、社会发展态势进行预测和展望。

经济蓝皮书・夏季号

中国经济增长报告（2016 ~ 2017）

李扬 / 主编　2017 年 9 月出版　估价：98.00 元

◆　中国经济增长报告主要探讨 2016~2017 年中国经济增长问题，以专业视角解读中国经济增长，力求将其打造成一个研究中国经济增长、服务宏微观各级决策的周期性、权威性读物。

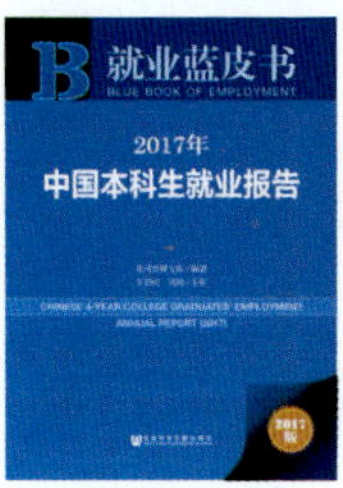

就业蓝皮书

2017 年中国本科生就业报告

麦可思研究院 / 编著　2017 年 6 月出版　估价：98.00 元

◆　本书基于大量的数据和调研，内容翔实，调查独到，分析到位，用数据说话，对中国大学生就业及学校专业设置起到了很好的建言献策作用。

社会政法类

社会政法类皮书聚焦社会发展领域的热点、难点问题，
提供权威、原创的资讯与视点

社会蓝皮书

2017 年中国社会形势分析与预测

李培林　陈光金　张翼 / 主编　2016 年 12 月出版　定价：89.00 元

◆　本书由中国社会科学院社会学研究所组织研究机构专家、高校学者和政府研究人员撰写，聚焦当下社会热点，对 2016 年中国社会发展的各个方面内容进行了权威解读，同时对 2017 年社会形势发展趋势进行了预测。

法治蓝皮书

中国法治发展报告 No.15（2017）

李林　田禾 / 主编　2017 年 3 月出版　定价：118.00 元

◆　本年度法治蓝皮书回顾总结了 2016 年度中国法治发展取得的成就和存在的不足，对中国政府、司法、检务透明度进行了跟踪调研，并对 2017 年中国法治发展形势进行了预测和展望。

社会体制蓝皮书

中国社会体制改革报告 No.5（2017）

龚维斌 / 主编　2017 年 3 月出版　定价：89.00 元

◆　本书由国家行政学院社会治理研究中心和北京师范大学中国社会管理研究院共同组织编写，主要对 2016 年社会体制改革情况进行回顾和总结，对 2017 年的改革走向进行分析，提出相关政策建议。

社会心态蓝皮书

中国社会心态研究报告（2017）

王俊秀　杨宜音 / 主编　2017 年 12 月出版　估价：89.00 元

◆　本书是中国社会科学院社会学研究所社会心理研究中心“社会心态蓝皮书课题组”的年度研究成果，运用社会心理学、社会学、经济学、传播学等多种学科的方法进行了调查和研究，对于目前中国社会心态状况有较广泛和深入的揭示。

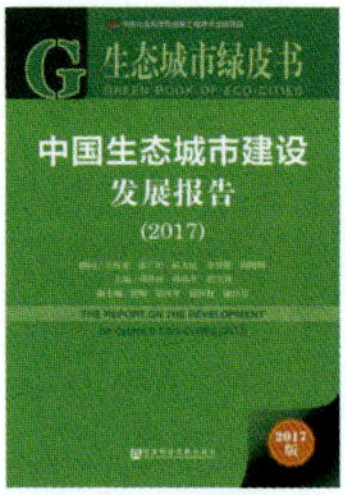

生态城市绿皮书

中国生态城市建设发展报告（2017）

刘举科　孙伟平　胡文臻 / 主编　2017 年 7 月出版　估价：118.00 元

◆　报告以绿色发展、循环经济、低碳生活、民生宜居为理念，以更新民众观念、提供决策咨询、指导工程实践、引领绿色发展为宗旨，试图探索一条具有中国特色的城市生态文明建设新路。

城市生活质量蓝皮书

中国城市生活质量报告（2017）

中国经济实验研究院 / 主编　2017 年 7 月出版　估价：89.00 元

◆　本书对全国 35 个城市居民的生活质量主观满意度进行了电话调查，同时对 35 个城市居民的客观生活质量指数进行了计算，为中国城市居民生活质量的提升，提出了针对性的政策建议。

公共服务蓝皮书

中国城市基本公共服务力评价（2017）

钟君　刘志昌　吴正杲 / 主编　2017 年 12 月出版　估价：89.00 元

◆　中国社会科学院经济与社会建设研究室与华图政信调查组成联合课题组，从 2010 年开始对基本公共服务力进行研究，研创了基本公共服务力评价指标体系，为政府考核公共服务与社会管理工作提供了理论工具。

行业报告类

行业报告类皮书立足重点行业、新兴行业领域，
提供及时、前瞻的数据与信息

企业社会责任蓝皮书

中国企业社会责任研究报告（2017）

黄群慧　钟宏武　张蒽　翟利峰 / 著　2017 年 10 月出版　估价：89.00 元

◆　本书剖析了中国企业社会责任在 2016 ~ 2017 年度的最新发展特征，详细解读了省域国有企业在社会责任方面的阶段性特征，生动呈现了国内外优秀企业的社会责任实践。对了解中国企业社会责任履行现状、未来发展，以及推动社会责任建设有重要的参考价值。

新能源汽车蓝皮书

中国新能源汽车产业发展报告（2017）

中国汽车技术研究中心　日产（中国）投资有限公司

东风汽车有限公司 / 编著　　2017 年 7 月出版　　估价：98.00 元

◆　本书对中国 2016 年新能源汽车产业发展进行了全面系统的分析，并介绍了国外的发展经验。有助于相关机构、行业和社会公众等了解中国新能源汽车产业发展的最新动态，为政府部门出台新能源汽车产业相关政策法规、企业制定相关战略规划，提供必要的借鉴和参考。

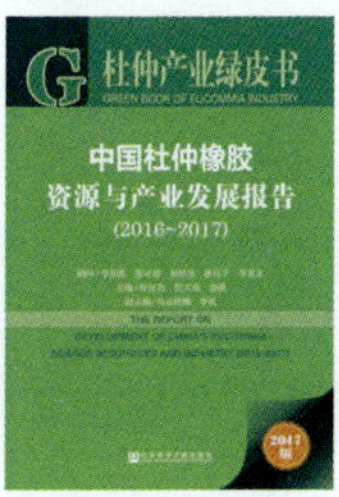

杜仲产业绿皮书

中国杜仲橡胶资源与产业发展报告（2016 ~ 2017）

杜红岩　胡文臻　俞锐 / 主编　　2017 年 4 月出版　估价：85.00 元

◆　本书对 2016 年杜仲产业的发展情况、研究团队在杜仲研究方面取得的重要成果、部分地区杜仲产业发展的具体情况、杜仲新标准的制定情况等进行了较为详细的分析与介绍，使广大关心杜仲产业发展的读者能够及时跟踪产业最新进展。

企业蓝皮书

中国企业绿色发展报告 No.2（2017）

李红玉　朱光辉 / 主编　　2017 年 8 月出版　　估价：89.00 元

◆　本书深入分析中国企业能源消费、资源利用、绿色金融、绿色产品、绿色管理、信息化、绿色发展政策及绿色文化方面的现状，并对目前存在的问题进行研究，剖析因果，谋划对策，为企业绿色发展提供借鉴，为中国生态文明建设提供支撑。

中国上市公司蓝皮书

中国上市公司发展报告（2017）

张平　王宏淼 / 主编　　2017 年 10 月出版　　估价：98.00 元

◆　本书由中国社会科学院上市公司研究中心组织编写的，着力于全面、真实、客观反映当前中国上市公司财务状况和价值评估的综合性年度报告。本书详尽分析了 2016 年中国上市公司情况，特别是现实中暴露出的制度性、基础性问题，并对资本市场改革进行了探讨。

资产管理蓝皮书

中国资产管理行业发展报告（2017）

智信资产管理研究院 / 编著　　2017 年 6 月出版　　估价：89.00 元

◆　中国资产管理行业刚刚兴起，未来将成为中国金融市场最有看点的行业。本书主要分析了 2016 年度资产管理行业的发展情况，同时对资产管理行业的未来发展做出科学的预测。

体育蓝皮书

中国体育产业发展报告（2017）

阮伟　钟秉枢 / 主编　　2017 年 12 月出版　　估价：89.00 元

◆　本书运用多种研究方法，在体育竞赛业、体育用品业、体育场馆业、体育传媒业等传统产业研究的基础上，并对 2016 年体育领域内的各种热点事件进行研究和梳理，进一步拓宽了研究的广度、提升了研究的高度、挖掘了研究的深度。

国际问题类

国际问题类皮书关注全球重点国家与地区，
提供全面、独特的解读与研究

美国蓝皮书

美国研究报告（2017）

郑秉文　黄平 / 主编　2017 年 6 月出版　估价：89.00 元

◆　本书是由中国社会科学院美国研究所主持完成的研究成果，它回顾了美国 2016 年的经济、政治形势与外交战略，对 2017 年以来美国内政外交发生的重大事件及重要政策进行了较为全面的回顾和梳理。

日本蓝皮书

日本研究报告（2017）

杨伯江 / 主编　2017 年 5 月出版　估价：89.00 元

◆　本书对 2016 年日本的政治、经济、社会、外交等方面的发展情况做了系统介绍，对日本的热点及焦点问题进行了总结和分析，并在此基础上对该国 2017 年的发展前景做出预测。

亚太蓝皮书

亚太地区发展报告（2017）

李向阳 / 主编　2017 年 4 月出版　估价：89.00 元

◆　本书是中国社会科学院亚太与全球战略研究院的集体研究成果。2017 年的“亚太蓝皮书”继续关注中国周边环境的变化。该书盘点了 2016 年亚太地区的焦点和热点问题，为深入了解 2016 年及未来中国与周边环境的复杂形势提供了重要参考。

德国蓝皮书

德国发展报告（2017）

郑春荣 / 主编　2017 年 6 月出版　估价：89.00 元

◆　本报告由同济大学德国研究所组织编撰，由该领域的专家学者对德国的政治、经济、社会文化、外交等方面的形势发展情况，进行全面的阐述与分析。

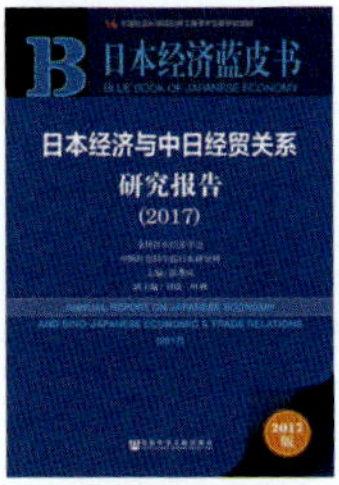

日本经济蓝皮书

日本经济与中日经贸关系研究报告（2017）

张季风 / 编著　2017 年 5 月出版　估价：89.00 元

◆　本书系统、详细地介绍了 2016 年日本经济以及中日经贸关系发展情况，在进行了大量数据分析的基础上，对 2017 年日本经济以及中日经贸关系的大致发展趋势进行了分析与预测。

俄罗斯黄皮书

俄罗斯发展报告（2017）

李永全 / 编著　2017 年 7 月出版　估价：89.00 元

◆　本书系统介绍了 2016 年俄罗斯经济政治情况，并对 2016 年该地区发生的焦点、热点问题进行了分析与回顾；在此基础上，对该地区 2017 年的发展前景进行了预测。

非洲黄皮书

非洲发展报告 No.19（2016 ~ 2017）

张宏明 / 主编　2017 年 8 月出版　估价：89.00 元

◆　本书是由中国社会科学院西亚非洲研究所组织编撰的非洲形势年度报告，比较全面、系统地分析了 2016 年非洲政治形势和热点问题，探讨了非洲经济形势和市场走向，剖析了大国对非洲关系的新动向；此外，还介绍了国内非洲研究的新成果。

地方发展类

地方发展类皮书关注中国各省份、经济区域，
提供科学、多元的预判与资政信息

北京蓝皮书

北京公共服务发展报告（2016~2017）

施昌奎 / 主编　2017 年 3 月出版　定价：79.00 元

◆　本书是由北京市政府职能部门的领导、首都著名高校的教授、知名研究机构的专家共同完成的关于北京市公共服务发展与创新的研究成果。

河南蓝皮书

河南经济发展报告（2017）

张占仓　完世伟 / 主编　2017 年 4 月出版　估价：89.00 元

◆　本书以国内外经济发展环境和走向为背景，主要分析当前河南经济形势，预测未来发展趋势，全面反映河南经济发展的最新动态、热点和问题，为地方经济发展和领导决策提供参考。

广州蓝皮书

2017 年中国广州经济形势分析与预测

庾建设　陈浩钿　谢博能 / 主编　2017 年 7 月出版　估价：85.00 元

◆　本书由广州大学与广州市委政策研究室、广州市统计局联合主编，汇集了广州科研团体、高等院校和政府部门诸多经济问题研究专家、学者和实际部门工作者的最新研究成果，是关于广州经济运行情况和相关专题分析、预测的重要参考资料。

文化传媒类

文化传媒类皮书透视文化领域、文化产业，
探索文化大繁荣、大发展的路径

新媒体蓝皮书

中国新媒体发展报告 No.8（2017）

唐绪军 / 主编　2017 年 6 月出版　估价：89.00 元

◆　本书是由中国社会科学院新闻与传播研究所组织编写的关于新媒体发展的最新年度报告，旨在全面分析中国新媒体的发展现状，解读新媒体的发展趋势，探析新媒体的深刻影响。

移动互联网蓝皮书

中国移动互联网发展报告（2017）

官建文 / 主编　2017 年 6 月出版　估价：89.00 元

◆　本书着眼于对 2016 年度中国移动互联网的发展情况做深入解析，对未来发展趋势进行预测，力求从不同视角、不同层面全面剖析中国移动互联网发展的现状、年度突破及热点趋势等。

传媒蓝皮书

中国传媒产业发展报告（2017）

崔保国 / 主编　2017 年 5 月出版　估价：98.00 元

◆　“传媒蓝皮书”连续十多年跟踪观察和系统研究中国传媒产业发展。本报告在对传媒产业总体以及各细分行业发展状况与趋势进行深入分析基础上，对年度发展热点进行跟踪，剖析新技术引领下的商业模式，对传媒各领域发展趋势、内体经营、传媒投资进行解析，为中国传媒产业正在发生的变革提供前瞻行参考。

经济类

“三农”互联网金融蓝皮书
中国“三农”互联网金融发展报告（2017）
著(编)者：李勇坚 王弢　2017年8月出版 / 估价：98.00元
PSN B-2016-561-1/1

G20国家创新竞争力黄皮书
二十国集团（G20）国家创新竞争力发展报告（2016~2017）
著(编)者：李建平 李闽榕 赵新力 周天勇
2017年8月出版 / 估价：158.00元
PSN Y-2011-229-1/1

产业蓝皮书
中国产业竞争力报告（2017）No.7
著(编)者：张其仔　2017年12月出版 / 估价：98.00元
PSN B-2010-175-1/1

城市创新蓝皮书
中国城市创新报告（2017）
著(编)者：周天勇 旷建伟　2017年11月出版 / 估价：89.00元
PSN B-2013-340-1/1

城市蓝皮书
中国城市发展报告 No.10
著(编)者：潘家华 单菁菁　2017年9月出版 / 估价：89.00元
PSN B-2007-091-1/1

城乡一体化蓝皮书
中国城乡一体化发展报告（2016～2017）
著(编)者：汝信 付崇兰　2017年7月出版 / 估价：85.00元
PSN B-2011-226-1/2

城镇化蓝皮书
中国新型城镇化健康发展报告（2017）
著(编)者：张占斌　2017年8月出版 / 估价：89.00元
PSN B-2014-396-1/1

创新蓝皮书
创新型国家建设报告（2016～2017）
著(编)者：詹正茂　2017年12月出版 / 估价：89.00元
PSN B-2009-140-1/1

创业蓝皮书
中国创业发展报告（2016～2017）
著(编)者：黄群慧 赵卫星 钟宏武等
2017年11月出版 / 估价：89.00元
PSN B-2016-578-1/1

低碳发展蓝皮书
中国低碳发展报告（2016~2017）
著(编)者：齐晔 张希良　2017年3月出版 / 估价：98.00元
PSN B-2011-223-1/1

低碳经济蓝皮书
中国低碳经济发展报告（2017）
著(编)者：薛进军 赵忠秀　2017年6月出版 / 估价：85.00元
PSN B-2011-194-1/1

东北蓝皮书
中国东北地区发展报告（2017）
著(编)者：姜晓秋　2017年2月出版 / 定价：79.00元
PSN B-2006-067-1/1

发展与改革蓝皮书
中国经济发展和体制改革报告No.8
著(编)者：邹东涛 王再文　2017年4月出版 / 估价：98.00元
PSN B-2008-122-1/1

工业化蓝皮书
中国工业化进程报告（2017）
著(编)者：黄群慧　2017年12月出版 / 估价：158.00元
PSN B-2007-095-1/1

管理蓝皮书
中国管理发展报告（2017）
著(编)者：张晓东　2017年10月出版 / 估价：98.00元
PSN B-2014-416-1/1

国际城市蓝皮书
国际城市发展报告（2017）
著(编)者：屠启宇　2017年2月出版 / 定价：79.00元
PSN B-2012-260-1/1

国家创新蓝皮书
中国创新发展报告（2017）
著(编)者：陈劲　2017年12月出版 / 估价：89.00元
PSN B-2014-370-1/1

金融蓝皮书
中国金融发展报告（2017）
著(编)者：王国刚　2017年2月出版 / 定价：79.00元
PSN B-2004-031-1/6

京津冀金融蓝皮书
京津冀金融发展报告（2017）
著(编)者：王爱俭 李向前
2017年4月出版 / 估价：89.00元
PSN B-2016-528-1/1

京津冀蓝皮书
京津冀发展报告（2017）
著(编)者：文魁 祝尔娟　2017年4月出版 / 估价：89.00元
PSN B-2012-262-1/1

经济蓝皮书
2017年中国经济形势分析与预测
著(编)者：李扬　2017年1月出版 / 定价：89.00元
PSN B-1996-001-1/1

经济蓝皮书·春季号
2017年中国经济前景分析
著(编)者：李扬　2017年6月出版 / 估价：89.00元
PSN B-1999-008-1/1

经济蓝皮书·夏季号
中国经济增长报告（2016～2017）
著(编)者：李扬　2017年9月出版 / 估价：98.00元
PSN B-2010-176-1/1

经济信息绿皮书
中国与世界经济发展报告（2017）
著(编)者：杜平　2017年12月出版 / 定价：89.00元
PSN G-2003-023-1/1

就业蓝皮书
2017年中国本科生就业报告
著(编)者：麦可思研究院　2017年6月出版 / 估价：98.00元
PSN B-2009-146-1/2

就业蓝皮书
2017年中国高职高专生就业报告
著(编)者：麦可思研究院　2017年6月出版 / 估价：98.00元
PSN B-2015-472-2/2

科普能力蓝皮书
中国科普能力评价报告（2017）
著(编)者：李富 强李群　2017年8月出版 / 估价：89.00元
PSN B-2016-556-1/1

临空经济蓝皮书
中国临空经济发展报告（2017）
著(编)者：连玉明　2017年9月出版 / 估价：89.00元
PSN B-2014-421-1/1

农村绿皮书
中国农村经济形势分析与预测（2016~2017）
著(编)者：魏后凯 杜志雄 黄秉信
2017年4月出版 / 估价：89.00元
PSN G-1998-003-1/1

农业应对气候变化蓝皮书
气候变化对中国农业影响评估报告 No.3
著(编)者：矫梅燕　2017年8月出版 / 估价：98.00元
PSN B-2014-413-1/1

气候变化绿皮书
应对气候变化报告（2017）
著(编)者：王伟光 郑国光　2017年6月出版 / 估价：89.00元
PSN G-2009-144-1/1

区域蓝皮书
中国区域经济发展报告（2016~2017）
著(编)者：赵弘　2017年6月出版 / 估价：89.00元
PSN B-2004-034-1/1

全球环境竞争力绿皮书
全球环境竞争力报告（2017）
著(编)者：李建平 李闽榕 王金南
2017年12月出版 / 估价：198.00元
PSN G-2013-363-1/1

人口与劳动绿皮书
中国人口与劳动问题报告 No.18
著(编)者：蔡昉 张车伟　2017年11月出版 / 估价：89.00元
PSN G-2000-012-1/1

商务中心区蓝皮书
中国商务中心区发展报告 No.3（2016）
著(编)者：李国红 单菁菁　2017年4月出版 / 估价：89.00元
PSN B-2015-444-1/1

世界经济黄皮书
2017年世界经济形势分析与预测
著(编)者：张宇燕　2017年1月出版 / 定价：89.00元
PSN Y-1999-006-1/1

世界旅游城市绿皮书
世界旅游城市发展报告（2017）
著(编)者：宋宇　2017年4月出版 / 估价：128.00元
PSN G-2014-400-1/1

土地市场蓝皮书
中国农村土地市场发展报告（2016~2017）
著(编)者：李光荣　2017年4月出版 / 估价：89.00元
PSN B-2016-527-1/1

西北蓝皮书
中国西北发展报告（2017）
著(编)者：高建龙　2017年4月出版 / 估价：89.00元
PSN B-2012-261-1/1

西部蓝皮书
中国西部发展报告（2017）
著(编)者：徐璋勇　2017年7月出版 / 估价：89.00元
PSN B-2005-039-1/1

新型城镇化蓝皮书
新型城镇化发展报告（2017）
著(编)者：李伟 宋敏 沈体雁　2017年4月出版 / 估价：98.00元
PSN B-2014-431-1/1

新兴经济体蓝皮书
金砖国家发展报告（2017）
著(编)者：林跃勤 周文　2017年12月出版 / 估价：89.00元
PSN B-2011-195-1/1

长三角蓝皮书
2017年新常态下深化一体化的长三角
著(编)者：王庆五　2017年12月出版 / 估价：88.00元
PSN B-2005-038-1/1

中部竞争力蓝皮书
中国中部经济社会竞争力报告（2017）
著(编)者：教育部人文社会科学重点研究基地
南昌大学中国中部经济社会发展研究中心
2017年12月出版 / 估价：89.00元
PSN B-2012-276-1/1

中部蓝皮书
中国中部地区发展报告（2017）
著(编)者：宋亚平　2017年12月出版 / 估价：88.00元
PSN B-2007-089-1/1

中国省域竞争力蓝皮书
中国省域经济综合竞争力发展报告（2017）
著(编)者：李建平 李闽榕 高燕京
2017年2月出版 / 定价：198.00元
PSN B-2007-088-1/1

中三角蓝皮书
长江中游城市群发展报告（2017）
著(编)者：秦尊文　2017年9月出版 / 估价：89.00元
PSN B-2014-417-1/1

中小城市绿皮书
中国中小城市发展报告（2017）
著(编)者：中国城市经济学会中小城市经济发展委员会
中国城镇化促进会中小城市发展委员会
《中国中小城市发展报告》编纂委员会
中小城市发展战略研究院
2017年11月出版 / 估价：128.00元
PSN G-2010-161-1/1

中原蓝皮书
中原经济区发展报告（2017）
著(编)者：李英杰　2017年6月出版 / 估价：88.00元
PSN B-2011-192-1/1

自贸区蓝皮书
中国自贸区发展报告（2017）
著(编)者：王力　2017年7月出版 / 估价：89.00元
PSN B-2016-559-1/1

社会政法类

北京蓝皮书
中国社区发展报告（2017）
著(编)者：于燕燕　　2017年 4 月出版 / 估价：89.00元
PSN B-2007-083-5/8

殡葬绿皮书
中国殡葬事业发展报告（2017）
著(编)者：李伯森　　2017年4月出版 / 估价：158.00元
PSN G-2010-180-1/1

城市管理蓝皮书
中国城市管理报告（2016~2017）
著(编)者：刘林　刘承水　2017年5月出版 / 估价：158.00元
PSN B-2013-336-1/1

城市生活质量蓝皮书
中国城市生活质量报告（2017）
著(编)者：中国经济实验研究院
2018年7月出版 / 估价：89.00元
PSN B-2013-326-1/1

城市政府能力蓝皮书
中国城市政府公共服务能力评估报告（2017）
著(编)者：何艳玲　　2017年4月出版 / 估价：89.00元
PSN B-2013-338-1/1

慈善蓝皮书
中国慈善发展报告（2017）
著(编)者：杨团　　2017年6月出版 / 估价：89.00元
PSN B-2009-142-1/1

党建蓝皮书
党的建设研究报告 No.2（2017）
著(编)者：崔建民　陈东平　　2017年4月出版 / 估价：89.00元
PSN B-2016-524-1/1

地方法治蓝皮书
中国地方法治发展报告 No.3（2017）
著(编)者：李林　田禾　2017年4出版 / 估价：108.00元
PSN B-2015-442-1/1

法治蓝皮书
中国法治发展报告 No.15（2017）
著(编)者：李林 田禾　　2017年3月出版 / 定价：118.00元
PSN B-2004-027-1/1

法治政府蓝皮书
中国法治政府发展报告（2017）
著(编)者：中国政法大学法治政府研究院
2017年4月出版 / 估价：98.00元
PSN B-2015-502-1/2

法治政府蓝皮书
中国法治政府评估报告（2017）
著(编)者：中国政法大学法治政府研究院
2017年11月出版 / 估价：98.00元
PSN B-2016-577-2/2

法治蓝皮书
中国法院信息化发展报告 No.1（2017）
著(编)者：李林 田禾　　2017年2月出版 / 定价：108.00元
PSN B-2017-604-3/3

反腐倡廉蓝皮书
中国反腐倡廉建设报告 No.7
著(编)者：张英伟　　2017年12月出版 / 估价：89.00元
PSN B-2012-259-1/1

非传统安全蓝皮书
中国非传统安全研究报告（2016 ~ 2017）
著(编)者：余潇枫 魏志江　　2017年6月出版 / 估价：89.00元
PSN B-2012-273-1/1

妇女发展蓝皮书
中国妇女发展报告 No.7
著(编)者：王金玲　　2017年9月出版 / 估价：148.00元
PSN B-2006-069-1/1

妇女教育蓝皮书
中国妇女教育发展报告 No.4
著(编)者：张李玺　　2017年10月出版 / 估价：78.00元
PSN B-2008-121-1/1

妇女绿皮书
中国性别平等与妇女发展报告（2017）
著(编)者：谭琳　　2017年12月出版 / 估价：99.00元
PSN G-2006-073-1/1

公共服务蓝皮书
中国城市基本公共服务力评价（2017）
著(编)者：钟君 刘志昌 吴正杲　　2017年12月出版 / 估价：89.00元
PSN B-2011-214-1/1

公民科学素质蓝皮书
中国公民科学素质报告（2016 ~ 2017）
著(编)者：李群　陈雄　马宗文
2017年4月出版 / 估价：89.00元
PSN B-2014-379-1/1

公共关系蓝皮书
中国公共关系发展报告（2017）
著(编)者：柳斌杰　　2017年11月出版 / 估价：89.00元
PSN B-2016-580-1/1

公益蓝皮书
中国公益慈善发展报告（2017）
著(编)者：朱健刚　　2018年4月出版 / 估价：118.00元
PSN B-2012-283-1/1

国际人才蓝皮书
中国国际移民报告（2017）
著(编)者：王辉耀　　2017年4月出版 / 估价：89.00元
PSN B-2012-304-3/4

国际人才蓝皮书
中国留学发展报告（2017）No.5
著(编)者：王辉耀 苗绿　　2017年10月出版 / 估价：89.00元
PSN B-2012-244-2/4

海洋社会蓝皮书
中国海洋社会发展报告（2017）
著(编)者：崔凤 宋宁而　　2017年7月出版 / 估价：89.00元
PSN B-2015-478-1/1

行政改革蓝皮书
中国行政体制改革报告（2017）No.6
著(编)者：魏礼群　2017年5月出版 / 估价：98.00元
PSN B-2011-231-1/1

华侨华人蓝皮书
华侨华人研究报告（2017）
著(编)者：贾益民　2017年12月出版 / 估价：128.00元
PSN B-2011-204-1/1

环境竞争力绿皮书
中国省域环境竞争力发展报告（2017）
著(编)者：李建平 李闽榕 王金南
2017年11月出版 / 估价：198.00元
PSN G-2010-165-1/1

环境绿皮书
中国环境发展报告（2017）
著(编)者：刘鉴强　2017年4月出版 / 估价：89.00元
PSN G-2006-048-1/1

基金会蓝皮书
中国基金会发展报告（2016~2017）
著(编)者：中国基金会发展报告课题组
2017年4月出版 / 估价：85.00元
PSN B-2013-368-1/1

基金会绿皮书
中国基金会发展独立研究报告（2017）
著(编)者：基金会中心网 中央民族大学基金会研究中心
2017年6月出版 / 估价：88.00元
PSN G-2011-213-1/1

基金会透明度蓝皮书
中国基金会透明度发展研究报告（2017）
著(编)者：基金会中心网 清华大学廉政与治理研究中心
2017年12月出版 / 估价：89.00元
PSN B-2015-509-1/1

家庭蓝皮书
中国“创建幸福家庭活动”评估报告（2017）
国务院发展研究中心“创建幸福家庭活动评估”课题组著
2017年8月出版 / 估价：89.00元
PSN B-2015-508-1/1

健康城市蓝皮书
中国健康城市建设研究报告（2017）
著(编)者：王鸿春 解树江 盛继洪
2017年9月出版 / 估价：89.00元
PSN B-2016-565-2/2

教师蓝皮书
中国中小学教师发展报告（2017）
著(编)者：曾晓东 鱼霞　2017年6月出版 / 估价：89.00元
PSN B-2012-289-1/1

教育蓝皮书
中国教育发展报告（2017）
著(编)者：杨东平　2017年4月出版 / 估价：89.00元
PSN B-2006-047-1/1

科普蓝皮书
中国基层科普发展报告（2016~2017）
著(编)者：赵立 新陈玲　2017年9月出版 / 估价：89.00元
PSN B-2016-569-3/3

科普蓝皮书
中国科普基础设施发展报告（2017）
著(编)者：任福君　2017年6月出版 / 估价：89.00元
PSN B-2010-174-1/3

科普蓝皮书
中国科普人才发展报告（2017）
著(编)者：郑念 任嵘嵘　2017年4月出版 / 估价：98.00元
PSN B-2015-512-2/3

科学教育蓝皮书
中国科学教育发展报告（2017）
著(编)者：罗晖 王康友　2017年10月出版 / 估价：89.00元
PSN B-2015-487-1/1

劳动保障蓝皮书
中国劳动保障发展报告（2017）
著(编)者：刘燕斌　2017年9月出版 / 估价：188.00元
PSN B-2014-415-1/1

老龄蓝皮书
中国老年宜居环境发展报告（2017）
著(编)者：党俊武 周燕珉　2017年4月出版 / 估价：89.00元
PSN B-2013-320-1/1

连片特困区蓝皮书
中国连片特困区发展报告（2017）
著(编)者：游俊 冷志明 丁建军
2017年4月出版 / 估价：98.00元
PSN B-2013-321-1/1

流动儿童蓝皮书
中国流动儿童教育发展报告（2016）
著(编)者：杨东平　2017年1月出版 / 定价：79.00元
PSN B-2017-600-1/1

民调蓝皮书
中国民生调查报告（2017）
著(编)者：谢耘耕　2017年12月出版 / 估价：98.00元
PSN B-2014-398-1/1

民族发展蓝皮书
中国民族发展报告（2017）
著(编)者：郝时远 王延中 王希恩
2017年4月出版 / 估价：98.00元
PSN B-2006-070-1/1

女性生活蓝皮书
中国女性生活状况报告 No.11（2017）
著(编)者：韩湘景　2017年10月出版 / 估价：98.00元
PSN B-2006-071-1/1

汽车社会蓝皮书
中国汽车社会发展报告（2017）
著(编)者：王俊秀　2017年12月出版 / 估价：89.00元
PSN B-2011-224-1/1

青年蓝皮书
中国青年发展报告（2017）No.3
著(编)者：廉思 等　2017年4月出版 / 估价：89.00元
PSN B-2013-333-1/1

青少年蓝皮书
中国未成年人互联网运用报告（2017）
著(编)者：李文革 沈洁 季为民
2017年11月出版 / 估价：89.00元
PSN B-2010-165-1/1

青少年体育蓝皮书
中国青少年体育发展报告（2017）
著(编)者：郭建军 杨桦　2017年9月出版 / 估价：89.00元
PSN B-2015-482-1/1

群众体育蓝皮书
中国群众体育发展报告（2017）
著(编)者：刘国永 杨桦　2017年12月出版 / 估价：89.00元
PSN B-2016-519-2/3

人权蓝皮书
中国人权事业发展报告 No.7（2017）
著(编)者：李君如　2017年9月出版 / 估价：98.00元
PSN B-2011-215-1/1

社会保障绿皮书
中国社会保障发展报告（2017）No.8
著(编)者：王延中　2017年1月出版 / 估价：98.00元
PSN G-2001-014-1/1

社会风险评估蓝皮书
风险评估与危机预警评估报告（2017）
著(编)者：唐钧　2017年8月出版 / 估价：85.00元
PSN B-2016-521-1/1

社会管理蓝皮书
中国社会管理创新报告 No.5
著(编)者：连玉明　2017年11月出版 / 估价：89.00元
PSN B-2012-300-1/1

社会蓝皮书
2017年中国社会形势分析与预测
著(编)者：李培林　陈光金　张翼
2016年12月出版 / 定价：89.00元
PSN B-1998-002-1/1

社会体制蓝皮书
中国社会体制改革报告No.5（2017）
著(编)者：龚维斌　2017年3月出版 / 定价：89.00元
PSN B-2013-330-1/1

社会心态蓝皮书
中国社会心态研究报告（2017）
著(编)者：王俊秀 杨宜音　2017年12月出版 / 估价：89.00元
PSN B-2011-199-1/1

社会组织蓝皮书
中国社会组织发展报告（2016~2017）
著(编)者：黄晓勇　2017年1月出版 / 定价：89.00元
PSN B-2008-118-1/2

社会组织蓝皮书
中国社会组织评估发展报告（2017）
著(编)者：徐家良 廖鸿　2017年12月出版 / 估价：89.00元
PSN B-2013-366-1/1

生态城市绿皮书
中国生态城市建设发展报告（2017）
著(编)者：刘举科 孙伟平 胡文臻
2017年9月出版 / 估价：118.00元
PSN G-2012-269-1/1

生态文明绿皮书
中国省域生态文明建设评价报告（ECI 2017）
著(编)者：严耕　2017年12月出版 / 估价：98.00元
PSN G-2010-170-1/1

土地整治蓝皮书
中国土地整治发展研究报告 No.4
著(编)者：国土资源部土地整治中心
2017年7月出版 / 估价：89.00元
PSN B-2014-401-1/1

土地政策蓝皮书
中国土地政策研究报告（2017）
著(编)者：高延利 李宪文
2017年12月出版 / 定价：89.00元
PSN B-2015-506-1/1

医改蓝皮书
中国医药卫生体制改革报告（2017）
著(编)者：文学国　房志武　2017年11月出版 / 估价：98.00元
PSN B-2014-432-1/1

医疗卫生绿皮书
中国医疗卫生发展报告 No.7（2017）
著(编)者：申宝忠 韩玉珍　2017年4月出版 / 估价：85.00元
PSN G-2004-033-1/1

应急管理蓝皮书
中国应急管理报告（2017）
著(编)者：宋英华　2017年9月出版 / 估价：98.00元
PSN B-2016-563-1/1

政治参与蓝皮书
中国政治参与报告（2017）
著(编)者：房宁　2017年9月出版 / 估价：118.00元
PSN B-2011-200-1/1

宗教蓝皮书
中国宗教报告（2016）
著(编)者：邱永辉　2017年4月出版 / 估价：89.00元
PSN B-2008-117-1/1

行业报告类

SUV蓝皮书
中国SUV市场发展报告（2016~2017）
著(编)者：靳军　　2017年9月出版 / 估价：89.00元
PSN B-2016-572-1/1

保健蓝皮书
中国保健服务产业发展报告 No.2
著(编)者：中国保健协会 中共中央党校
2017年7月出版 / 估价：198.00元
PSN B-2012-272-3/3

保健蓝皮书
中国保健食品产业发展报告 No.2
著(编)者：中国保健协会
中国社会科学院食品药品产业发展与监管研究中心
2017年7月出版 / 估价：198.00元
PSN B-2012-271-2/3

保健蓝皮书
中国保健用品产业发展报告 No.2
著(编)者：中国保健协会
国务院国有资产监督管理委员会研究中心
2017年4月出版 / 估价：198.00元
PSN B-2012-270-1/3

保险蓝皮书
中国保险业竞争力报告（2017）
著(编)者：项俊波　　2017年12月出版 / 估价：99.00元
PSN B-2013-311-1/1

冰雪蓝皮书
中国滑雪产业发展报告（2017）
著(编)者：孙承华 伍斌 魏庆华 张鸿俊
2017年8月出版 / 估价：89.00元
PSN B-2016-560-1/1

彩票蓝皮书
中国彩票发展报告（2017）
著(编)者：益彩基金　　2017年4月出版 / 估价：98.00元
PSN B-2015-462-1/1

餐饮产业蓝皮书
中国餐饮产业发展报告（2017）
著(编)者：邢颖　　2017年6月出版 / 估价：98.00元
PSN B-2009-151-1/1

测绘地理信息蓝皮书
新常态下的测绘地理信息研究报告（2017）
著(编)者：库热西・买合苏提
2017年12月出版 / 估价：118.00元
PSN B-2009-145-1/1

茶业蓝皮书
中国茶产业发展报告（2017）
著(编)者：杨江帆 李闽榕　　2017年10月出版 / 估价：88.00元
PSN B-2010-164-1/1

产权市场蓝皮书
中国产权市场发展报告（2016~2017）
著(编)者：曹和平　　2017年5月出版 / 估价：89.00元
PSN B-2009-147-1/1

产业安全蓝皮书
中国出版传媒产业安全报告（2016~2017）
著(编)者：北京印刷学院文化产业安全研究院
2017年4月出版 / 估价：89.00元
PSN B-2014-384-13/14

产业安全蓝皮书
中国文化产业安全报告（2017）
著(编)者：北京印刷学院文化产业安全研究院
2017年12月出版 / 估价：89.00元
PSN B-2014-378-12/14

产业安全蓝皮书
中国新媒体产业安全报告（2017）
著(编)者：北京印刷学院文化产业安全研究院
2017年12月出版 / 估价：89.00元
PSN B-2015-500-14/14

城投蓝皮书
中国城投行业发展报告（2017）
著(编)者：王晨艳　丁伯康　　2017年11月出版 / 估价：300.00元
PSN B-2016-514-1/1

电子政务蓝皮书
中国电子政务发展报告（2016~2017）
著(编)者：李季 杜平　　2017年7月出版 / 估价：89.00元
PSN B-2003-022-1/1

杜仲产业绿皮书
中国杜仲橡胶资源与产业发展报告（2016~2017）
著(编)者：杜红岩 胡文臻 俞锐
2017年4月出版 / 估价：85.00元
PSN G-2013-350-1/1

房地产蓝皮书
中国房地产发展报告 No.14（2017）
著(编)者：李春华 王业强　　2017年5月出版 / 估价：89.00元
PSN B-2004-028-1/1

服务外包蓝皮书
中国服务外包产业发展报告（2017）
著(编)者：王晓红 刘德军
2017年6月出版 / 估价：89.00元
PSN B-2013-331-2/2

服务外包蓝皮书
中国服务外包竞争力报告（2017）
著(编)者：王力 刘春生 黄育华
2017年11月出版 / 估价：85.00元
PSN B-2011-216-1/2

工业和信息化蓝皮书
世界网络安全发展报告（2016~2017）
著(编)者：洪京一　　2017年4月出版 / 估价：89.00元
PSN B-2015-452-5/5

工业和信息化蓝皮书
世界信息化发展报告（2016~2017）
著(编)者：洪京一　　2017年4月出版 / 估价：89.00元
PSN B-2015-451-4/5

工业和信息化蓝皮书
世界信息技术产业发展报告（2016~2017）
著(编)者：洪京一　2017年4月出版 / 估价：89.00元
PSN B-2015-449-2/5

工业和信息化蓝皮书
移动互联网产业发展报告（2016~2017）
著(编)者：洪京一　2017年4月出版 / 估价：89.00元
PSN B-2015-448-1/5

工业和信息化蓝皮书
战略性新兴产业发展报告（2016~2017）
著(编)者：洪京一　2017年4月出版 / 估价：89.00元
PSN B-2015-450-3/5

工业设计蓝皮书
中国工业设计发展报告（2017）
著(编)者：王晓红 于炜 张立群
2017年9月出版 / 估价：138.00元
PSN B-2014-420-1/1

黄金市场蓝皮书
中国商业银行黄金业务发展报告（2016~2017）
著(编)者：平安银行　2017年4月出版 / 估价：98.00元
PSN B-2016-525-1/1

互联网金融蓝皮书
中国互联网金融发展报告（2017）
著(编)者：李东荣　2017年9月出版 / 估价：128.00元
PSN B-2014-374-1/1

互联网医疗蓝皮书
中国互联网医疗发展报告（2017）
著(编)者：宫晓东　2017年9月出版 / 估价：89.00元
PSN B-2016-568-1/1

会展蓝皮书
中外会展业动态评估年度报告（2017）
著(编)者：张敏　2017年4月出版 / 估价：88.00元
PSN B-2013-327-1/1

金融监管蓝皮书
中国金融监管报告（2017）
著(编)者：胡滨　2017年6月出版 / 估价：89.00元
PSN B-2012-281-1/1

金融蓝皮书
中国金融中心发展报告（2017）
著(编)者：王力 黄育华　2017年11月出版 / 估价：85.00元
PSN B-2011-186-6/6

建筑装饰蓝皮书
中国建筑装饰行业发展报告（2017）
著(编)者：刘晓一 葛道顺　2017年7月出版 / 估价：198.00元
PSN B-2016-554-1/1

客车蓝皮书
中国客车产业发展报告（2016~2017）
著(编)者：姚蔚　2017年10月出版 / 估价：85.00元
PSN B-2013-361-1/1

旅游安全蓝皮书
中国旅游安全报告（2017）
著(编)者：郑向敏 谢朝武　2017年5月出版 / 估价：128.00元
PSN B-2012-280-1/1

旅游绿皮书
2016～2017年中国旅游发展分析与预测
著(编)者：宋瑞　2017年2月出版 / 定价：89.00元
PSN G-2002-018-1/1

煤炭蓝皮书
中国煤炭工业发展报告（2017）
著(编)者：岳福斌　2017年12月出版 / 估价：85.00元
PSN B-2008-123-1/1

民营企业社会责任蓝皮书
中国民营企业社会责任报告（2017）
著(编)者：中华全国工商业联合会
2017年12月出版 / 估价：89.00元
PSN B-2015-510-1/1

民营医院蓝皮书
中国民营医院发展报告（2017）
著(编)者：庄一强　2017年10月出版 / 估价：85.00元
PSN B-2012-299-1/1

闽商蓝皮书
闽商发展报告（2017）
著(编)者：李闽榕 王日根 林琛
2017年12月出版 / 估价：89.00元
PSN B-2012-298-1/1

能源蓝皮书
中国能源发展报告（2017）
著(编)者：崔民选 王军生 陈义和
2017年10月出版 / 估价：98.00元
PSN B-2006-049-1/1

农产品流通蓝皮书
中国农产品流通产业发展报告（2017）
著(编)者：贾敬敦 张东科 张玉玺 张鹏毅 周伟
2017年4月出版 / 估价：89.00元
PSN B-2012-288-1/1

企业公益蓝皮书
中国企业公益研究报告（2017）
著(编)者：钟宏武 汪杰 顾一 黄晓娟 等
2017年12月出版 / 估价：89.00元
PSN B-2015-501-1/1

企业国际化蓝皮书
中国企业国际化报告（2017）
著(编)者：王辉耀　2017年11月出版 / 估价：98.00元
PSN B-2014-427-1/1

企业蓝皮书
中国企业绿色发展报告 No.2（2017）
著(编)者：李红玉 朱光辉　2017年8月出版 / 估价：89.00元
PSN B-2015-481-2/2

企业社会责任蓝皮书
中国企业社会责任研究报告（2017）
著(编)者：黄群慧 钟宏武 张蒽 翟利峰
2017年11月出版 / 估价：89.00元
PSN B-2009-149-1/1

企业社会责任蓝皮书
中资企业海外社会责任研究报告（2016~2017）
著(编)者：钟宏武 叶柳红 张蒽
2017年1月出版 / 定价：79.00元
PSN B-2017-603-2/2

汽车安全蓝皮书
中国汽车安全发展报告（2017）
著(编)者：中国汽车技术研究中心
2017年7月出版 / 估价：89.00元
PSN B-2014-385-1/1

汽车电子商务蓝皮书
中国汽车电子商务发展报告（2017）
著(编)者：中华全国工商业联合会汽车经销商商会
北京易观智库网络科技有限公司
2017年10月出版 / 估价：128.00元
PSN B-2015-485-1/1

汽车工业蓝皮书
中国汽车工业发展年度报告（2017）
著(编)者：中国汽车工业协会 中国汽车技术研究中心
丰田汽车（中国）投资有限公司
2017年4月出版 / 估价：128.00元
PSN B-2015-463-1/2

汽车工业蓝皮书
中国汽车零部件产业发展报告（2017）
著(编)者：中国汽车工业协会 中国汽车工程研究院
2017年10月出版 / 估价：98.00元
PSN B-2016-515-2/2

汽车蓝皮书
中国汽车产业发展报告（2017）
著(编)者：国务院发展研究中心产业经济研究部
中国汽车工程学会 大众汽车集团（中国）
2017年8月出版 / 估价：98.00元
PSN B-2008-124-1/1

人力资源蓝皮书
中国人力资源发展报告（2017）
著(编)者：余兴安 2017年11月出版 / 估价：89.00元
PSN B-2012-287-1/1

融资租赁蓝皮书
中国融资租赁业发展报告（2016~2017）
著(编)者：李光荣 王力 2017年8月出版 / 估价：89.00元
PSN B-2015-443-1/1

商会蓝皮书
中国商会发展报告No.5（2017）
著(编)者：王钦敏 2017年7月出版 / 估价：89.00元
PSN B-2008-125-1/1

输血服务蓝皮书
中国输血行业发展报告（2017）
著(编)者：朱永明 耿鸿武 2016年8月出版 / 估价：89.00元
PSN B-2016-583-1/1

社会责任管理蓝皮书
中国上市公司社会责任能力成熟度报告（2017）No.2
著(编)者：肖红军 王晓光 李伟阳
2017年12月出版 / 估价：98.00元
PSN B-2015-507-2/2

社会责任管理蓝皮书
中国企业公众透明度报告(2017)No.3
著(编)者：黄速建 熊梦 王晓光 肖红军
2017年4月出版 / 估价：98.00元
PSN B-2015-440-1/2

食品药品蓝皮书
食品药品安全与监管政策研究报告（2016~2017）
著(编)者：唐民皓 2017年6月出版 / 估价：89.00元
PSN B-2009-129-1/1

世界能源蓝皮书
世界能源发展报告（2017）
著(编)者：黄晓勇 2017年6月出版 / 估价：99.00元
PSN B-2013-349-1/1

水利风景区蓝皮书
中国水利风景区发展报告（2017）
著(编)者：谢婵才 兰思仁 2017年5月出版 / 估价：89.00元
PSN B-2015-480-1/1

碳市场蓝皮书
中国碳市场报告（2017）
著(编)者：定金彪 2017年11月出版 / 估价：89.00元
PSN B-2014-430-1/1

体育蓝皮书
中国体育产业发展报告（2017）
著(编)者：阮伟 钟秉枢 2017年12月出版 / 估价：89.00元
PSN B-2010-179-1/4

网络空间安全蓝皮书
中国网络空间安全发展报告（2017）
著(编)者：惠志斌 唐涛 2017年4月出版 / 估价：89.00元
PSN B-2015-466-1/1

西部金融蓝皮书
中国西部金融发展报告（2017）
著(编)者：李忠民 2017年8月出版 / 估价：85.00元
PSN B-2010-160-1/1

协会商会蓝皮书
中国行业协会商会发展报告（2017）
著(编)者：景朝阳 李勇 2017年4月出版 / 估价：99.00元
PSN B-2015-461-1/1

新能源汽车蓝皮书
中国新能源汽车产业发展报告（2017）
著(编)者：中国汽车技术研究中心
日产（中国）投资有限公司 东风汽车有限公司
2017年7月出版 / 估价：98.00元
PSN B-2013-347-1/1

新三板蓝皮书
中国新三板市场发展报告（2017）
著(编)者：王力 2017年6月出版 / 估价：89.00元
PSN B-2016-534-1/1

信托市场蓝皮书
中国信托业市场报告（2016~2017）
著(编)者：用益信托研究院
2017年1月出版 / 定价：198.00元
PSN B-2014-371-1/1

信息化蓝皮书
中国信息化形势分析与预测（2016~2017）
著(编)者：周宏仁 2017年8月出版 / 估价：98.00元
PSN B-2010-168-1/1

信用蓝皮书
中国信用发展报告（2017）
著(编)者：章政 田侃 2017年4月出版 / 估价：99.00元
PSN B-2013-328-1/1

休闲绿皮书
2017年中国休闲发展报告
著(编)者：宋瑞 2017年10月出版 / 估价：89.00元
PSN G-2010-158-1/1

休闲体育蓝皮书
中国休闲体育发展报告（2016～2017）
著(编)者：李相如 钟炳枢 2017年10月出版 / 估价：89.00元
PSN G-2016-516-1/1

养老金融蓝皮书
中国养老金融发展报告（2017）
著(编)者：董克用 姚余栋
2017年8月出版 / 估价：89.00元
PSN B-2016-584-1/1

药品流通蓝皮书
中国药品流通行业发展报告（2017）
著(编)者：佘鲁林 温再兴 2017年8月出版 / 估价：158.00元
PSN B-2014-429-1/1

医院蓝皮书
中国医院竞争力报告（2017）
著(编)者：庄一强 曾益新 2017年3月出版 / 定价：108.00元
PSN B-2016-529-1/1

邮轮绿皮书
中国邮轮产业发展报告（2017）
著(编)者：汪泓 2017年10月出版 / 估价：89.00元
PSN G-2014-419-1/1

智能养老蓝皮书
中国智能养老产业发展报告（2017）
著(编)者：朱勇 2017年10月出版 / 估价：89.00元
PSN B-2015-488-1/1

债券市场蓝皮书
中国债券市场发展报告（2016～2017）
著(编)者：杨农 2017年10月出版 / 估价：89.00元
PSN B-2016-573-1/1

中国节能汽车蓝皮书
中国节能汽车发展报告（2016~2017）
著(编)者：中国汽车工程研究院股份有限公司
2017年9月出版 / 估价：98.00元
PSN B-2016-566-1/1

中国上市公司蓝皮书
中国上市公司发展报告（2017）
著(编)者：张平 王宏淼
2017年10月出版 / 估价：98.00元
PSN B-2014-414-1/1

中国陶瓷产业蓝皮书
中国陶瓷产业发展报告（2017）
著(编)者：左和平 黄速建 2017年10月出版 / 估价：98.00元
PSN B-2016-574-1/1

中国总部经济蓝皮书
中国总部经济发展报告（2016～2017）
著(编)者：赵弘 2017年9月出版 / 估价：89.00元
PSN B-2005-036-1/1

中医文化蓝皮书
中国中医药文化传播发展报告（2017）
著(编)者：毛嘉陵 2017年7月出版 / 估价：89.00元
PSN B-2015-468-1/1

装备制造业蓝皮书
中国装备制造业发展报告（2017）
著(编)者：徐东华 2017年12月出版 / 估价：148.00元
PSN B-2015-505-1/1

资本市场蓝皮书
中国场外交易市场发展报告（2016～2017）
著(编)者：高峦 2017年4月出版 / 估价：89.00元
PSN B-2009-153-1/1

资产管理蓝皮书
中国资产管理行业发展报告（2017）
著(编)者：智信资产管理研究院
2017年6月出版 / 估价：89.00元
PSN B-2014-407-2/2

文化传媒类

传媒竞争力蓝皮书
中国传媒国际竞争力研究报告（2017）
著(编)者：李本乾 刘强
2017年11月出版 / 估价：148.00元
PSN B-2013-356-1/1

传媒蓝皮书
中国传媒产业发展报告（2017）
著(编)者：崔保国 2017年5月出版 / 估价：98.00元
PSN B-2005-035-1/1

传媒投资蓝皮书
中国传媒投资发展报告（2017）
著(编)者：张向东 谭云明
2017年6月出版 / 估价：128.00元
PSN B-2015-474-1/1

动漫蓝皮书
中国动漫产业发展报告（2017）
著(编)者：卢斌 郑玉明 牛兴侦
2017年9月出版 / 估价：89.00元
PSN B-2011-198-1/1

非物质文化遗产蓝皮书
中国非物质文化遗产发展报告（2017）
著(编)者：陈平 2017年5月出版 / 估价：98.00元
PSN B-2015-469-1/1

广电蓝皮书
中国广播电影电视发展报告（2017）
著(编)者：国家新闻出版广电总局发展研究中心
2017年7月出版 / 估价：98.00元
PSN B-2006-072-1/1

广告主蓝皮书
中国广告主营销传播趋势报告 No.9
著(编)者：黄升民 杜国清 邵华冬 等
2017年10月出版 / 估价：148.00元
PSN B-2005-041-1/1

国际传播蓝皮书
中国国际传播发展报告（2017）
著(编)者：胡正荣 李继东 姬德强
2017年11月出版 / 估价：89.00元
PSN B-2014-408-1/1

国家形象蓝皮书
中国国家形象传播报告（2016）
著(编)者：张昆 2017年3月出版 / 定价：98.00元
PSN B-2017-605-1/1

纪录片蓝皮书
中国纪录片发展报告（2017）
著(编)者：何苏六 2017年9月出版 / 估价：89.00元
PSN B-2011-222-1/1

科学传播蓝皮书
中国科学传播报告（2017）
著(编)者：詹正茂 2017年7月出版 / 估价：89.00元
PSN B-2008-120-1/1

两岸创意经济蓝皮书
两岸创意经济研究报告（2017）
著(编)者：罗昌智 林咏能
2017年10月出版 / 估价：98.00元
PSN B-2014-437-1/1

媒介与女性蓝皮书
中国媒介与女性发展报告(2016~2017)
著(编)者：刘利群 2017年9月出版 / 估价：118.00元
PSN B-2013-345-1/1

媒体融合蓝皮书
中国媒体融合发展报告（2017）
著(编)者：梅宁华 宋建武 2017年7月出版 / 估价：89.00元
PSN B-2015-479-1/1

全球传媒蓝皮书
全球传媒发展报告（2017）
著(编)者：胡正荣 李继东 唐晓芬
2017年11月出版 / 估价：89.00元
PSN B-2012-237-1/1

少数民族非遗蓝皮书
中国少数民族非物质文化遗产发展报告（2017）
著(编)者：肖远平（彝） 柴立（满）
2017年8月出版 / 估价：98.00元
PSN B-2015-467-1/1

视听新媒体蓝皮书
中国视听新媒体发展报告（2017）
著(编)者：国家新闻出版广电总局发展研究中心
2017年7月出版 / 估价：98.00元
PSN B-2011-184-1/1

文化创新蓝皮书
中国文化创新报告（2017）No.7
著(编)者：于平 傅才武 2017年7月出版 / 估价：98.00元
PSN B-2009-143-1/1

文化建设蓝皮书
中国文化发展报告（2016~2017）
著(编)者：江畅 孙伟平 戴茂堂
2017年6月出版 / 估价：116.00元
PSN B-2014-392-1/1

文化科技蓝皮书
文化科技创新发展报告（2017）
著(编)者：于平 李凤亮 2017年11月出版 / 估价：89.00元
PSN B-2013-342-1/1

文化蓝皮书
中国公共文化服务发展报告（2017）
著(编)者：刘新成 张永新 张旭
2017年12月出版 / 估价：98.00元
PSN B-2007-093-2/10

文化蓝皮书
中国公共文化投入增长测评报告（2017）
著(编)者：王亚南 2017年2月出版 / 定价：79.00元
PSN B-2014-435-10/10

文化蓝皮书
中国少数民族文化发展报告（2016~2017）
著(编)者：武翠英 张晓明 任乌晶
2017年9月出版 / 估价：89.00元
PSN B-2013-369-9/10

文化蓝皮书
中国文化产业发展报告（2016~2017）
著(编)者：张晓明 王家新 章建刚
2017年4月出版 / 估价：89.00元
PSN B-2002-019-1/10

文化蓝皮书
中国文化产业供需协调检测报告（2017）
著(编)者：王亚南 2017年2月出版 / 定价：79.00元
PSN B-2013-323-8/10

文化蓝皮书
中国文化消费需求景气评价报告（2017）
著(编)者：王亚南 2017年2月出版 / 定价：79.00元
PSN B-2011-236-4/10

文化品牌蓝皮书
中国文化品牌发展报告（2017）
著(编)者：欧阳友权 2017年5月出版 / 估价：98.00元
PSN B-2012-277-1/1

文化遗产蓝皮书
中国文化遗产事业发展报告（2017）
著(编)者：苏杨 张颖岚 王宇飞
2017年8月出版 / 估价：98.00元
PSN B-2008-119-1/1

文学蓝皮书
中国文情报告（2016～2017）
著(编)者：白烨 2017年5月出版 / 估价：49.00元
PSN B-2011-221-1/1

新媒体蓝皮书
中国新媒体发展报告No.8（2017）
著(编)者：唐绪军 2017年6月出版 / 估价：89.00元
PSN B-2010-169-1/1

新媒体社会责任蓝皮书
中国新媒体社会责任研究报告（2017）
著(编)者：钟瑛 2017年11月出版 / 估价：89.00元
PSN B-2014-423-1/1

移动互联网蓝皮书
中国移动互联网发展报告（2017）
著(编)者：官建文 2017年6月出版 / 估价：89.00元
PSN B-2012-282-1/1

舆情蓝皮书
中国社会舆情与危机管理报告（2017）
著(编)者：谢耘耕 2017年9月出版 / 估价：128.00元
PSN B-2011-235-1/1

影视蓝皮书
中国影视产业发展报告（2017）
著(编)者：司若 2017年4月出版 / 估价：138.00元
PSN B-2016-530-1/1

地方发展类

安徽经济蓝皮书
合芜蚌国家自主创新综合示范区研究报告（2016～2017）
著(编)者：黄家海 王开玉 蔡宪
2017年7月出版 / 估价：89.00元
PSN B-2014-383-1/1

安徽蓝皮书
安徽社会发展报告（2017）
著(编)者：程桦 2017年4月出版 / 估价：89.00元
PSN B-2013-325-1/1

澳门蓝皮书
澳门经济社会发展报告（2016～2017）
著(编)者：吴志良 郝雨凡 2017年6月出版 / 估价：98.00元
PSN B-2009-138-1/1

北京蓝皮书
北京公共服务发展报告（2016～2017）
著(编)者：施昌奎 2017年3月出版 / 定价：79.00元
PSN B-2008-103-7/8

北京蓝皮书
北京经济发展报告（2016～2017）
著(编)者：杨松 2017年6月出版 / 估价：89.00元
PSN B-2006-054-2/8

北京蓝皮书
北京社会发展报告（2016～2017）
著(编)者：李伟东 2017年6月出版 / 估价：89.00元
PSN B-2006-055-3/8

北京蓝皮书
北京社会治理发展报告（2016～2017）
著(编)者：殷星辰 2017年5月出版 / 估价：89.00元
PSN B-2014-391-8/8

北京蓝皮书
北京文化发展报告（2016～2017）
著(编)者：李建盛 2017年4月出版 / 估价：89.00元
PSN B-2007-082-4/8

北京律师绿皮书
北京律师发展报告No.3（2017）
著(编)者：王隽 2017年7月出版 / 估价：88.00元
PSN G-2012-301-1/1

北京旅游蓝皮书
北京旅游发展报告（2017）
著(编)者：北京旅游学会 2017年4月出版 / 估价：88.00元
PSN B-2011-217-1/1

北京人才蓝皮书
北京人才发展报告（2017）
著(编)者：于淼　2017年12月出版 / 估价：128.00元
PSN B-2011-201-1/1

北京社会心态蓝皮书
北京社会心态分析报告（2016～2017）
著(编)者：北京社会心理研究所
2017年8月出版 / 估价：89.00元
PSN B-2014-422-1/1

北京社会组织管理蓝皮书
北京社会组织发展与管理（2016～2017）
著(编)者：黄江松　2017年4月出版 / 估价：88.00元
PSN B-2015-446-1/1

北京体育蓝皮书
北京体育产业发展报告（2016～2017）
著(编)者：钟秉枢 陈杰 杨铁黎
2017年9月出版 / 估价：89.00元
PSN B-2015-475-1/1

北京养老产业蓝皮书
北京养老产业发展报告（2017）
著(编)者：周明明 冯喜良　2017年8月出版 / 估价：89.00元
PSN B-2015-465-1/1

滨海金融蓝皮书
滨海新区金融发展报告（2017）
著(编)者：王爱俭 张锐钢　2017年12月出版 / 估价：89.00元
PSN B-2014-424-1/1

城乡一体化蓝皮书
中国城乡一体化发展报告•北京卷（2016～2017）
著(编)者：张宝秀 黄序　2017年5月出版 / 估价：89.00元
PSN B-2012-258-2/2

创意城市蓝皮书
北京文化创意产业发展报告（2017）
著(编)者：张京成 王国华　2017年10月出版 / 估价：89.00元
PSN B-2012-263-1/7

创意城市蓝皮书
天津文化创意产业发展报告（2016～2017）
著(编)者：谢思全　2017年6月出版 / 估价：89.00元
PSN B-2016-537-7/7

创意城市蓝皮书
武汉文化创意产业发展报告（2017）
著(编)者：黄永林 陈汉桥　2017年9月出版 / 估价：99.00元
PSN B-2013-354-4/7

创意上海蓝皮书
上海文化创意产业发展报告（2016～2017）
著(编)者：王慧敏 王兴全　2017年8月出版 / 估价：89.00元
PSN B-2016-562-1/1

福建妇女发展蓝皮书
福建省妇女发展报告（2017）
著(编)者：刘群英　2017年11月出版 / 估价：88.00元
PSN B-2011-220-1/1

福建自贸区蓝皮书
中国（福建）自由贸易实验区发展报告（2016～2017）
著(编)者：黄茂兴　2017年4月出版 / 估价：108.00元
PSN B-2017-532-1/1

甘肃蓝皮书
甘肃经济发展分析与预测（2017）
著(编)者：安文华 罗哲　2017年1月出版 / 定价：79.00元
PSN B-2013-312-1/6

甘肃蓝皮书
甘肃社会发展分析与预测（2017）
著(编)者：安文华 包晓霞 谢增虎
2017年1月出版 / 定价：79.00元
PSN B-2013-313-2/6

甘肃蓝皮书
甘肃文化发展分析与预测（2017）
著(编)者：王俊莲　周小华　2017年1月出版 / 定价：79.00元
PSN B-2013-314-3/6

甘肃蓝皮书
甘肃县域和农村发展报告（2017）
著(编)者：朱智文 包东红 王建兵
2017年1月出版 / 定价：79.00元
PSN B-2013-316-5/6

甘肃蓝皮书
甘肃舆情分析与预测（2017）
著(编)者：陈双梅 张谦元　2017年1月出版 / 定价：79.00元
PSN B-2013-315-4/6

甘肃蓝皮书
甘肃商贸流通发展报告（2017）
著(编)者：张应华 王福生 王晓芳
2017年1月出版 / 定价：79.00元
PSN B-2016-523-6/6

广东蓝皮书
广东全面深化改革发展报告（2017）
著(编)者：周林生 涂成林　2017年12月出版 / 估价：89.00元
PSN B-2015-504-3/3

广东蓝皮书
广东社会工作发展报告（2017）
著(编)者：罗观翠　2017年6月出版 / 估价：89.00元
PSN B-2014-402-2/3

广东外经贸蓝皮书
广东对外经济贸易发展研究报告（2016~2017）
著(编)者：陈万灵　2017年8月出版 / 估价：98.00元
PSN B-2012-286-1/1

广西北部湾经济区蓝皮书
广西北部湾经济区开放开发报告（2017）
著(编)者：广西北部湾经济区规划建设管理委员会办公室
广西社会科学院广西北部湾发展研究院
2017年4月出版 / 估价：89.00元
PSN B-2010-181-1/1

巩义蓝皮书
巩义经济社会发展报告（2017）
著(编)者：丁同民 朱军　2017年4月出版 / 估价：58.00元
PSN B-2016-533-1/1

广州蓝皮书
2017年中国广州经济形势分析与预测
著(编)者：庾建设 陈浩钿 谢博能
2017年7月出版 / 估价：85.00元
PSN B-2011-185-9/14

广州蓝皮书
2017年中国广州社会形势分析与预测
著(编)者：张强 陈怡霓 杨秦 2017年6月出版 / 估价：85.00元
PSN B-2008-110-5/14

广州蓝皮书
广州城市国际化发展报告（2017）
著(编)者：朱名宏 2017年8月出版 / 估价：79.00元
PSN B-2012-246-11/14

广州蓝皮书
广州创新型城市发展报告（2017）
著(编)者：尹涛 2017年7月出版 / 估价：79.00元
PSN B-2012-247-12/14

广州蓝皮书
广州经济发展报告（2017）
著(编)者：朱名宏 2017年7月出版 / 估价：79.00元
PSN B-2005-040-1/14

广州蓝皮书
广州农村发展报告（2017）
著(编)者：朱名宏 2017年8月出版 / 估价：79.00元
PSN B-2010-167-8/14

广州蓝皮书
广州汽车产业发展报告（2017）
著(编)者：杨再高 冯兴亚 2017年7月出版 / 估价：79.00元
PSN B-2006-066-3/14

广州蓝皮书
广州青年发展报告（2016～2017）
著(编)者：徐柳 张强 2017年9月出版 / 估价：79.00元
PSN B-2013-352-13/14

广州蓝皮书
广州商贸业发展报告（2017）
著(编)者：李江涛 肖振宇 荀振英
2017年7月出版 / 估价：79.00元
PSN B-2012-245-10/14

广州蓝皮书
广州社会保障发展报告（2017）
著(编)者：蔡国萱 2017年8月出版 / 估价：79.00元
PSN B-2014-425-14/14

广州蓝皮书
广州文化创意产业发展报告（2017）
著(编)者：徐咏虹 2017年7月出版 / 估价：79.00元
PSN B-2008-111-6/14

广州蓝皮书
中国广州城市建设与管理发展报告（2017）
著(编)者：董皞 陈小钢 李江涛
2017年7月出版 / 估价：85.00元
PSN B-2007-087-4/14

广州蓝皮书
中国广州科技创新发展报告（2017）
著(编)者：邹采荣 马正勇 陈爽
2017年7月出版 / 估价：79.00元
PSN B-2006-065-2/14

广州蓝皮书
中国广州文化发展报告（2017）
著(编)者：徐俊忠 陆志强 顾涧清
2017年7月出版 / 估价：79.00元
PSN B-2009-134-7/14

贵阳蓝皮书
贵阳城市创新发展报告No.2（白云篇）
著(编)者：连玉明 2017年10月出版 / 估价：89.00元
PSN B-2015-491-3/10

贵阳蓝皮书
贵阳城市创新发展报告No.2（观山湖篇）
著(编)者：连玉明 2017年10月出版 / 估价：89.00元
PSN B-2011-235-1/1

贵阳蓝皮书
贵阳城市创新发展报告No.2（花溪篇）
著(编)者：连玉明 2017年10月出版 / 估价：89.00元
PSN B-2015-490-2/10

贵阳蓝皮书
贵阳城市创新发展报告No.2（开阳篇）
著(编)者：连玉明 2017年10月出版 / 估价：89.00元
PSN B-2015-492-4/10

贵阳蓝皮书
贵阳城市创新发展报告No.2（南明篇）
著(编)者：连玉明 2017年10月出版 / 估价：89.00元
PSN B-2015-496-8/10

贵阳蓝皮书
贵阳城市创新发展报告No.2（清镇篇）
著(编)者：连玉明 2017年10月出版 / 估价：89.00元
PSN B-2015-489-1/10

贵阳蓝皮书
贵阳城市创新发展报告No.2（乌当篇）
著(编)者：连玉明 2017年10月出版 / 估价：89.00元
PSN B-2015-495-7/10

贵阳蓝皮书
贵阳城市创新发展报告No.2（息烽篇）
著(编)者：连玉明 2017年10月出版 / 估价：89.00元
PSN B-2015-493-5/10

贵阳蓝皮书
贵阳城市创新发展报告No.2（修文篇）
著(编)者：连玉明 2017年10月出版 / 估价：89.00元
PSN B-2015-494-6/10

贵阳蓝皮书
贵阳城市创新发展报告No.2（云岩篇）
著(编)者：连玉明 2017年10月出版 / 估价：89.00元
PSN B-2015-498-10/10

贵州房地产蓝皮书
贵州房地产发展报告No.4（2017）
著(编)者：武廷方 2017年7月出版 / 估价：89.00元
PSN B-2014-426-1/1

贵州蓝皮书
贵州册亨经济社会发展报告 (2017)
著(编)者：黄德林 2017年3月出版 / 估价：89.00元
PSN B-2016-526-8/9

贵州蓝皮书
贵安新区发展报告（2016~2017）
著(编)者：马长青 吴大华 2017年6月出版 / 估价：89.00元
PSN B-2015-459-4/9

贵州蓝皮书
贵州法治发展报告（2017）
著(编)者：吴大华 2017年5月出版 / 估价：89.00元
PSN B-2012-254-2/9

贵州蓝皮书
贵州国有企业社会责任发展报告（2016～2017）
著(编)者：郭丽 周航 万强
2017年12月出版 / 估价：89.00元
PSN B-2015-511-6/9

贵州蓝皮书
贵州民航业发展报告（2017）
著(编)者：申振东 吴大华 2017年10月出版 / 估价：89.00元
PSN B-2015-471-5/9

贵州蓝皮书
贵州民营经济发展报告（2017）
著(编)者：杨静 吴大华 2017年4月出版 / 估价：89.00元
PSN B-2016-531-9/9

贵州蓝皮书
贵州人才发展报告（2017）
著(编)者：于杰 吴大华 2017年9月出版 / 估价：89.00元
PSN B-2014-382-3/9

贵州蓝皮书
贵州社会发展报告（2017）
著(编)者：王兴骥 2017年6月出版 / 估价：89.00元
PSN B-2010-166-1/9

贵州蓝皮书
贵州国家级开放创新平台发展报告（2017）
著(编)者：申晓庆 吴大华 李泓
2017年6月出版 / 估价：89.00元
PSN B-2016-518-1/9

海淀蓝皮书
海淀区文化和科技融合发展报告（2017）
著(编)者：陈名杰 孟景伟 2017年5月出版 / 估价：85.00元
PSN B-2013-329-1/1

杭州都市圈蓝皮书
杭州都市圈发展报告（2017）
著(编)者：沈翔 戚建国 2017年5月出版 / 估价：128.00元
PSN B-2012-302-1/1

杭州蓝皮书
杭州妇女发展报告（2017）
著(编)者：魏颖 2017年6月出版 / 估价：89.00元
PSN B-2014-403-1/1

河北经济蓝皮书
河北省经济发展报告（2017）
著(编)者：马树强 金浩 张贵
2017年4月出版 / 估价：89.00元
PSN B-2014-380-1/1

河北蓝皮书
河北经济社会发展报告（2017）
著(编)者：郭金平 2017年1月出版 / 定价：79.00元
PSN B-2014-372-1/2

河北蓝皮书
京津冀协同发展报告（2017）
著(编)者：陈路 2017年1月出版 / 定价：79.00元
PSN B-2017-601-2/2

河北食品药品安全蓝皮书
河北食品药品安全研究报告（2017）
著(编)者：丁锦霞 2017年6月出版 / 估价：89.00元
PSN B-2015-473-1/1

河南经济蓝皮书
2017年河南经济形势分析与预测
著(编)者：王世炎 2017年3月出版 / 定价：79.00元
PSN B-2007-086-1/1

河南蓝皮书
2017年河南社会形势分析与预测
著(编)者：刘道兴 牛苏林 2017年4月出版 / 估价89.00元
PSN B-2005-043-1/8

河南蓝皮书
河南城市发展报告（2017）
著(编)者：张占仓 王建国 2017年5月出版 / 估价：89.00元
PSN B-2009-131-3/8

河南蓝皮书
河南法治发展报告（2017）
著(编)者：丁同民 张林海 2017年5月出版 / 估价：89.00元
PSN B-2014-376-6/8

河南蓝皮书
河南工业发展报告（2017）
著(编)者：张占仓 丁同民 2017年5月出版 / 估价：89.00元
PSN B-2013-317-5/8

河南蓝皮书
河南金融发展报告（2017）
著(编)者：河南省社会科学院
2017年6月出版 / 估价：89.00元
PSN B-2014-390-7/8

河南蓝皮书
河南经济发展报告（2017）
著(编)者：张占仓 完世伟 2017年4月出版 / 估价：89.00元
PSN B-2010-157-4/8

河南蓝皮书
河南农业农村发展报告（2017）
著(编)者：吴海峰 2017年4月出版 / 估价：89.00元
PSN B-2015-445-8/8

河南蓝皮书
河南文化发展报告（2017）
著(编)者：卫绍生 2017年4月出版 / 估价：88.00元
PSN B-2008-106-2/8

河南商务蓝皮书
河南商务发展报告（2017）
著(编)者：焦锦淼 穆荣国 2017年6月出版 / 估价：88.00元
PSN B-2014-399-1/1

黑龙江蓝皮书
黑龙江经济发展报告（2017）
著(编)者：朱宇 2017年1月出版 / 定价：79.00元
PSN B-2011-190-2/2

黑龙江蓝皮书
黑龙江社会发展报告（2017）
著(编)者：谢宝禄　2017年1月出版 / 定价：79.00元
PSN B-2011-189-1/2

湖北文化蓝皮书
湖北文化发展报告（2017）
著(编)者：吴成国　2017年10月出版 / 估价：95.00元
PSN B-2016-567-1/1

湖南城市蓝皮书
区域城市群整合
著(编)者：童中贤 韩未名
2017年12月出版 / 估价：89.00元
PSN B-2006-064-1/1

湖南蓝皮书
2017年湖南产业发展报告
著(编)者：梁志峰　2017年5月出版 / 估价：128.00元
PSN B-2011-207-2/8

湖南蓝皮书
2017年湖南电子政务发展报告
著(编)者：梁志峰　2017年5月出版 / 估价：128.00元
PSN B-2014-394-6/8

湖南蓝皮书
2017年湖南经济展望
著(编)者：梁志峰　2017年5月出版 / 估价：128.00元
PSN B-2011-206-1/8

湖南蓝皮书
2017年湖南两型社会与生态文明发展报告
著(编)者：梁志峰　2017年5月出版 / 估价：128.00元
PSN B-2011-208-3/8

湖南蓝皮书
2017年湖南社会发展报告
著(编)者：梁志峰　2017年5月出版 / 估价：128.00元
PSN B-2014-393-5/8

湖南蓝皮书
2017年湖南县域经济社会发展报告
著(编)者：梁志峰　2017年5月出版 / 估价：128.00元
PSN B-2014-395-7/8

湖南蓝皮书
湖南城乡一体化发展报告（2017）
著(编)者：陈文胜 王文强 陆福兴 邝奕轩
2017年6月出版 / 估价：89.00元
PSN B-2015-477-8/8

湖南县域绿皮书
湖南县域发展报告 No.3
著(编)者：袁准 周小毛 黎仁寅
2017年3月出版 / 定价：79.00元
PSN G-2012-274-1/1

沪港蓝皮书
沪港发展报告（2017）
著(编)者：尤安山　2017年9月出版 / 估价：89.00元
PSN B-2013-362-1/1

吉林蓝皮书
2017年吉林经济社会形势分析与预测
著(编)者：邵汉明　2016年12月出版 / 定价：79.00元
PSN B-2013-319-1/1

吉林省城市竞争力蓝皮书
吉林省城市竞争力报告（2016~2017）
著(编)者：崔岳春 张磊　2016年12月出版 / 定价：79.00元
PSN B-2015-513-1/1

济源蓝皮书
济源经济社会发展报告（2017）
著(编)者：喻新安　2017年4月出版 / 估价：89.00元
PSN B-2014-387-1/1

健康城市蓝皮书
北京健康城市建设研究报告（2017）
著(编)者：王鸿春　2017年8月出版 / 估价：89.00元
PSN B-2015-460-1/2

江苏法治蓝皮书
江苏法治发展报告 No.6（2017）
著(编)者：蔡道通 龚廷泰　2017年8月出版 / 估价：98.00元
PSN B-2012-290-1/1

江西蓝皮书
江西经济社会发展报告（2017）
著(编)者：张勇 姜玮 梁勇　2017年10月出版 / 估价：89.00元
PSN B-2015-484-1/2

江西蓝皮书
江西设区市发展报告（2017）
著(编)者：姜玮 梁勇　2017年10月出版 / 估价：79.00元
PSN B-2016-517-2/2

江西文化蓝皮书
江西文化产业发展报告（2017）
著(编)者：张圣才 汪春翔
2017年10月出版 / 估价：128.00元
PSN B-2015-499-1/1

街道蓝皮书
北京街道发展报告No.2（白纸坊篇）
著(编)者：连玉明　2017年8月出版 / 估价：98.00元
PSN B-2016-544-7/15

街道蓝皮书
北京街道发展报告No.2（椿树篇）
著(编)者：连玉明　2017年8月出版 / 估价：98.00元
PSN B-2016-548-11/15

街道蓝皮书
北京街道发展报告No.2（大栅栏篇）
著(编)者：连玉明　2017年8月出版 / 估价：98.00元
PSN B-2016-552-15/15

街道蓝皮书
北京街道发展报告No.2（德胜篇）
著(编)者：连玉明　2017年8月出版 / 估价：98.00元
PSN B-2016-551-14/15

街道蓝皮书
北京街道发展报告No.2（广安门内篇）
著(编)者：连玉明　2017年8月出版 / 估价：98.00元
PSN B-2016-540-3/15

街道蓝皮书
北京街道发展报告No.2（广安门外篇）
著(编)者：连玉明　2017年8月出版 / 估价：98.00元
PSN B-2016-547-10/15

街道蓝皮书
北京街道发展报告No.2（金融街篇）
著(编)者：连玉明　2017年8月出版 / 估价：98.00元
PSN B-2016-538-1/15

街道蓝皮书
北京街道发展报告No.2（牛街篇）
著(编)者：连玉明　2017年8月出版 / 估价：98.00元
PSN B-2016-545-8/15

街道蓝皮书
北京街道发展报告No.2（什刹海篇）
著(编)者：连玉明　2017年8月出版 / 估价：98.00元
PSN B-2016-546-9/15

街道蓝皮书
北京街道发展报告No.2（陶然亭篇）
著(编)者：连玉明　2017年8月出版 / 估价：98.00元
PSN B-2016-542-5/15

街道蓝皮书
北京街道发展报告No.2（天桥篇）
著(编)者：连玉明　2017年8月出版 / 估价：98.00元
PSN B-2016-549-12/15

街道蓝皮书
北京街道发展报告No.2（西长安街篇）
著(编)者：连玉明　2017年8月出版 / 估价：98.00元
PSN B-2016-543-6/15

街道蓝皮书
北京街道发展报告No.2（新街口篇）
著(编)者：连玉明　2017年8月出版 / 估价：98.00元
PSN B-2016-541-4/15

街道蓝皮书
北京街道发展报告No.2（月坛篇）
著(编)者：连玉明　2017年8月出版 / 估价：98.00元
PSN B-2016-539-2/15

街道蓝皮书
北京街道发展报告No.2（展览路篇）
著(编)者：连玉明　2017年8月出版 / 估价：98.00元
PSN B-2016-550-13/15

经济特区蓝皮书
中国经济特区发展报告（2017）
著(编)者：陶一桃　2017年12月出版 / 估价：98.00元
PSN B-2009-139-1/1

辽宁蓝皮书
2017年辽宁经济社会形势分析与预测
著(编)者：曹晓峰　梁启东
2017年4月出版 / 估价：79.00元
PSN B-2006-053-1/1

洛阳蓝皮书
洛阳文化发展报告（2017）
著(编)者：刘福兴 陈启明　2017年7月出版 / 估价：89.00元
PSN B-2015-476-1/1

南京蓝皮书
南京文化发展报告（2017）
著(编)者：徐宁　2017年10月出版 / 估价：89.00元
PSN B-2014-439-1/1

南宁蓝皮书
南宁法治发展报告（2017）
著(编)者：杨维超　2017年12月出版 / 估价：79.00元
PSN B-2015-509-1/3

南宁蓝皮书
南宁经济发展报告（2017）
著(编)者：胡建华　2017年9月出版 / 估价：79.00元
PSN B-2016-570-2/3

南宁蓝皮书
南宁社会发展报告（2017）
著(编)者：胡建华　2017年9月出版 / 估价：79.00元
PSN B-2016-571-3/3

内蒙古蓝皮书
内蒙古反腐倡廉建设报告 No.2
著(编)者：张志华 无极　2017年12月出版 / 估价：79.00元
PSN B-2013-365-1/1

浦东新区蓝皮书
上海浦东经济发展报告（2017）
著(编)者：沈开艳 周奇　2017年2月出版 / 定价：79.00元
PSN B-2011-225-1/1

青海蓝皮书
2017年青海经济社会形势分析与预测
著(编)者：陈玮　2016年12月出版 / 定价：79.00元
PSN B-2012-275-1/1

人口与健康蓝皮书
深圳人口与健康发展报告（2017）
著(编)者：陆杰华 罗乐宣 苏杨
2017年11月出版 / 估价：89.00元
PSN B-2011-228-1/1

山东蓝皮书
山东经济形势分析与预测（2017）
著(编)者：李广杰　2017年7月出版 / 估价：89.00元
PSN B-2014-404-1/4

山东蓝皮书
山东社会形势分析与预测（2017）
著(编)者：张华 唐洲雁　2017年6月出版 / 估价：89.00元
PSN B-2014-405-2/4

山东蓝皮书
山东文化发展报告（2017）
著(编)者：涂可国　2017年11月出版 / 估价：98.00元
PSN B-2014-406-3/4

山西蓝皮书
山西资源型经济转型发展报告（2017）
著(编)者：李志强　2017年7月出版 / 估价：89.00元
PSN B-2011-197-1/1

陕西蓝皮书
陕西经济发展报告（2017）
著(编)者：任宗哲 白宽犁 裴成荣
2017年1月出版 / 定价：69.00元
PSN B-2009-135-1/5

陕西蓝皮书
陕西社会发展报告（2017）
著(编)者：任宗哲 白宽犁 牛昉
2017年1月出版 / 定价：69.00元
PSN B-2009-136-2/5

陕西蓝皮书
陕西文化发展报告（2017）
著(编)者：任宗哲 白宽犁 王长寿
2017年1月出版 / 定价：69.00元
PSN B-2009-137-3/5

上海蓝皮书
上海传媒发展报告（2017）
著(编)者：强荧 焦雨虹　2017年2月出版 / 定价：79.00元
PSN B-2012-295-5/7

上海蓝皮书
上海法治发展报告（2017）
著(编)者：叶青　2017年6月出版 / 估价：89.00元
PSN B-2012-296-6/7

上海蓝皮书
上海经济发展报告（2017）
著(编)者：沈开艳　2017年2月出版 / 定价：79.00元
PSN B-2006-057-1/7

上海蓝皮书
上海社会发展报告（2017）
著(编)者：杨雄 周海旺　2017年2月出版 / 定价：79.00元
PSN B-2006-058-2/7

上海蓝皮书
上海文化发展报告（2017）
著(编)者：荣跃明　2017年2月出版 / 定价：79.00元
PSN B-2006-059-3/7

上海蓝皮书
上海文学发展报告（2017）
著(编)者：陈圣来　2017年6月出版 / 估价：89.00元
PSN B-2012-297-7/7

上海蓝皮书
上海资源环境发展报告（2017）
著(编)者：周冯琦 汤庆合
2017年2月出版 / 定价：79.00元
PSN B-2006-060-4/7

社会建设蓝皮书
2017年北京社会建设分析报告
著(编)者：宋贵伦 冯虹　2017年10月出版 / 估价：89.00元
PSN B-2010-173-1/1

深圳蓝皮书
深圳法治发展报告（2017）
著(编)者：张骁儒　2017年6月出版 / 估价：89.00元
PSN B-2015-470-6/7

深圳蓝皮书
深圳经济发展报告（2017）
著(编)者：张骁儒　2017年7月出版 / 估价：89.00元
PSN B-2008-112-3/7

深圳蓝皮书
深圳劳动关系发展报告（2017）
著(编)者：汤庭芬　2017年6月出版 / 估价：89.00元
PSN B-2007-097-2/7

深圳蓝皮书
深圳社会建设与发展报告（2017）
著(编)者：张骁儒 陈东平　2017年7月出版 / 估价：89.00元
PSN B-2008-113-4/7

深圳蓝皮书
深圳文化发展报告(2017)
著(编)者：张骁儒　2017年7月出版 / 估价：89.00元
PSN B-2016-555-7/7

丝绸之路蓝皮书
丝绸之路经济带发展报告（2017）
著(编)者：任宗哲 白宽犁 谷孟宾
2017年1月出版 / 定价：75.00元
PSN B-2014-410-1/1

法治蓝皮书
四川依法治省年度报告 No.3（2017）
著(编)者：李林 杨天宗 田禾
2017年3月出版 / 定价：118.00元
PSN B-2015-447-1/1

四川蓝皮书
2017年四川经济形势分析与预测
著(编)者：杨钢　2017年1月出版 / 定价：98.00元
PSN B-2007-098-2/7

四川蓝皮书
四川城镇化发展报告（2017）
著(编)者：侯水平 陈炜　2017年4月出版 / 估价：85.00元
PSN B-2015-456-7/7

四川蓝皮书
四川法治发展报告（2017）
著(编)者：郑泰安　2017年4月出版 / 估价：89.00元
PSN B-2015-441-5/7

四川蓝皮书
四川企业社会责任研究报告（2016～2017）
著(编)者：侯水平 盛毅 翟刚
2017年4月出版 / 估价：89.00元
PSN B-2014-386-4/7

四川蓝皮书
四川社会发展报告（2017）
著(编)者：李羚　2017年5月出版 / 估价：89.00元
PSN B-2008-127-3/7

四川蓝皮书
四川生态建设报告（2017）
著(编)者：李晟之　2017年4月出版 / 估价：85.00元
PSN B-2015-455-6/7

四川蓝皮书
四川文化产业发展报告（2017）
著(编)者：向宝云 张立伟
2017年4月出版 / 估价：89.00元
PSN B-2006-074-1/7

体育蓝皮书
上海体育产业发展报告（2016～2017）
著(编)者：张林 黄海燕
2017年10月出版 / 估价：89.00元
PSN B-2015-454-4/4

体育蓝皮书
长三角地区体育产业发展报告（2016～2017）
著(编)者：张林 2017年4月出版 / 估价：89.00元
PSN B-2015-453-3/4

天津金融蓝皮书
天津金融发展报告（2017）
著(编)者：王爱俭 孔德昌
2017年12月出版 / 估价：98.00元
PSN B-2014-418-1/1

图们江区域合作蓝皮书
图们江区域合作发展报告（2017）
著(编)者：李铁 2017年6月出版 / 估价：98.00元
PSN B-2015-464-1/1

温州蓝皮书
2017年温州经济社会形势分析与预测
著(编)者：潘忠强 王春光 金浩
2017年4月出版 / 估价：89.00元
PSN B-2008-105-1/1

西咸新区蓝皮书
西咸新区发展报告（2016~2017）
著(编)者：李扬 王军 2017年6月出版 / 估价：89.00元
PSN B-2016-535-1/1

扬州蓝皮书
扬州经济社会发展报告（2017）
著(编)者：丁纯 2017年12月出版 / 估价：98.00元
PSN B-2011-191-1/1

长株潭城市群蓝皮书
长株潭城市群发展报告（2017）
著(编)者：张萍 2017年12月出版 / 估价：89.00元
PSN B-2008-109-1/1

中医文化蓝皮书
北京中医文化传播发展报告（2017）
著(编)者：毛嘉陵 2017年5月出版 / 估价：79.00元
PSN B-2015-468-1/2

珠三角流通蓝皮书
珠三角商圈发展研究报告（2017）
著(编)者：王先庆 林至颖
2017年7月出版 / 估价：98.00元
PSN B-2012-292-1/1

遵义蓝皮书
遵义发展报告（2017）
著(编)者：曾征 龚永育 雍思强
2017年12月出版 / 估价：89.00元
PSN B-2014-433-1/1

国际问题类

“一带一路”跨境通道蓝皮书
“一带一路”跨境通道建设研究报告（2017）
著(编)者：郭业洲 2017年8月出版 / 估价：89.00元
PSN B-2016-558-1/1

“一带一路”蓝皮书
“一带一路”建设发展报告（2017）
著(编)者：孔丹 李永全 2017年7月出版 / 估价：89.00元
PSN B-2016-553-1/1

阿拉伯黄皮书
阿拉伯发展报告（2016～2017）
著(编)者：罗林 2017年11月出版 / 估价：89.00元
PSN Y-2014-381-1/1

北部湾蓝皮书
泛北部湾合作发展报告（2017）
著(编)者：吕余生 2017年12月出版 / 估价：85.00元
PSN B-2008-114-1/1

大湄公河次区域蓝皮书
大湄公河次区域合作发展报告（2017）
著(编)者：刘稚 2017年8月出版 / 估价：89.00元
PSN B-2011-196-1/1

大洋洲蓝皮书
大洋洲发展报告（2017）
著(编)者：喻常森 2017年10月出版 / 估价：89.00元
PSN B-2013-341-1/1

德国蓝皮书
德国发展报告（2017）
著(编)者：郑春荣 2017年6月出版 / 估价：89.00元
PSN B-2012-278-1/1

东盟黄皮书
东盟发展报告（2017）
著(编)者：杨晓强 庄国土
2017年4月出版 / 估价：89.00元
PSN Y-2012-303-1/1

东南亚蓝皮书
东南亚地区发展报告（2016～2017）
著(编)者：厦门大学东南亚研究中心 王勤
2017年12月出版 / 估价：89.00元
PSN B-2012-240-1/1

俄罗斯黄皮书
俄罗斯发展报告（2017）
著(编)者：李永全 2017年7月出版 / 估价：89.00元
PSN Y-2006-061-1/1

非洲黄皮书
非洲发展报告 No.19（2016～2017）
著(编)者：张宏明 2017年8月出版 / 估价：89.00元
PSN Y-2012-239-1/1

公共外交蓝皮书
中国公共外交发展报告（2017）
著(编)者：赵启正 雷蔚真
2017年4月出版 / 估价：89.00元
PSN B-2015-457-1/1

国际安全蓝皮书
中国国际安全研究报告(2017)
著(编)者：刘慧 2017年7月出版 / 估价：98.00元
PSN B-2016-522-1/1

国际形势黄皮书
全球政治与安全报告（2017）
著(编)者：张宇燕
2017年1月出版 / 定价：89.00元
PSN Y-2001-016-1/1

韩国蓝皮书
韩国发展报告（2017）
著(编)者：牛林杰 刘宝全
2017年11月出版 / 估价：89.00元
PSN B-2010-155-1/1

加拿大蓝皮书
加拿大发展报告（2017）
著(编)者：仲伟合 2017年9月出版 / 估价：89.00元
PSN B-2014-389-1/1

拉美黄皮书
拉丁美洲和加勒比发展报告（2016～2017）
著(编)者：吴白乙 2017年6月出版 / 估价：89.00元
PSN Y-1999-007-1/1

美国蓝皮书
美国研究报告（2017）
著(编)者：郑秉文 黄平 2017年6月出版 / 估价：89.00元
PSN B-2011-210-1/1

缅甸蓝皮书
缅甸国情报告（2017）
著(编)者：李晨阳 2017年12月出版 / 估价：86.00元
PSN B-2013-343-1/1

欧洲蓝皮书
欧洲发展报告（2016～2017）
著(编)者：黄平 周弘 江时学
2017年6月出版 / 估价：89.00元
PSN B-1999-009-1/1

葡语国家蓝皮书
葡语国家发展报告（2017）
著(编)者：王成安 张敏 2017年12月出版 / 估价：89.00元
PSN B-2015-503-1/2

葡语国家蓝皮书
中国与葡语国家关系发展报告·巴西（2017）
著(编)者：张曙光 2017年8月出版 / 估价：89.00元
PSN B-2016-564-2/2

日本经济蓝皮书
日本经济与中日经贸关系研究报告（2017）
著(编)者：张季风 2017年5月出版 / 估价：89.00元
PSN B-2008-102-1/1

日本蓝皮书
日本研究报告（2017）
著(编)者：杨伯江 2017年5月出版 / 估价：89.00元
PSN B-2002-020-1/1

上海合作组织黄皮书
上海合作组织发展报告（2017）
著(编)者：李进峰 吴宏伟 李少捷
2017年6月出版 / 估价：89.00元
PSN Y-2009-130-1/1

世界创新竞争力黄皮书
世界创新竞争力发展报告（2017）
著(编)者：李闽榕 李建平 赵新力
2017年4月出版 / 估价：148.00元
PSN Y-2013-318-1/1

泰国蓝皮书
泰国研究报告（2017）
著(编)者：庄国土 张禹东
2017年8月出版 / 估价：118.00元
PSN B-2016-557-1/1

土耳其蓝皮书
土耳其发展报告（2017）
著(编)者：郭长刚 刘义 2017年9月出版 / 估价：89.00元
PSN B-2014-412-1/1

亚太蓝皮书
亚太地区发展报告（2017）
著(编)者：李向阳 2017年4月出版 / 估价：89.00元
PSN B-2001-015-1/1

印度蓝皮书
印度国情报告（2017）
著(编)者：吕昭义 2017年12月出版 / 估价：89.00元
PSN B-2012-241-1/1

印度洋地区蓝皮书
印度洋地区发展报告（2017）
著(编)者：汪戎　　2017年6月出版 / 估价：89.00元
PSN B-2013-334-1/1

英国蓝皮书
英国发展报告（2016～2017）
著(编)者：王展鹏　　2017年11月出版 / 估价：89.00元
PSN B-2015-486-1/1

越南蓝皮书
越南国情报告（2017）
著(编)者：谢林城
2017年12月出版 / 估价：89.00元
PSN B-2006-056-1/1

以色列蓝皮书
以色列发展报告（2017）
著(编)者：张倩红　　2017年8月出版 / 估价：89.00元
PSN B-2015-483-1/1

伊朗蓝皮书
伊朗发展报告（2017）
著(编)者：冀开远　　2017年10月出版 / 估价：89.00元
PSN B-2016-575-1/1

中东黄皮书
中东发展报告 No.19（2016～2017）
著(编)者：杨光　　2017年10月出版 / 估价：89.00元
PSN Y-1998-004-1/1

中亚黄皮书
中亚国家发展报告（2017）
著(编)者：孙力 吴宏伟　　2017年7月出版 / 估价：98.00元
PSN Y-2012-238-1/1

皮书序列号是社会科学文献出版社专门为识别皮书、管理皮书而设计的编号。皮书序列号是出版皮书的许可证号，是区别皮书与其他图书的重要标志。

它由一个前缀和四部分构成。这四部分之间用连字符“-”连接。前缀和这四部分之间空半个汉字（见示例）。

《国际人才蓝皮书：中国留学发展报告》序列号示例

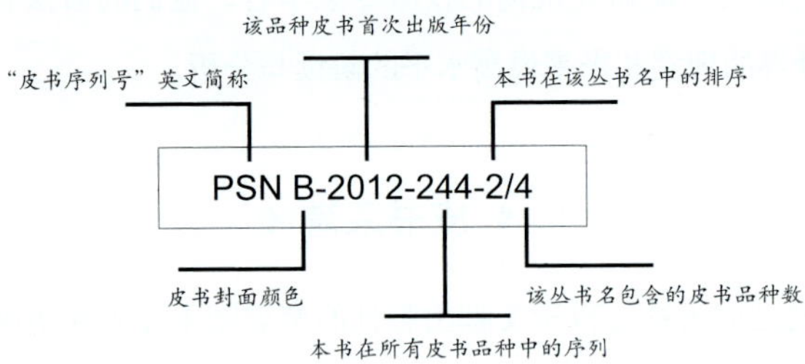

从示例中可以看出，《国际人才蓝皮书：中国留学发展报告》的首次出版年份是2012年，是社科文献出版社出版的第244个皮书品种，是“国际人才蓝皮书”系列的第2个品种（共4个品种）。

皮书起源

“皮书”起源于十七、十八世纪的英国，主要指官方或社会组织正式发表的重要文件或报告，多以“白皮书”命名。在中国，“皮书”这一概念被社会广泛接受，并被成功运作、发展成为一种全新的出版形态，则源于中国社会科学院社会科学文献出版社。

皮书定义

皮书是对中国与世界发展状况和热点问题进行年度监测，以专业的角度、专家的视野和实证研究方法，针对某一领域或区域现状与发展态势展开分析和预测，具备原创性、实证性、专业性、连续性、前沿性、时效性等特点的公开出版物，由一系列权威研究报告组成。

皮书作者

皮书系列的作者以中国社会科学院、著名高校、地方社会科学院的研究人员为主，多为国内一流研究机构的权威专家学者，他们的看法和观点代表了学界对中国与世界的现实和未来最高水平的解读与分析。

皮书荣誉

皮书系列已成为社会科学文献出版社的著名图书品牌和中国社会科学院的知名学术品牌。2016 年，皮书系列正式列入“十三五”国家重点出版规划项目；2012~2016 年，重点皮书列入中国社会科学院承担的国家哲学社会科学创新工程项目；2017 年，55 种院外皮书使用“中国社会科学院创新工程学术出版项目”标识。

中国皮书网

www.pishu.cn

发布皮书研创资讯，传播皮书精彩内容

引领皮书出版潮流，打造皮书服务平台

栏目设置

关于皮书：何谓皮书、皮书分类、皮书大事记、皮书荣誉、
皮书出版第一人、皮书编辑部

最新资讯：通知公告、新闻动态、媒体聚焦、网站专题、视频直播、下载专区

皮书研创：皮书规范、皮书选题、皮书出版、皮书研究、研创团队

皮书评奖评价：指标体系、皮书评价、皮书评奖

互动专区：皮书说、皮书智库、皮书微博、数据库微博

所获荣誉

2008 年、2011 年，中国皮书网均在全国新闻出版业网站荣誉评选中获得“最具商业价值网站”称号；

2012 年，获得“出版业网站百强”称号。

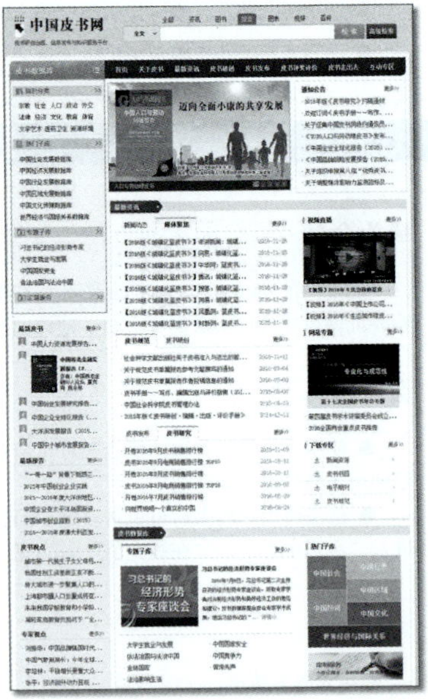

网库合一

2014 年，中国皮书网与皮书数据库端口合一，实现资源共享。更多详情请登录 www.pishu.cn。

社长致辞

2017年正值皮书品牌专业化二十周年之际，世界每天都在发生着让人眼花缭乱的变化，而唯一不变的，是面向未来无数的可能性。作为个体，如何获取专业信息以备不时之需？作为行政主体或企事业主体，如何提高决策的科学性让这个世界变得更好而不是更糟？原创、实证、专业、前沿、及时、持续，这是1997年“皮书系列”品牌创立的初衷。

1997～2017，从最初一个出版社的学术产品名称到媒体和公众使用频率极高的热点词语，从专业术语到大众话语，从官方文件到独特的出版型态，作为重要的智库成果，“皮书”始终致力于成为海量信息时代的信息过滤器，成为经济社会发展的记录仪，成为政策制定、评估、调整的智力源，社会科学研究的资料集成库。“皮书”的概念不断延展，“皮书”的种类更加丰富，“皮书”的功能日渐完善。

1997～2017，皮书及皮书数据库已成为中国新型智库建设不可或缺的抓手与平台，成为政府、企业和各类社会组织决策的利器，成为人文社科研究最基本的资料库，成为世界系统完整及时认知当代中国的窗口和通道！“皮书”所具有的凝聚力正在形成一种无形的力量，吸引着社会各界关注中国的发展，参与中国的发展。

二十年的“皮书”正值青春，愿每一位皮书人付出的年华与智慧不辜负这个时代！

社会科学文献出版社社长
中国社会学会秘书长

2016年11月

格局中不具有天然的地理优势，但是“一带一路”的东西走向与“三带一区”（东、中、西三大地带和东北地区）的南北走向叠加、交织而成的“网络式内聚外联格局”不断演化，有可能使湖北从“大后方”成为开放前沿。大武汉城市圈作为中部崛起的战略支点，必须深度融入“一带一路”倡议，加快开放型经济发展。

一 重要意义

（一）发展开放型经济是适应和引领经济新常态的重要机遇

近年来，我国经济运行下行压力增大，外部市场空间日益收窄，迫切要求以开放促进改革，以开放加速发展，激发内生动力。“一带一路”倡议的实施构建起我国全方位对外开放的新格局，成为开放发展和对外合作的新亮点。国际大通道和经济大走廊的建设，可以有效促进要素跨境有序流动，促进各种资源高效配置、市场对接和融合。作为内陆核心经济腹地，湖北深度融入“一带一路”，大力发展开放型经济，可以挖掘新兴市场潜力，缓解能源瓶颈，进一步拓展发展空间，谋求区域经济一体化“红利”，有利于实现产业结构转型升级，化解过剩产能，扩大人文与科技交流，培育教育、旅游、文化等新兴产业，倒逼湖北开放发展，创新发展，转型发展，加快建设内陆对外开放前沿和要素聚集高地，推进“建成支点，走在前列”。

（二）发展开放型经济有利于抢抓国家长江经济带发展战略机遇，优化经济发展空间格局

大力发展开放型经济，深度融入“一带一路”倡议有利于湖北省抢抓国家长江经济带发展战略机遇，提升长江黄金水道功能，实现湖北长江经济带东西双向开放；有利于湖北省进一步加强与陕西、河南的开放合作，加强汉江生态经济带建设；有利于引领长江中游地区融入丝绸之路经济带建设，进一步连接长江经济带和21世纪海上丝绸之路；有利于加快武汉内陆开放

高地建设，提升大武汉城市圈开放水平；有利于提升宜昌、襄阳等省域副中心城市开放水平，带动鄂西地区加快发展，积极参与“一带一路”的合作与交流，进而实现湖北区域发展战略与国家“一带一路”倡议的全面深度相融，提升开放型经济水平。

（三）发展开放型经济是全面深化改革、加快“建成支点，走在前列”的必然要求

湖北省委提出，“实施开放先导战略，构建开放型经济新体制”，湖北省人民政府《关于国家长江经济带发展战略的实施意见》对湖北的第三个战略定位是内陆开放合作新高地。《湖北省“十三五”规划》指出，要主动对接国家开放大战略，全面融入国家开放新布局，加快构建全方位、多层次、宽领域、高水平的开放型经济新格局，全面对接“一带一路”倡议。深度融入“一带一路”建设，有利于加快武汉城市圈、宜荆荆城市群、襄十随城市群发展，强化武汉在长江中游城市群建设中的引领作用，共建“中三角”，打造中国经济增长“第四极”；有利于深化与“长三角”、成渝等地区合作，构建东西开放新格局，对于湖北省夯实战略支点基础，加快实现“建成支点，走在前列”总目标具有重要意义。

（四）发展开放型经济是湖北发挥比较优势的根本要求

在经济新常态下，大力发展开放型经济，有利于湖北省发挥区位交通优势，在更高起点、更大平台上深化改革开放，提升湖北在“一带一路”倡议中的枢纽和聚焦功能；有利于湖北省发挥科教优势，实施创新驱动发展战略，促进经济结构转型，打造湖北经济升级版；有利于发挥湖北省产业优势，借力《中国制造 2025》和“互联网 +”，培育开放新优势，构建对内对外开放新格局；有利于发挥资源互补性，将湖北省的优势产能与沿线的俄罗斯、蒙古国和中亚国家丰富的石油、天然气、煤炭、铁、铜、铅锌等矿产资源，以及国内沿线的陕西、甘肃、青海、宁夏、新疆等省份丰富的石油、天然气、煤炭、风电、太阳能等能源和黄金、有色金属等矿产资源结合起

来。利用历史渊源深厚，历史上人文经贸联系频繁的优势，可以加快旅游、科教、人文交流和经贸联系。利用湖北省自贸区获批、武汉建设国家中心城市的契机，加快湖北对外开放，提升创新开放水平。

湖北一定要抢抓机遇，超前谋划，高屋建瓴，借深度融入“一带一路”倡议的历史机遇，把湖北的全面开放置于广阔的全球发展空间，用好两个市场、两种资源，加快供给侧改革，积极寻求对外交流合作，开创内陆开放新格局。

二　开放型经济发展建设进展

（一）商贸合作全面推进

近年来，大武汉城市圈范围内的企业侧重围绕沿线国家，以生产加工、装备制造、基础设施建设为主要形式，以钢铁、有色、建筑建材、化工、轻纺、通信、汽车及零部件、农产品、医药、工程机械、船舶等为主要领域，以境外直接投资、对外承包工程、装备出口和技术合作为主要方式，多点进行境外布局，有序推进湖北省重点优势、富余产业国际产能合作，形成了在传统优势领域以工程承揽为主，在富余产业领域以水泥建材生产为主，在战略新兴产业以光纤通信为主的基本特色。

1. 境外投资稳步发展

湖北省企业对沿线国家投资规模连续三年都在两亿美元以上，呈现稳定发展势头，这些企业绝大部分都在大武汉城市圈范围内。2016 年，湖北省地方企业备案赴沿线国家新设企业 21 家，中方协议投资 13.8 亿美元，占协议投资总额的 34.9%；对沿线国家实际投资项目达到 30 个，涉及 13 个国家和地区，实际投资占全省境内投资主体投资总额的 18.7%，占比高于全国水平 10.2 个百分点。对老挝、越南、俄罗斯等国家实际投资额均达到 5000 万美元以上。主要涉及建筑业、食品制造、建材生产、贸易等行业领域。其中，安琪酵母俄罗斯年产两万吨酵母项目进展顺利，实际投入 5240

余万美元，正进入工厂主体建设阶段。华新水泥塔吉克斯坦二期年产200万吨、柬埔寨年产100万吨生产线运营顺利，尼泊尔项目也在着手推动。长飞光纤投资1400万美元，在印度尼西亚的年产300万芯公里光纤生产项目已经投入生产，目前正筹划第二家光纤生产厂。

2. 对外承包工程优势地位巩固

2016年，湖北省企业在"一带一路"沿线国家和地区完成工程营业额33.8亿美元，占企业总额的66.1%；新签合同额74.8亿美元，占总额的59.2%。占比均高于全国水平10个以上百分点。湖北省工程企业在沿线国家完成营业额占全国总额的4.5%，新签合同额占全国总额的5.9%，比较优势地位继续稳固。从行业来看，主要分布在电力、交通、房建、市政等领域；从国别来看，伊朗、巴基斯坦、印度尼西亚、孟加拉国市场份额不断扩大。其中，葛洲坝集团承建的伊朗克尔曼输水工程项目，合同额达20亿美元，是迄今为止湖北省企业在"一带一路"沿线国家中标的最大承包工程项目，葛洲坝厄瓜多尔水电站已于2016年投产；十五冶集团承建的白俄罗斯社会保障住房项目，合同额1080万美元，是当年湖北省工程企业在欧洲沿线国家承揽的最大项目。烽火国际在菲律宾、印度、马来西亚、印度尼西亚等国家深入推进以通信工程承揽和通信设备贸易为主的市场开拓，实效明显。

3. 境外经贸合作区实现突破

境外经贸合作区是湖北省企业抱团出海的重要平台，也是在沿线国家聚集发展的重要路径。湖北省境外经贸合作区规划涵盖科研、生产制造、商贸物流等领域，在欧洲、中亚、东南亚、非洲逐步开展布局。2016年以来，重点推进境外经贸合作区项目已在"一带一路"沿线多个区域实现布局或落地。其中，莫桑比克农业产业园、波兰汽配工业园加大资金投入，扩大了生产规模；联投福汉木业对中航林业实施增资控股，负责开发中俄－托木斯克经贸合作区；中国－比利时科技园项目已正式动工并开展境内招商工作，可同时容纳200多家中欧企业入驻；中国伊朗产业园项目、中国－东盟北斗科技城正在规划建设中；哈萨克斯坦－湖北科力生工业园、马来西亚柔佛经贸合作区项目签署合作协议；吉尔吉斯斯坦等国境外园区正在开展前期规划。

（二）“大通道、大平台、大通关”进展迅速

1. 互联互通大通道进一步拓宽

铁路大通道建设方面，中欧班列（武汉）2015 年实行双向常态化运营，2016 年增设境外营销服务机构，与德铁、法铁、俄铁、哈铁等国际线路代理商、配套服务商达成战略合作协议，进一步辐射延伸路线。当前已开通 15 条路线，辐射 28 个国家、60 多个城市。2016 年，发运 234 列，21630 标箱，同比增长 45%，全年货值约 8.59 亿美元，班列实载率达到 95.48%，高居首位，回程货量全国第一。中欧班列（武汉）开通后，吸引冠捷、英利集团、迪卡侬等企业将生产基地布局到武汉，世界奶粉巨头澳优公司也将中国区销售总部迁至武汉。

航空大通道建设方面，2016 年天河机场旅客吞吐量、货邮吞吐量、飞机起降架次分别达到 2077 万人次、17.53 万吨、17.48 万架次，年均分别增长 9.7%、13.3%、6.9%。2015 年武汉机场旅客吞吐量位居中部第一。2017 年新航站楼将投入使用，客流量还会有一个较大提升。2016 年天河机场国际航线达到 41 条，在中部率先且唯一通达五大洲。2016 年国际旅客吞吐量达 230 万人，高出长沙 15.6%，连续 4 年遥遥领先中部其他城市。2017 年到目前，又新开通了 4 条国际航线。当前，在鄂运营的航空公司已达 40 家，其中基地航空公司 4 家，新增客机 17 架，在汉运营的飞机增至 65 架，运力规模不断壮大。宜昌三峡机场航空口岸开通韩国、日本和泰国籍客运包机临时出入境业务。

水运国际通道建设方面，武汉至上海洋山港“江海直达”航线成为长江中上游地区通江达海优质航线，江海直达班期目前每周常规计划 9 班，基本实现每天有班期从阳逻出发，共有 5 家航运企业的 15 艘江海直达集装箱船专门参与运营。截至 2017 年 4 月，“江海直达”航线总共运行 154 个班次，与四川省泸州市合作的“泸汉台集装箱快班”从武汉阳逻码头出发，

到上海外高桥中转近洋海轮到台湾基隆港，每周常规班期为2个出口航次，2个进口航次，截至2017年4月，“泸汉台集装箱快班”实际执行45个班次。此外，还开通了武汉－东盟试验航线，从武汉阳逻码头出发，到上海外高桥中转近洋海轮到东盟四国本地中转，每周常规班期为2个出口航次，截至2017年4月，实际执行41个班次。武汉－日韩国际集装箱航线目前每周常规班期为3个出口航次，分别到达日本的东京港、大阪港以及韩国的釜山港。截至2017年4月，实际执行56个班次。当前正在积极推进黄石新港开通直航韩国业务。

多式联运体系基本形成。借助中欧班列（武汉）通道和“江海直达”航线的有效对接，武汉市已初步打造出一条由铁路（武汉－中亚－俄罗斯－德国汉堡）经水路（汉堡港－新加坡－香港－上海－长江内河）的国际集装箱铁水运输闭合环线。该环线贯穿“一带一路”及长江经济带，具有其他城市无法比拟的多式联运优势。湖北加快航道建设，不断提升三峡枢纽通过能力，长期制约长江航运发展的“中梗阻”初步得以打通。同时强化安全保障，推进三峡坝区船舶交通管理系统等改扩建项目，建成武汉、宜昌三峡、巴东等多个船舶溢油应急设备库，推进阳逻消防警备码头、武汉疏浚船舶维护基地工程建设，着力提升了湖北核心港区的支持保障服务能力。促进长江湖北段优良港口岸线规模化、集约化发展。加快多式联运海关监管中心（阳逻）建设。推动武汉市与舟山市人民政府战略合作，促进武汉长江中游航运中心与舟山海联运服务中心有效对接。推动湖北长江港口与上下游港口的战略联盟建设。推广应用长江电子航道图系统和长江航运物流公共信息服务平台，并与在鄂有关港航管理单位、港口企业等开展基础信息共享、动态信息交换工作。优化运力结构，大力推进船型标准化，加快淘汰老旧落后运力。武汉市集装箱铁水联运示范工程列入国家第一批多式联运示范工程，武汉新港、襄阳“无水港”、荆州盐卡港区等地集装箱铁水联运均已启动，多式联运体系基本形成。

2. 双向开放的大平台进一步完善

武汉新港空港综合保税区（一期）已于2016年6月7日顺利通过国家

联合验收小组正式验收，武汉东湖综合保税区（二期）目前也已完成基础及海关监管设施建设工作。武汉阳逻港进口肉类指定口岸、东湖综保区保税物流园进口肉类指定查验场建设工作已基本完成，并通过预验收。宜昌三峡保税物流中心已完成正式验收，襄阳保税物流中心、荆门保税物流中心、仙桃保税物流中心正在抓紧建设。武汉天河机场通过质检总局验收考核，成为全国首批进境食用水生动物指定口岸。湖北国际贸易“单一窗口”正式上线运行，武汉汉口北国际商品交易中心获批全国市场采购贸易方式试点，成功引进了阿里巴巴深圳一达通公司在湖北设立一达通湖北公司，对外贸易发展环境明显改善。

3. 便捷高效大通关日益推进

（1）口岸建设蓬勃发展

近年来，大武汉城市圈口岸数量稳步增长，现有 4 个国家批准开放口岸，其中航空口岸 2 个，水运口岸 2 个，还有新型口岸业态海关特殊监管区域 3 个，保税物流中心（B 型）5 个，已形成了水、陆、空全方位对外开放的格局。口岸功能不断拓展，可进口种苗、水果、食用水生动物、冰鲜水产品、粮食、肉类等。2017 年 3 月召开国际物流核心枢纽项目口岸建设推进会，专题研究口岸规划建设纳入项目可研报告。

（2）关检合作“三个一”不断深化

全面实行集装箱进出口货物一次开箱，联合查验，在旅检、邮递和快件监管等环节全面推行“一机双屏”，提升“单一窗口”的企业应用率，提高贸易便利化水平。将关检合作“一次申报，一次查验，一次放行”扩大至关区所有水运口岸。上线“电子口岸入网联合审批辅助系统”，提供“一站式”入网服务。武汉关区 2016 年“一次申报”报关单 385173 份，“一次查验”报关单 963 份，“一次放行”报关单 15809 份。

（3）试点工作稳步推进

构建“四位一体”物流监控体系，开展舱单数据电子传输试点，在全国海关率先启用铁路出口转关电子运抵报告。推动开展湖北电子口岸平台查验免收费系统上线。继续开展免除查验没有问题外贸企业吊装移位仓储费用试点。区域通关一体化基本形成，关区执法统一性和管理效能不断提高，切实降低了企业通关成本，促进了贸易便利化。

（三）人文交流持续拓展

1. 广泛开展民间交流

湖北省先后有十余名省级领导率团出访中东欧、中亚、南亚、东南亚、非洲、大洋洲等地区，有力地推动了大武汉城市圈与“一带一路”沿线国家和地区地方政府间友好交往，深化了科技、教育、文化、旅游、经贸等领域的合作。以领导互访为契机，当前与沿线国家和地区缔结友好城市达28对，形成了地方政府间的工作对接长效机制。与印度尼西亚北苏门答腊省，伊朗中央省，哈萨克斯坦阿拉木图州，俄罗斯车里雅宾斯克周，泰国罗勇府、大城府，印度查蒂斯加尔邦等拓宽了友好交流渠道，武汉市与伊朗大不里士市、柬埔寨金边、吉尔吉斯斯坦比什凯克，襄阳市与柬埔寨茶胶省建立友好合作关系。湖北在G20第五次协调人会议上向来自36个国家和国际组织的200余位中外代表宣传展示了荆楚文化和湖北形象。湖北卫视《长江新闻号》在悉尼落地，湖北日报动向新闻客户端国际版在马来西亚吉隆坡上线，《特别关注》英文版在马来西亚与海外读者见面，搭建了对外交流与宣传推进新平台。

2. 积极宣传推介荆楚文化

2016年初，湖北选送的编钟礼乐《金石和鸣》作为开场节目拉开了“中埃文化交流年”启动仪式序幕，得到在埃及访问的习近平总书记的高度赞赏。湖北省文化厅与首尔中国文化中心共同打造了“荆楚文化走韩国”系列文化交流活动。《编钟乐舞》澳大利亚巡演、“同一个世界，同一个梦想”鄂澳儿童画展、“楚汉神韵”非物质文化遗产展、马来西亚湖北传媒周等四大主题活动，以及武汉音乐学院长江之韵艺术团、武汉杂技团等分赴俄罗斯、阿联酋、蒙古国等国演出均取得积极广泛的社会影响。在俄罗斯举办湖北新闻出版广电传媒周、少儿画展等活动，推动伏尔加河沿岸联邦区各地在湖北省“中俄文化交流馆”举办地方特色的展览活动。加快推进“万里茶道”联合申遗工作，积极吸引俄方参与，目前完成了申遗推荐点的调查评估，正在编制《申报中国世界文化遗产预备名单》文本。

3. 推动科技合作成果共享

大武汉城市圈范围内高校、科研机构和企业分别在沿线国家建立了海洋材料应用技术中俄联合研发中心等一批联合研究中心。通过省技术创新专项对外科技合作类计划，共支持与沿线国家的合作项目 12 项，总投入 1588 万元，占此类计划的 41%。开设的科技援外培训班，培训了 17 个发展中国家 74 名科技工程人员。中国 - 古巴生物技术转化中心暨产业化基地已于 2016 年 11 月正式投入运营使用。光谷北斗公司已与墨西哥、泰国、马来西亚、尼泊尔、俄罗斯等国家在北斗及地球空间信息技术领域开展了一系列大型科技及产业合作，正积极拓展与拉美及加勒比地区国家的科技合作，并希望以北斗及地球空间产业合作为牵引，带动拉美地区卫星导航及地球空间领域科研水平及相关产业的发展，深化中拉科技、经贸合作，为中拉合作开辟更大的空间和领域。

4. 深化教育领域互动交流

目前，大武汉城市圈来自“一带一路”沿线 63 个国家留学生共 10158 名，政府留学生奖学金增加到 600 万元，其中单列 300 万元用于招收“一带一路”沿线国家留学生。湖北高校与澳大利亚合作办学项目近 8 个。2015 年 8 月，湖北大学与悉尼大学签署合作协议，共建悉尼大学中国研究中心。湖北省高校与新西兰建立了近 8 个合作办学项目。省内高校在保加利亚、印度尼西亚各开办了一所孔子学院。武汉铁路职业技术学院为泰国培训了 23 名高铁技术人才，招收了 10 名泰国铁路专业学生，湖北省职业教育发展水平和专业优势得到东南亚国家高度认可。中国地质大学丝绸之路学院、湖北理工学院光谷北斗国际学院等新设院系重点面向沿线国家招生。部分院校开展了对“一带一路”国家的国别研究，中国地质大学专门成立了“约旦研究中心”和“丝绸之路地质资源研究中心”。2015 年以来，湖北省水果湖第二小学与斐济劳托卡华文学校开展友好交往合作，支持海外华文教育。

5. 其他领域的合作初步展开

医疗交流合作方面，湖北省中医院与捷克伊赫拉瓦医院互派两名医务人员交流培训。2015 年，湖北省向斐济捐赠了医疗设备，省医疗诊疗队在劳托卡医院开展白内障、疝气手术治疗义诊。向斐济卫生部转交了湖北省援斐第二批医疗设备清单，该批设备预计于 2017 年下半年运送至斐济。2017 年 1 月，湖北省卫计委派协和医院医疗队赴劳托卡医院开展为期一周的眼科设备使用培训工作。农业合作方面，省种子集团农作物种子技术培训班开班，培训了巴基斯坦等 9 个国家的 23 名代表。2016 年 11 月，湖北农垦联丰海外农业集团与阿根廷雷芳公司签署畜牧养殖加工项目合作意向书，湖北省农垦事业局所属企业湖北省联丰海外农业集团公司承接中古农业示范园区的谷物中心项目。地质合作方面，2015 年省地质调查院与湖北荆楚富矿产业投资基金管理有限公司在秘鲁成功获取了一份金属矿勘查合同，湖北省地质系统在秘鲁矿权增至 9 个。

（四）平台建设更趋完善

1. 打造了境外服务平台

目前，全省及大武汉城市圈各城市与“一带一路”沿线近 30 个国家商协会签订合作协议，在俄罗斯、中东欧、中亚、南亚、东盟、大洋洲、非洲设立了 12 个国际合作工作站，在俄罗斯、阿联酋、印度、泰国、越南、中国香港、澳大利亚、新西兰及非洲等 9 个国家和地区成立了湖北商会，为企业“走出去”提供市场需求、投资环境、政策法规、劳务用工等信息服务，助推对外合作。

2. 构建了经贸合作平台

充分发挥华创会、中部国际产能合作论坛、鄂港企业“一带一路”合作对接会等平台作用，畅通境内外企业交流和项目对接渠道，深化外贸外经企业联动。据不完全统计，2016 年共组织 1367 家企业参加了 43 场境内外展会。国家发改委、外交部与省政府共同在汉成功举办“中国中部国际产能合作论坛暨企业对接洽谈会”，湖北省企业与境外政府机构、商协会、企业开展了375场次直接面谈，促成28个项目签约，协议投资额约80亿美元，其中湖北省参与签约项目17个，签约金额68.35亿美元。组织省内企业与国际商务咨询机构、境外驻华经贸机构等展开“面对面”交流对接，深入了解具体投资合作环境和项目。开展本土跨国企业培育计划，重点选取生物医药领域人福医药、建材领域华新水泥、食品制造领域安琪酵母、汽配领域三环集团、光纤通信领域长飞光纤、生物质能源领域阳光凯迪等企业，在项目对接、投资信息、政策指导、资金支持等方面重点开展培育。各培育企业国际化经营均取得明显效果，其中华新水泥塔吉克斯坦二期年产100万吨水泥生产线已经顺利开工运营，尼泊尔项目也着手推进；人福医药出资5.5亿美元收购了美国药企埃匹克公司，迈出打造跨国企业重要一步；长飞光纤继印度尼西亚光缆生产厂投产后，南非工厂也着手开建。2016年8月16日，烽火集团投资建设的位于厄瓜多尔的拉美光缆厂项目正式投产运行。

3. 创新了开放服务模式

武汉海关开展阳逻港改革信息化系统建设，通过对物流信息系统（LIS）和相关系统优化升级，打通互联网通道，整合海关、港口、理货等单位信息数据库，开发“武易通关”旅检微信公众号，行邮税实现移动自助缴纳。此外，省农垦局成立了“海外农业开发信息服务中心”等4大服务平台；省国家税务局搭建了“税收服务一带一路”微平台；省质监局建立了湖北省光谷标准国际科技合作基地；中国人民银行武汉分行制定出台跨境双向人民币资金池、境外放贷等实施细则和管理办法，实现业务办理流程化、标准化和格式化；省外管局推动业务窗口、自助终端、服务热线相结合，实现业务办理线上线下一体化运行。

（五）保障体系建设更加夯实

1. 工作机制日益完善

湖北省推进“一带一路”建设工作领导小组办公室会同省直有关部门研究起草了《关于贯彻落实习近平总书记重要讲话精神深度融入“一带一路”建设的意见》，并由省委、省政府予以印发实施，对全省参与“一带一路”建设工作再次进行了缜密谋划和部署。印发实施了《湖北省深度融入“一带一路”建设重点任务分工方案》，对政策沟通、通道建设、产能合作、金融支持、人文交流等方面重点任务及其责任分工、落实时间做了明确要求。领导小组办公室于2017年初组织制订了参与“一带一路”建设年度工作要点，指导和协调各市州、省直有关部门及企业做好年度重点工作。黄石、孝感、天门等地成立了地方推进“一带一路”建设工作领导小组，统筹推进参与“一带一路”建设相关工作。省商务厅制定出台了工作意见，引导、支持湖北企业发挥比较优势到沿线国家投资。编制“一带一路”重点项目库，并在强化调研、信息报送、协调督办、平台搭建、宣传考核等方面细化了具体工作措施。出台《推进国际产能合作工作方案（2016～2018年)》并编制项目清单，动态跟踪服务，加大力度协调、推进重点项目进度。截至2016年底，已投产运营和开工建设项目占到70%以上，整体推进顺利。省农业厅编制了湖北农业走进“一带一路”之国别指引，绘制了“湖北优势农产品世界分布图”，免费发放给各级农业部门和龙头企业。省国家税务局、省地税局扎实做好“走出去”企业服务管理工作，制定了“一带一路”沿线国家税制简介，承担了国别税收信息中心建设中研究苏丹、埃塞俄比亚税收制度的任务。省国资委积极引领、推动省出资企业加强国际产能合作，共有4家省出资企业正在“一带一路”沿线国家和地区开展10个项目的合作。省国家安全厅出台了海外利益保护工作规定，推动“一带一路”建设安全保障工作常态化、规范化、机制化。武汉海关制定了《2017年武汉海关推进“一带一路”建设重点工作任务分工表》，并将相关工作任务纳入关区督办事项。

2. 规划体系加快构建

有关地方和领导小组各成员单位积极主动组织拟订了本地区、本领域的实施方案或专项规划。黄石、随州相继出台了地方参与“一带一路”建设的实施方案。省委宣传部、省教育厅、省国土资源厅、省商务厅、省外侨办、省质监局、省农垦局及领导小组办公室紧密对接国家部委专项规划和湖北省意见，分别制订出台了宣传战线参与“一带一路”建设工作规划、教育对外开放规划、海外矿产勘查开发规划、商务系统加快融入“一带一路”战略工作意见、“一带一路”安全保障工作方案、标准联通“一带一路”行动计划、农垦参与“一带一路”建设实施方案、中欧班列（武汉）建设发展规划等。

3. 企业服务工作日益夯实

省政府组织召开了“抢抓‘一带一路’战略机遇，推动对外开放工作”专题辅导报告会，邀请华和国际商务咨询机构为全省数百家企业和相关政府部门授课。省发改委、省外侨办、省社科院联合编写了《俄罗斯伏尔加河沿岸联邦区投资合作指南》，加深湖北省企业对伏尔加河沿岸联邦区了解，助推优势企业进军俄罗斯。省外侨办举办了“开放大学”行动学习项目，省工商联、省发改委、省科技厅、省商务厅、省外侨办、省质监局、省国家税务局、央行武汉分行、省外管局等部门及武汉、黄石、襄阳、荆州、鄂州、孝感、天门等市分别组织举办了项目对接、跨境融资指导、专题辅导、企业座谈等活动，有力地推动了与“一带一路”沿线国家和地区的经贸合作。省工商局推进外商投资负面清单管理改革，实行外资登记审批改备案，全年新登记外商投资企业785家，外商投资企业达8976家。省银监局积极推动政策性银行创新金融产品，国开行湖北省分行为葛洲坝、华新水泥、中电建湖北公司等一批企业提供境外项目融资服务，进出口银行湖北省分行共支持“一带一路”信贷项目17个，涉及10个“一带一路”国家，贷款余额较年初新增30.76亿元，增长54.52%。

4. 金融服务日益深化

2016年5月，全国实行全口径跨境融资宏观审慎管理政策，企业和金融机构均可按规定自主开展本外币跨境融资。央行武汉分行联合省外管局、东湖高新技术开发区管委会、武汉光谷商会等部门联合举办100多家企业代表参会的跨境融资宣讲会帮助和指导企业了解政策、熟悉政策、享受政策，用好、用活、用足政策，多种渠道解决企业自身资金困难，降低融资成本。截至2016年11月底，湖北省已有29家企业按照新政借用了32笔境外资金，合计6.77亿元。其中，26家中资企业借用了29笔资金，合计6.33亿元，占比达到93.5%。央行武汉分行督促金融机构组织海外工程承包类跨境人民币专项政策业务辅导、营销等活动，有针对性地对“一带一路”国家和地区的各类境外投资和合作项目提供量身定制的跨境金融服务方案。积极推动人民币跨境业务创新，扩大人民币作为“一带一路”沿线国家跨境贸易计价和货币的规模和范围，积极探索资本项目可兑换。

5. 海外领事保护工作力度加大

省外侨办举办了2016“湖北省领事保护宣传月”活动，推进领事保护知识进校园，进企业，进媒体，提高湖北省公民自我保护意识。在外事侨务网上开设了领事保护专栏，实时提醒湖北省公民和机构防范风险。2017年以来，湖北省及时妥善处理了海外领事保护和突发涉外案（事）件49起，有效维护了湖北省企业和公民的合法权益。

三　存在的问题及原因分析

尽管近年来大武汉城市圈开放型经济发展取得了一定成效，但与构建内陆开放新格局的目标相比仍然存在一些问题亟须解决。

（一）省级层面存在的问题

1. 经济外向水平不升反降

受国际市场不景气和国际贸易保护主义盛行的影响，2016年湖北省进出口下滑明显。2016年进出口总额达到2600亿元，比上年下降8.3个百分点，下降幅度远超全国0.9%的平均水平。分地区看，亚洲与湖北省贸易总额超过100亿元的五个国家和地区中，中国香港总额最大，但下降了32.3个百分点，日本和韩国仅有个位数的增长（分别增长6%和2.3%）。70%的欧洲国家的进出口额下降，进出口额比较靠前的德国、法国、荷兰、意大利、丹麦、比利时、波兰进出口总额均下降。南美洲墨西哥、巴西、秘鲁增长较快，但其他国家和地区均下降。大洋洲澳大利亚下降得也比较多。2016年，湖北进出口总额占GDP的比重为8.05%，比2014年的9.67%，2015

年的9.61%都低。2015年，外资占固定资产投资比重，湖北仅为1.98%，与广东的8%差距非常远。2016年，排除人民币贬值的影响，湖北外资占固定资产投资比重仍然只有2%左右，起色不大。

2. 对外开放结构单一

进出口行业过于集中。进口主要集中在机械设备、电子电器、服装、农产品等产业。其中，湖北省机电产品出口额为945.5亿元，增长9.4%；手机出口额为206.5亿元，增长37%；平板电脑出口额为53.8亿元，增长18.9%；集成电路出口额为35亿元，增长9.2%；液晶显示板出口额为9.2亿元，增长19.8%。同期，传统劳动密集型产品出口265.8亿元，下降0.9%，其中，服装出口157亿元，增长7.1%。农产品出口111.5亿元，增长0.1%。而化肥、钢材、船舶等继续消化过剩产能的行业出口额下降明显。同时，大部分出口产品处于国际市场中低端，出口利润薄，竞争力不强；进口则高度集中在电子电器、集成电路、铁矿砂三类。进出口城市和企业高度集中。2016年，武汉占全省进出口总额的60.4%，而另外三个超过100亿元的城市——宜昌、黄石、襄阳仅占全省进出口总额的17.8%。而从企业看，虽然有进出口实绩企业数比上年增加207家，但进出口少数几家金额集中的局面并没有明显变化，抗风险能力小。境外投资水平及质量不高，竞争力不强。2016年湖北对外直接投资额（非金融类）13.8亿美元，占全国的0.81%，在全国的占比非常低。

3. 服务支持力度有待加大

虽然省内有关政策性金融机构针对“一带一路”投资合作项目制订了跨境金融服务方案，部分缓解了省内企业“走出去”融资需求，但与企业的需求相比还是有差距。融资难、融资贵的问题仍普遍存在，部分企业富余产能境外转移，尤其是民企，受政策限制、自有资金不足、资产抵押不够等影响，无力进行更大规模拓展。如部分与相关政策支持机构合作机制尚未建立。国家目前成立了丝路基金、亚洲基础设施投资银行等政策支持企业开拓“一带一路”沿线国家。湖北省尚未与之建立工作联系机制，对于该政策相关具体支持的项目及操作方式，并不十分清楚，对接不够，不利于争取对省内企业项目的相关支持。

4. 境外风险防范任务艰巨

当前，全球政治经济环境较为复杂多变，地区局势紧张，恐怖主义、极端主义势力及跨境犯罪等问题在部分“一带一路”沿线国家较为集中，大国干扰、贸易保护等诸多不确定因素仍然存在，投资风险较大。而湖北省缺乏专业的研究机构从事相应的研究预警工作。当前的国别投资风险提示还主要由国家层面来提供，湖北省无法为企业提供相应的更为专业、实用、及时的风险预警提示。

（二）企业层面存在的问题

1. 企业“走出去”的规模小，质量偏低

与发达城市群相比，大武汉城市圈企业的海外营业收入、海外职工数量、海外资产占比、跨境并购交易金额等指标都偏低。从投资目的地来看，投资沿线国家比重不大，投资区域较窄，也没有形成产业聚集发展态势；从产业结构来看，水泥、建材等基础制造业推进较好，高科技含量产业项目较少。境外投资绩效较好的就集中在葛洲坝等几家企业。“走出去”的企业还是极少数，“以点带线，以线带面”的局面远未形成。企业“走出去”现还多为单打独斗，虽然一些境外经贸合作区、境外产业园正在开建，但当前实质性的抱团出海较少，部分企业在观望，产业链投资较少。

2. “走出去”企业之间存在恶性竞争

“一带一路”沿线国家的投资合作项目吸引了众多中国公司参与，工程项目存在较大竞争，投资产业一哄而上。如一家民营企业与外方签订了合作协议，并按国家相关要求办理了境内手续，拟共同出资 22.5 亿美元以 BOT 模式投资建设越南海阳燃煤火电厂，并已开展了大量实际推进工程，但某央企下属公司积极接触外方，又与之签署合作协议，导致企业面临较大损失。

3. 外向型企业国际化经营程度不高

目前大武汉城市圈境外投资主要是设立独资公司或合资公司，资金、设备、原材料投入等直接投资方式多，资本运作的境外投资方式少。这说明企业对以资本运作为主的境外投资方式还不熟悉，而且企业多数还不具备大规模并购境外企业的实力。同时，大武汉城市圈经核准的境外投资企业仅约1/3能够正常经营，大部分企业的公司治理结构不完善，决策管理机制不健全，缺乏海外发展的中长期规划，风险控制能力不强，致使境外投资项目效益较差，投资回报率低。不少企业缺乏参与国际竞争的自觉性和长远发展的战略思考，海外规划发展科学性不够；有部分企业海外投资效果不尽如人意。而且由于“一带一路”非英语国家多，人文风俗各异，国家政策和经营环境复杂，信息获取渠道有限，企业对境外投资认识不足，境外经营管理人才匮乏，国际化经营管理人才培育不够。

四　构建内陆开放新格局的政策建议

在当前大武汉城市圈开放型经济发展取得一定成效的基础上，我们更要看到差距。在深度融入对接“一带一路”倡议的过程中，应坚持市场导向、政府推动，做好顶层设计，动态修正，用10年左右的时间，分阶段分步骤，在产业“走出去”、能源合作、文化交流等方面实现突破性发展。大武汉城市圈大力发展开放型经济，深度融入“一带一路”倡议的阶段可分两步，第一阶段是制度建设、平台搭建阶段，建立高效的工作机制，搭建好新通道、新平台、新服务。选择重点国家、重点行业各个突破，进行“铺路搭桥”的工作，当前大武汉城市圈正处于第一阶段中期。第二阶段，企业抱团出海，成建制“走出去”。文化交流、民间交往进一步加深。

提升“走出去”质效，服务实体经济发展。推动富余产能转移。引导、支持省内钢铁、有色、建材、化工、轻纺、汽车及零部件等优势富余产能在上述产业薄弱的“一带一路”沿线国家投资设厂，实现产能转移。服务省内实体经济。推动大武汉城市圈生物医药、新能源、光纤通信等战略新兴产业企业在境外设立研发机构，开展以获取先进技术、成熟品牌、市场渠道为主要目的的跨国并购。鼓励、支持企业将境外研发、并购先进技术在省内规模化生产、应用。推进“建营一体化”。发挥大武汉城市圈工程建设在电力、交通、水利、冶金、通信、房建等领域比较优势，鼓励、支持有条件的企业探索开展投资、建设、运营相结合的“建营一体化”项目，推动技术、标准、服务、品牌、产品“走出去”。为了完成以上目标，建议从以下几个方面展开。

（一）加强政策供给

1. 加强规划引导

以“一带一路”重点支持项目库为工作抓手，加强对企业“走出去”重点国别和产业的指引，密切调研，跟踪服务，协调推进，择机正式发布2017~2018年度重点支持项目库。科学制定实施方案。督促各地结合本地区优势行业、企业特点和产品结构，制定产业“走出去”的发展规划，明确重点领域和重点企业，提出主要目标、重点任务，制定具体实施方案。

2. 加强组织领导

加快构建开放型经济新体制机制联席会议机制为组织领导，积极协调解决大武汉城市圈参与“一带一路”建设各项工作的难题，促进大武汉城市圈企业在沿线国家进行经贸合作。进一步加强与国家相关部委沟通衔接，力争在重大基础设施建设、重大产业布局、战略资源开发创新、对外开放等方面给予政策倾斜。推动“一带一路”沿线国家在武汉设立领事机构和经贸文化交流机构。争取交通运输部和中国铁路总公司支持，开通武汉至俄罗斯、中亚旅游专列。争取国家旅游局支持，与沿线国家联合开发国际旅游线路，打造湖北省“一带一路”沿线地区知名旅游目的地和旅游精品线路。深化大武汉城市圈与长三角、珠三角、京津冀等沿海和阿拉山口、满洲里等沿边口岸区域合作，推进水水中转、铁海联运、空陆联运等具体合作项目。

（二）着力培育跨国企业主体

1. 对企业“走出去”加强分类指导

要对企业“走出去”加强分类指导。鼓励追赶型企业通过海外并购、合资合作，充分利用海外技术和人才。支持产能富余的传统优势产业到境外投资办厂，带动当地就业，带动技术装备出口，开拓海外市场。促进农业、能源、冶金等领域的企业赴海外开发资源。引导现代物流等生产性服务业企业紧跟制造业进行产业链投资。支持省内优势勘察设计、建筑施工等企业强强联合，组成海外工程总承包团队，形成规模，树立品牌。大武汉城市圈企业“走出去”，必须针对不同国家的不同需求，充分发挥自身优势，率先在汽车、能源、食品、光通信等领域取得突破。重点鼓励钢铁、冶金、建材、石化、纺织和农产品精深加工等资源类产业，在境外建立原材料基地，提高资源保障程度。引导光电子、生物、新材料等技术产业，输出产品，做大做强。推进汽车、装备制造等大武汉城市圈的优势产业，在境外建立生产基地。特别是要引导支持企业加大能源、矿产资源合作开发，参与沿线国家交通、通信等基础设施规划、设计、建设、运营等工作，加快带动湖北相关标准、技术、设备“走出去”。具体而言，现阶段引导三环集团、华新水泥、大冶有色、安琪酵母、人福医药、阳光凯迪等具备跨国企业雏形的本土企业制定实施品牌、资本、市场、人才、技术国际化战略和跨国经营发展计划，形成具有较强市场拓展能力、资源配置能力、技术创新能力和品牌运营能力的跨国公司，培育打造有梯度、有纵深的主体队伍。推动襄阳市与阿根廷何塞帕斯市、巴西索罗加巴市在汽车制造、生物医药、农产品加工领域的合作等。

2. 加强服务企业主体培育

大力支持大武汉城市圈企业与国内外著名跨境电商合作，积极融入国际商品和服务采购体系。依托湖北省优越的区位和交通条件，引进和培育大型跨境电商平台和企业。实现东湖保税区的特殊功能，结合湖北内陆区域的物流特性，探索搭建跨境贸易电子商务综合服务平台，具备解决跨境电子商务中出现的通关、结汇、退税、风控管理等功能。支持大武汉城市圈生产企业、专业物流企业联手到海外建设商品分拨中心和售后服务体系，加快补齐制造业海外市场营销能力的短板。积极推进旅游业国际合作，鼓励省内旅游企业到我国公民海外旅游主要目的地投资兴建旅游配套设施，在湖北省旅游业的国外重要客源地建立营销推介机构，与境外旅游机构开展合作，促进外国游客来鄂旅游和湖北省公民海外旅游。大力支持省内有实力的文化创意企业到海外，尤其是华人聚集地区投资兴业，向海外大力推介中华文化和荆楚文化，汲取国际先进文化的营养和创意产业的发展经验。

3. 建设湖北省“走出去”企业联盟

当前，全球贸易保护主义进一步强化，国有企业“走出去”可能会受到质疑，但单个民营企业“走出去”，又势单力薄。比如，在推进湖北省激光加工装备进入中俄石油天然气管道应用研发与市场开拓项目过程中，大武汉城市圈一家民营企业虽然有技术但缺资金，缺专业人才，迟迟不能签约。三环集团希望以总承包方式进入，但俄方不同意，后来成立联合体，双方才签订正式协议。所以要鼓励企业抱团出海，集群式“走出去”，构建全产业链战略联盟，建立境外产业集聚区。拟依托中介服务机构，筹备“走出去”企业联盟，成立商会组织，整合全省“走出去”资源和政策，支持、引导企业抱团“走出去”。要鼓励省内率先“走出去”的企业，充分发挥龙头作用，带动广大中小企业以产业链或产业集群方式抱团出海。打造一批配套协作好、产业关联度高、抗风险能力强、具有综合竞争优势的境外投资集团军。

4. 完善进出口主体培育孵化体系

进一步健全湖北省进出口企业孵化中心、汉口北进出口孵化示范基地等外贸企业孵化平台机制，着手构建市州级进出口企业孵化中心，形成较完备的省市两级进出口主体培育孵化、应对国际贸易摩擦工作体系。针对沿线国家市场需求，加快培育高新技术、汽车零部件、农产品、纺织品等国家级外贸出口示范基地。

（三）全力打造“一带一路”的区域性枢纽

1. 打造中部地区水陆空枢纽口岸

以武汉为重点，打造天河机场、武汉港、武汉铁路集装箱中心站3个区域性枢纽口岸。推动国际航空货运发展，促进友和道通直飞印度、孟加拉国货运包机的常态化运营。加快多式联运海关监管中心建设。发挥武汉至上海江海直达航线优势，实现现有航线全面优化和提速升级。积极培育壮大中欧班列（武汉）运营主体，大力构建货源支撑体系，完善配套设施，增开更多班列路线，巩固物流服务功能，拓展国际邮件业务、冷链物流业务和其他增值服务，政府继续加大扶持力度，提升信息化建设水平，争取国家支持，加强内外协作，增加班列的货值，提升班列在全国的位次。

2. 加快重点项目建设

推进已获批项目的落地，加快武汉新港空港综保区（一期）和武汉东湖综保区（二期）建设。确保阳逻港肉类指定口岸和东湖综保区保税物流园进口肉类指定查验场顺利通过国家质检总局的正式验收。全面对接湖北自贸试验区建设，创新通关监管服务模式，构建国际物流枢纽，推动湖北省内口岸、海关特殊监管区域与自贸试验区联动发展。

3. 发挥和完善口岸功能

利用好已有开放平台功能，做大水果、粮食等大宗商品的进口规模，推动口岸经济集聚发展。推动企业入驻黄石棋盘洲、宜昌三峡、襄阳保税物流中心，带动外贸持续稳定增长。力争武汉铁路集装箱中心站汽车整车进口口岸尽快获批，推动武汉铁路集装箱中心站申报进境水果、粮食指定口岸，把欧洲水果、粮食直接进口到湖北。以宜昌、襄阳为重点，增强省内重点口岸的辐射力。继续做好外国籍客运包机从宜昌航空口岸临时出入境的申报工作。在鄂西北打造以襄阳为中心的铁海联运大平台，促进襄阳－宁波铁海联运发展。

4. 加强武汉长江中游航运中心建设

进一步提升中游航道通过能力，强化通道支撑。进一步挖掘三峡枢纽通航潜能，缓解过闸压力。进一步完善航运中心服务功能，发展高端服务。支持大数据、物联网等技术在武汉长江中游航运中心的应用；支持做大做强武汉航交所，发挥载体功能，促进武汉航交所与长江航运物流公共信息平台、港口电子数据交换平台、海关电子口岸平台等对接，推动各类航运信息的交换共享。大力支持和培育发展船舶交易、物流服务、信息引导以及人才培养等高端航运服务，推动金融机构与航运企业深度融合，逐步形成专业化服务支撑体系，不断增强武汉航运中心服务功能，提升服务品质。

（四）完善服务促进体系

1. 进一步加快境外经贸合作区建设

使大武汉城市圈境外经贸合作区的数量和质量都上升一个台阶。做好境外经贸合作区政策宣传，引导、鼓励有条件的“走出去”龙头企业，充分发挥在投资目的地良好影响力和经营经验，筹建行业聚集发展的经贸合作区。积极引导省内企业入驻中资企业已建成的境外经贸合作区。加快推进在建境外经贸合作区建设，力争中比科技园取得突破性进展，将联合承建单位择机在各地举办招商推介会，吸纳省内企业入驻。依托现有在非洲沿海国家农业聚集开发初具规模优势，打造湖北省境外农业开发园区。创新境外经贸区产业模式，推动湖北省在欧建设科技研发园区。继续推动中古农业产业园、光谷北斗墨西哥卫星导航通信等合作项目。继续围绕华新水泥中亚地区水泥生产项目，鼓励支持其扩大投资，引导湖北省建材行业及上下游企业配套投资，打造湖北省在中亚地区建材产业平台。推进福汉木业开展与托木斯克州国际双向合作，升级现有的木材工贸合作区并在湖北建设中俄合作示范区。

2. 探索自贸区制度创新

加快建立和完善政府对境外投资的服务体系，对境外投资加强事前真实性审核，强化事中、事后监管服务，争取能够形成可复制、可推广经验，形成具有湖北特色的“走出去”监管服务体系。在武汉自贸区打造“欧亚商品交易和产能合作中心”（俄语国家），集展示、加工、销售、清关、物流、仓储、电商于一体，吸引俄罗斯及国内企业入驻。

3. 搭建政策服务平台

围绕政策指导、信息共享、投资推介、金融支持、人才培养、法律服务、项目孵化等，健全以政府为主导，以行业协会、海外投资商会等中介机构为补充，海外华侨社团及国外友好组织携手支持的境外投资企业服务体系。与我国驻沿线国家经商机构、省内外知名涉外律师事务所、会计师事务所等机构合作，提供跨国经营人才培训、对外投资合作咨询、风险防范等方面的法律、智力等服务和保障。如组织“一带一路·走进湖北”研讨班、“湖北农业‘走出去’论坛”等政策宣传和企业经营辅导活动。支持湖北省企业投保短期出口信用险、中长期出口信贷保险、对外投资险等保险产品，降低企业的出口、投资风险。依托国家境外投资风险防控机制，加强与我国驻外使领馆沟通和协作，增加研究力量，加强对重点国别和地区重大风险评估和预警，指导省内境外投资企业健全风险防控制度，加强省级部门联动，引导企业树立“贸易先行、投资跟进”开拓意识，提高风险认识，及时妥善解决和处置湖北省境外投资企业各类安全风险问题。

4. 加强金融服务

加强与国开行湖北分行、进出口银行湖北分行、中信保及亚投行、金砖银行等金融保险机构合作，与中国－东盟基金、丝路基金、亚洲基础设施投资银行等建立合作机制，拓宽湖北省企业沿线国家重大境外经贸合作项目融资渠道。采取切实措施，支持境外投资企业在国内资本市场融资。继续推动扩大金融开放，促进境内外企业扩大人民币跨境结算和使用范围，推动省内企业通过募集海外人民币资金、境外项目贷款，以人民币对外投资等方式支持“一带一路”建设。

5. 提高政策资金使用实效

充分发挥中央及省级商务发展促进资金作用，对于沿线国家经贸项目予以重点支持，适时推动建设省级专项支持资金。发挥政策资金导向作用，认真指导、组织好重点项目资金支持申报工作，争取影响大、实效好的“走出去”企业项目能够享受扶持，提高企业开展投资合作积极性。积极研究在长江经济带产业投资基金中设立“走出去”子基金，重点解决优质境外投资项目初期资本金不足的问题。

6. 建立信息和政策沟通合作的常态机制

加强与我国驻沿线国家经商机构、外国驻华投资促进机构、中外商协会的紧密联系等方面的优势，推动建立信息和政策沟通合作的常态机制，为大武汉城市圈企业提供准确、及时的境外经贸环境、市场信息等服务。引导企业建立和完善现代企业制度，科学选择投资和合作方式，规范境外经营行为，加大境外风险防范和处置力度，提高其国际化经营管理能力。建立“一带一路”智库信息共享机制，早日启动湖北“一带一路”智库建设，建立定期的信息报送机制，将分散在不同部门和地市的信息收集整合起来，加强专题研究、国别和地区动态研究，不定期出台对策建议报告。建立规范统一的全省境外投资项目统计制度，研究建立自贸区信息统计系统，定期收集、掌握建设相关信息，为政府决策、督促检查和评估等工作提供参考依据。

B.10 长江中游城市群建设中的湖南行动、经验与启示

刘 敏　刘险峰*

摘　要：　湖南在长江中游城市群建设中积极行动，迈出了主动融入长江经济带、对接“一带一路”倡议的前进步伐，增添了许多新鲜经验。特别是环长株潭城市群紧紧抓住国家发展战略机遇，立足自身，取得了较大的成效，也为长江中游城市群发展提供了有益的启示。

关键词：　长江中游城市群　环长株潭城市群　湖南

长江经济带发展是国家新的三大区域战略之一，长江中游城市群建设是落实长江经济带重大国家战略的重要举措。长江中游城市群是以武汉城市圈、环长株潭城市群、环鄱阳湖城市群为主体形成的特大型城市群，国土面积约 31.7 万平方公里，承东启西，连南接北，是长江经济带三大跨区域城市群之一，也是实施促进中部地区崛起战略、全方位深化改革开放和推进新型城镇化的重点区域，在我国区域发展格局中占有重要地位。国务院批准的《长江中游城市群发展规划》，要求建成“中国经济新增长极”“中西部新型城镇化先行区”“内陆开放合作先行区”“‘两型社会’建设引领区”。湖南环长株潭城市群是长江中游城市群的重要成员之一，加快建设长江中游城市

---

* 刘敏，湖南省社会科学院区域经济与绿色经济研究所副所长，研究员；刘险峰，湖南省社会科学院《求索》杂志社副社长，副研究员。

群，让这一经济地理概念尽早在湖南变为一种经济地理现象，成为推动湖南“创新引领、开放崛起”的新动能。

一 长江中游城市群建设中的湖南行动

环长株潭城市群以长沙、株洲、湘潭为中心，外围包括岳阳、衡阳、益阳、常德、娄底 5 个次级城市圈（带）。其中，长株潭都市区的区域范围除长沙、株洲、湘潭主城区外，还包括望城区、长沙县、浏阳市、宁乡县及益阳市赫山区。环长株潭城市群总面积 9.96 万平方公里，占全省的 45.8%；总人口 4000 多万人，占全省的 65%。环长株潭城市群是湖南最重要的经济区域，湖南省委、省政府精心谋划，制订和实施了一系列环长株潭城市群建设政策措施和行动计划。

（一）大力推进项目建设

项目是开放发展的重要载体。加快湖南省融入长江中游城市群，需要以一系列项目建设为抓手。2016 年湖南省“4 +2”重大项目 575 个，总投资 1.68 万亿元，年度计划投资 4730 亿元。项目内容主要包括交通、能源、水利、信息等“四张网”和城镇功能配套、生态文明等“两大建设”。在银政合作支持重大项目建设方面，国开行湖南省分行 2016 年将与湖南省政府签订 5000 亿元的全面深化合作协议，支持一批具有全局性、基础性、战略性的重大项目，并实现贷款承诺 2000 亿元。2016 年湖南同时将实施重点建设项目 118 个，总投资 8494 亿元，其中结转 2015 年重点项目 49 个，新增项目 69 个。这 118 个项目分别为：基础设施项目 40 个，年度投资计划 903.9 亿元；产业发展项目 62 个，年度投资计划 303.7 亿元；社会民生项目 13 个，年度投资计划 1067.9 亿元，包括“两供两治”、保障性安居工程、易地扶贫搬迁等；生态环保项目 3 个，年度投资计划 50 亿元，包括洞庭湖水环境综合治理、湘江流域五大区域综合治理、东江湖生态环境保护等项目。新增的 69 个项目是由省统一组织实施的重点民生实事项目。为了加快推进长株潭城市群发展，2016 年长株潭“两型社会”建设启动 100 个重点制造业项目，高性能碳/碳复合材料研发与产业化、输变电智能电网技术改造等项目建成投产。2017 年湖南省有 230 个重点建设项目，总投资 29187.8 亿元，年度计划投资 4868.8 亿元。其中，重大基础设施及综合交通枢纽体系项目 71 个，新型城镇体系项目 10 个，现代产业体系项目 97 个，科技文化创新体系项目 23 个，生态民生项目 29 个项目。2017 年，湖南继续推进重大项目建设，将实施 300 个省级重大项目①。

（二）大力强化基础保障

2016 年湖南交通建设取得新成效。长沙磁浮和地铁 1 号线、长株潭城铁正式通车营运；黄花机场旅客吞吐量超过 2000 万人次，居中部首位；高速公路通车里程突破 6000 公里，居全国前列。加快完善交通、能源、水利、信息等基础设施网络，新增高速公路 427 公里，新改建干线公路 1094 公里，新建、改造农村公路超过 1 万公里；张吉怀高铁以及长益（扩容）、龙琅等高速公路开工建设；农网改造、“气化湖南工程”顺利推进；毛俊水库开工；14 个市州城区全部实现光网覆盖。城镇路网、公共交通、城市绿道、地下综合管廊等基础设施全面加强，海绵城市建设试点进展顺利。2017 年，湖南省继续扩大有效投资，围绕基础设施建设、产业发展、生态保护、社会民生等重点领域，力争完成固定资产投资 3.1 万亿元。

环长株潭城市群的基础设施条件更加优越。公路方面，环长株潭城市群按照“六纵七横两环七支”规划进行高速公路网络建设，缩短了城市群内部的时间距离。铁路方面，“一纵一横”的京广、沪昆客运专线已经建成通车，长沙成为中部铁路枢纽城市，长沙到 12 个省会城市有高铁直达。以长株潭为核心，加速推进城际铁路建设，建设“一纵二横”城际轨道网络。水路方面，岳阳港是湖南第一大港、国家一类开放口岸，居长江干线港口城市第六位。航空方面，构建“一主（长沙黄花国际机场）三辅（常德桃花

① 《2017 年湖南省政府工作报告》。

源机场、岳阳机场、衡阳机场）”的航空布局，衡阳机场已建成投入运营，黄花机场第4代航站楼、岳阳项目正在推进。

（三）不断夯实经济基础

2016年，湖南省GDP为31244.68亿元，较上年增长7.9%。千亿元以上的市州有12个，与上年持平；超过2000亿元的市州有6个，分别是长沙市、岳阳市、常德市、衡阳市、株洲市和郴州市，其中长沙市实现地区生产总值9323.70亿元，首次跃过9000亿元大关，居全省第一。从增速上看，14个市州中，长沙、湘潭、郴州3市地区生产总值增速居全省前三位，分别为9.4%、8.2%和8.2%，分别比全省平均水平高1.5个、0.3个和0.3个百分点。分区域看，2016年，长株潭地区实现地区生产总值13681.87亿元，同比增长9.0%，对全省经济增长的贡献率达44.4%，拉动全省地区生产总值增长3.5个百分点；环长株潭城市群实现地区生产总值25475.62亿元，增长8.4%，对全省经济增长的贡献率达77.9%，拉动全省地区生产总值增长6.2个百分点。[①] 长株潭获批创建《中国制造2025》试点示范城市群，湘江新区列为国家级双创基地，高新技术产业增长16%。创新创业园区“135”工程实施以来累计引进双创企业超过5000家。环长株潭城市群日益成为湖南产业、城市最为密集的区域，成为湖南经济发展的龙头。

表1　2016年湖南各市州及区域生产总值及增长速度

单位：亿元，%

地区	地区生产总值	增速
长沙市	9323.70	9.4
株洲市	2512.51	7.9
湘潭市	1845.65	8.2
衡阳市	2853.02	7.9

① 《2016年湖南省各市州GDP排名情况分析》，中国产业信息网，2017年2月21日。

续表

地区	地区生产总值	增速
邵阳市	1520. 86	7. 9
岳阳市	3100. 87	7. 8
常德市	2955. 54	8. 0
张家界市	497. 62	8. 1
益阳市	1484. 18	7. 8
郴州市	2190. 75	8. 2
永州市	1565. 81	8. 0
怀化市	1396. 15	8. 1
娄底市	1400. 14	7. 6
湘西自治州	530. 87	6. 9
长株潭地区	13681. 87	9. 0
环长株潭城市群	25475. 62	8. 4
湘南地区	6609. 58	8. 0
大湘西地区	5345. 64	7. 8
洞庭湖地区	7540. 60	7. 8

（四）打造内陆开放高地

环长株潭城市群与武汉城市圈、环鄱阳湖生态城市群积极合作，努力打造我国经济增长的“第四极”。2012 年，长江流域企业在湖南实施合作项目 4362 个，实际到位内资 2102. 08 亿元，占全省同期到位内资的 32. 2%。[①] 为加强与长江沿线兄弟省市的交流合作，湖南省党政代表团陆续前往江西、湖北等地进行考察。2015 年 4 月，湖南省政府与江西省政府签署了《共建湘赣开放合作试验区战略合作框架协议》，探索在湖南长株潭地区和江西赣西地区共建开放合作试验区，打造跨省区域合作示范区、开放型经济体制机制创新区、区域发展重要增长极。随后，湖南省与湖北省共同签署《长江中游城市群战略合作协议》，商定更加紧密合作，共同打造“第四极”。“十二五”期间，湖南新引进世界 500 强企业 83 家，500 强企业总数达到 137 家，

① 梁志峰：《以环长株潭城市群为载体打造湖南经济升级版》，红网，2015 年 12 月 9 日。

实际利用外商直接投资年均增长 17.4%，实际利用内资年均增长 16.4%，对外实际投资年均增长 30.2%。湘潭、衡阳、岳阳综合保税区以及长沙市跨境贸易电子商务服务试点、岳阳城陵矶港启运港退税政策试点等相继获批，内陆开放格局初步形成。

为了加快开放步伐，拓展发展空间，湖南出台对接“一带一路”建设实施意见和三年行动计划，大力开拓南美、非洲、东盟、中东等新兴市场，埃塞·湖南装备制造合作园等项目进展顺利。积极拓展国际交流合作渠道，新结国际友好城市 6 对，中国旅法勤工俭学蒙达尔纪纪念馆建成开馆。全年实际利用外资、对外直接投资分别增长 11.1%、11.5%。湘欧快线纳入中欧班列统一品牌管理，开通长沙至洛杉矶、悉尼直飞国际航线，张家界开通航空口岸落地签证，综合保税区、保税物流中心等开放平台加快完善。启动实施“一核三极四带多点”战略，环长株潭城市群核心地位进一步凸显。

（五）加快绿色城市建设

2007 年 12 月，长株潭城市群获批国家“全国资源节约型和环境友好型社会建设综合配套改革试验区”。全省在规划引领、产业发展、资源利用、生态保护、体系建设、政策支持、体制机制创新等方面推进“两型社会”建设，在资源性产品价格改革、两型工业准入、排污权交易、农村环境整治、绿色公交、两型政府采购、绿色 GDP 评价方面取得显著进展。长株潭城市群的生态“绿心”、湘江流域综合治理、洞庭湖区生态环境保护等重大“两型社会”项目扎实推进。

2016 年，大力推进长株潭“两型社会”试验区第三阶段改革建设，启动生态保护红线划定工作，以排污权交易促进第三方污染治理试点项目正式落地，政府两型采购等 8 项改革经验在全国推广。实施湘江保护和治理第二个“三年行动计划”、洞庭湖水环境综合治理专项行动。完成淘汰“黄标车”和老旧车辆年度任务。全面实施土壤污染状况详查，继续开展重金属污染耕地修复及农作物种植结构调整试点。建设美丽乡村 304 个。县以上城镇污水处理率达到 93%，生活垃圾无害化处理率达到 99.57%。全面完成节能减排年度任务。地质灾害防治效果明显。2016 年第七届中国绿色发展高层论坛上，岳阳市获评为本年度中国十佳绿色城市，成为湖南省唯一获评的绿色城市。

二　建设长江中游城市群中的湖南经验

对于长江中游城市群上的每一成员而言，如何发挥好自身发展潜能、利用好长江中游城市群发展动能，形成改革发展新优势是重要课题。在过去的几年中，湖南以环长株潭城市群为依托，迈出了主动融入长江经济带、对接“一带一路”倡议的前进步伐，增添了许多新鲜经验。

（一）坚持思想统领行动

思想是行动的先导，思想的一致才能带来行动上的实效。从长株潭城市群建设到“3 +5”城市群建设，湖南省委省政府领导都高度重视，把“3 +5”城市群建设写进 2006 年的省第九届党代会报告和 2007 年的省政府工作报告，并多次在“3 +5”城市群高峰论坛上强调，高视角定位，站在中部、全国乃至世界合作发展的高度，将其定位为湖南经济发展的强大轴心、中部地区第一大城市群、内陆经济发展的重要核心增长极之一。在部署上“两高一新”。一是高起点规划，通过规划发展，力争经过 10 ~ 15 年，将长株潭三市打造成为人口 1000 万以上、建成区面积 1000 平方公里的特大型组团式生态化大都市，并初步形成以长株潭为中心，北连岳阳，西接益阳常德和娄底，南通衡阳的放射性功能带，发展带状经济。二是高速度推进。必须增强发展的紧迫感，采取超常规举措，高速度推进，争取在全国城市化发展的格局中抢占制高点。三是新体制突破。必须冲破体制壁垒，打破行政区划界限，彻底消除体制性、人为性障碍。充分发挥政府主导和市场配置的双重作用，整合资源优势，形成统一合力。

2015 年国家批准发布《长江中游城市群发展规划》，湖南省委、省政府高度重视，成立了以省长杜家毫为组长的湖南省推动长江中游城市群发展领导小组，多次专题研究湖南省融入长江中游城市群发展的问题。2015 年 11 月 25 日，湖南发布《中共湖南省委关于制定湖南省国民经济和社会发展第十三个五年规划的建议》，强调长株潭城市群在长江中游城市群的重要地位，要发挥岳阳通江达海桥头堡作用，加强与长三角城市群、长江中游城市群、成渝城市群等多领域合作，加快融入沿江产业发展链。提出要依托长株潭两型试验区、国家自主创新示范区和湘江新区等国家级平台，带动湖南创新发展。在此建议中，省委省政府各相关部门在如何全面融入长江中游城市群上取得思想上的高度一致。同时，省市县之间在开放发展上也达成共识，湖南省长沙、岳阳、常德、衡阳等市积极响应省里的政策，出台了更为细致的促进措施。如 2015 年初，岳阳市政府印发 1 号文件，强力推进“六平台”建设和运营，发布 12 条促进城陵矶“一区一港四口岸”加快发展的奖励政策；在港、沪、渝、汉、长等地召开专题推介和招商会，吸引客商来岳兴业、协力运营。在地缘上与岳阳东西呼应的常德市，积极性也很高，目前正通过规划引领，有序推进津市、澧县融城化建设。

（二）坚持科学规划先行

科学规划是更高层次的蓝图设计，科学规划为战略实施明确方向和定位。1997 年湖南做出推进长株潭经济一体化的战略决策，其后逐渐形成了该区域建设的规划体系。湖南制定的《长株潭两型社会建设综合配套改革试验总体方案》，确立了在全国率先建成“两型社会”示范区的目标，明确了分“三个阶段”推进的步骤，提出了实行“十大体制机制创新”和探索“六条新路子”的任务；《长株潭城市群区域规划（2008～2020）》，在试验区 8448 平方公里的核心区划定 46% 的禁止开发面积；《长株潭城市群生态绿心地区总体规划》，将长株潭三市结合部 522.87 平方公里区域划定为生态绿心，禁止和限制开发区面积高达 89%；省人大颁布的《长株潭城市群区域规划条例》，是全国第一个为“两型社会”建设保驾护航的地方法规。

根据 2010 年发布的《湖南省 3 + 5 城市群城镇体系规划（纲要）》（2009～2030），长株潭都市区将成为 3 +5 城市群、全省乃至更大区域的核心，常德、岳阳、衡阳也要分别建城市圈。该规划提出，湖南省3+5城市群城镇体系总体空间结构为“一区三圈一带四轴”。“一区”即以长沙为中心的长株潭城市群整合周边具有功能与空间一体化发展潜力的市、县（市）城乡空间，构建交通与功能高度一体化的长株潭大都市区，打造3+5城市群强大的区域中心。

2015年经李克强总理签批，国务院批复同意《环长株潭城市群发展规划》。这是贯彻落实长江经济带重大国家战略的重要举措，也是《国家新型城镇化规划（2014~2020年）》出台后国家批复的第一个跨区域城市群规划。在此规划中，环长株潭城市群发展定位是：率先成为全国“两型社会”建设示范区，成为重要的先进制造业基地、高技术产业基地和现代服务业中心，成为具有湖湘文化特色的现代化生态型城市群。早在2011年出台的十二五规划纲要（草案）中，湖南省就把“环长株潭城市群”列为一项重要内容，环长株潭城市群发展规划的获批意味着环长株潭城市群在长江中游城市群建设中的地位进一步提升。在《环长株潭城市群发展规划》的基础上，湖南进一步对各成员城市的发展定位进行了细化。

表2　环长株潭城市群城市发展定位

城市名	发展定位
长沙市	长株潭城市群中心城市，湖南省省会，长江中游地区主要增长极之一，国家历史文化名城
株洲市	长株潭城市群副中心城市，湖南省重要的工业基地和交通枢纽，以现代工业文明为特征的生态宜居城市
湘潭市	长株潭城市群副中心城市，高端制造和服务业基地、旅游生态宜居城市和向西部辐射的城乡服务中心
衡阳市	湖南中心城市，湖南省交通枢纽，湘南先进制造业基地和物流中心，全国知名的文化和旅游城市
岳阳市	长株潭城市群北大门，长江中游重要港口城市，中部地区石化产业基地和航运物流中心，国家历史文化名城，国家优秀旅游城市和山水相融的现代生态宜居城市
常德市	泛湘西北现代化中心城市，先进制造业基地、综合交通枢纽和生态宜居城市
益阳市	长株潭城市群核心区优选拓展区，洞庭湖生态经济区南部中心城市，现代新型工业城市，宜居山水生态旅游城市，湖南省能源基地
娄底市	长株潭城市群承东启西的中心城市，湘中地区的核心城市，全省能源原材料生产加工基地，特色装备与先进制造业基地，文化与生态旅游休闲基地

（三）坚持向改革要效率

在推进长株潭试验区建设的过程中，湖南大力推进一系列重大改革，在体制机制创新上进行了积极探索：围绕发挥市场配置资源的基础性作用，建立价格杠杆调节机制，探索运用招拍挂等市场化运作方式，实施阶梯式水电气价格，推进资源性产品价格形成机制改革；围绕发展两型产业，推进产业准入、提升和退出机制改革，通过实施惩罚性电价等措施，排除“三高”企业，倒逼落后技术和产能改造升级；围绕提高管理科学化水平，推进监管机制改革，建立“两型社会”建设标准体系，探索实施绿色 GDP 考核，切实加强技术监督、法律监督，加大对湘江等生态资源的保护力度；围绕保护生态环境，推进绿色信贷、绿色采购及生态补偿机制改革，探索和推广碳排放交易等。实践证明，改革是推进“两型社会”建设的根本动力、根本保障。

在推进环长株潭城市群融入长江经济带战略开发中，坚持向改革要活力，要效率，要效益，确保既“管得住”又“通得快”。深入推进简政放权，对 11 项行政审批事项实现“一个窗口”受理，简化内部核批事项 228 项，企业办理减免税、加工贸易业务时间平均缩短 30%。全面深化海关通关作业制度改革，通关无纸化改革覆盖所有业务现场，签约企业 6000 余家，无纸化率为 92.6%，出口 24 小时通关率为 96.8%，高于 96.26% 的全国平均水平。通关一体化改革 2016 年 12 月 1 日顺利与长江中游城市群区域 11 个海关对接，2017 年 7 月 1 日实现全国“一体化”，打破了区域限制，企业“多地通关，如同一关”。据南车株机反映，实施区域通关一体化改革，不仅大幅降低了通关时间，还降低了 20% 以上物流成本，有力地助推其产品成功出口至十余个国家。加强与检验检疫部门协作配合，关检合作“三个一”通过线上、线下同步操作的方式，实现业务现场全覆盖。岳阳市政府在全市范围内推广 21 项改革，在岳阳城陵矶综合保税区内推进 6 项改革，根据岳阳产业实际，探索创新外资审批法律框架和负面清单，大幅降低境内外投资准入门槛。

（四）坚持创新示范先导

建立创新示范区和改革试验区是应对长江中游城市群总体战略布局的重要途径。2014 年 12 月，国务院批复同意的长株潭国家自主创新示范区，是全国首个以城市群为单位的国家自主创新示范区。2015 年 9 月，湖南省委常委会议审议了《长株潭国家自主创新示范区发展规划纲要（2015～2025 年）》《关于建设长株潭国家自主创新示范区的若干政策意见》，研究部署相关工作。一年间，长株潭国家自主创新示范区大胆探索，先行先试，推进科技体制改革；加快军民融合，探索出军民融合、成果转化的新路径；实施融资创新。2015 年 4 月，湘江新区获批设立，5 月正式挂牌。湘江新区是全国第 12 个、中部第 1 个国家级新区。湘江新区在生态保护、资源利用、投融资模式等各方面采取了一系列的创新举措。环长株潭城市群经过了“融城”、经济一体化的历程，完成了金融同城、公交同城、通信同城等探索，如今又成了湖南省科技创新的高地，既是湖南的经济巨人，又是科技创新名副其实的“龙头老大”。它以全省 1/7 的面积、1/5 的人口，集聚了全省 70% 以上的科研机构、70% 以上的创新创业平台、60% 以上的高新技术企业，创造了全省 70% 的科技创新成果，实现了全省 60% 以上的高新技术产业增加值。在环长株潭城市群的引领带动下，全省综合创新能力、创新绩效、国家科技奖励数在全国的排名大幅提升，分别居全国第 10 位、第 8 位、第 5 位；全省高新技术产业保持快速增长，近 5 年年均增长 33.6%，居全国第一位，全国出现了“自主创新的长株潭现象”。①

在推进长株潭“两型社会”建设中，湖南不断创新市场化环境保护与治理机制，使长株潭城市群生态价值更高。2012 年 2 月，长沙率先打破“一刀切”水费模式，全面推行阶梯水价，7 月居民生活用电试行阶梯电价，12 月长株潭三市试行居民阶梯气价；“多排污就得多花钱”，用市场之手引导节能减排。2011 年长株潭试点，2014 年扩展到湘江流域八市所有工业企

① 刘麟：《环长株潭城市群：创新驱动发展责任重》，《经济日报》2015 年 4 月 10 日。

业，并先后批复成立省交易中心和9个交易所，累计实施市场交易近1000次，收缴排污权有偿使用费、交易金额均过亿元；启动水资源使用权确权登记和水权交易试点，株洲等地把城镇“清扫权”推向市场，长沙磁悬浮轨道交通进入全国PPP试点，湘潭采取PPP模式组建竹埠港治理公司；出台《湘江流域生态补偿（水质水量奖罚）暂行办法》，上游超标排放或环境责任事故对下游赔偿，下游对上游水质优于目标值补偿。加大对重点生态功能县的财政转移支付力度，变“要我保护”为“我要保护”，绿水青山成为老百姓的幸福靠山。

三　建设长江中游城市群的湖南启示

长江中游城市群各成员发展条件、基础各异，在具体的发展路径、方案措施等方面也各有不同。环长株潭城市群紧紧抓住国家发展战略机遇，立足自身，取得了较大的成效，也为长江中游城市群发展提供了有益的启示。

（一）要注重优化空间结构，构建“一带三极”开放新格局

区域是开发开放的空间载体，长江中游城市群建设与省域空间结构变化是一个长期的互适过程，合宜的省域空间结构有利于拓展区域发展空间，促进区域经济增长和收敛。为更好地利用长江黄金水道功能，湖南省委省政府将长株潭城市群扩展环长株潭城市群。同时决定将岳阳打造为新的经济增长极，这正是顺应了长江中游城市群的建设要求。在此基础上，应进一步强化以“一带三极”为主体的开发开放，形成重点突出、以点带面、以面带网的发展格局。“一带”即湘江经济带，在“一带”开放格局上着力布局“三极”，作为全省开放开发的重要支点，包括岳阳市、长株潭城市群和郴州市，三极之间在开放和开发功能上相互协调、联动发展。通过“一带三极”对接长江经济带和沿海经济带，担当起“一带一区”建设的主体责任，进而与国家“一带一路”对外开放新战略进行对接，促进湖南对外开放水平

的全面提升。同时，进一步推动岳阳与长株潭合作发展，形成经济一体化发展格局，提升长株潭岳核心区的战略地位，带动洞庭湖生态经济区开放发展。推动郴州、永州联动发展，打造湘江源头开放经济区，形成南向出海开放格局。

（二）要注重供给侧结构性改革，加快培育开放新动力

供给体系是经济发展的基石，建设长江中游城市群就是要促进生产要素自由流动，形成体现各自比较优势、分工明确、竞争有序的供给体系。建设长江中游城市群，融入长江经济带，要结合湖南发展基础和潜力，坚持创新驱动，加快推进供给侧结构性改革。一是以市场化为导向，推进钢铁、化工、水泥等产能过剩产业国有企业改革，淘汰落后产能，提升新兴产能，同步推进企业职工转移就业工程。二是依托优势资源和产业，加快建设面向最终需求的供给能力建设，形成面向最终需求和中间需求相结合的产业供给体系。重点加强粮油、畜牧水产、食品加工、电子消费、医药健康、文化旅游等消费品有效供给能力，建设农业强省、健康强省、文化强省、旅游强省。围绕轨道交通、工程机械、环境保护、电子信息、生物医药、航空航天、汽车等大型产业，科学选择细分领域，大力培育一批在大型产业链网中具有竞争优势的长青企业。三是加快提升金融支撑作用。高度重视金融在经济发展中的基础性作用，抢抓金融体制改革战略机遇，不断提高信贷和资本市场应用能力，加快提高区域资产证券化水平。加快打造长沙市区域性金融中心平台。加强金融主体建设，建设创投湘军。

（三）要注重发挥开发开放平台效用，加快形成协调发展新活力

开放平台是建设长江中游城市群的重要承载区，在口岸、海关特殊监管区、国家级新区、港口等开发开放平台建设方面，环长株潭城市群拥有很大的先行先试优势，化平台优势为发展优势是湖南加快开放崛起的关键。应按照统筹协调、合作共赢的思路推进各类开发开放平台发展。一是加强对全省海关特殊监管区域的统一管理，引导和鼓励“错位发展、合作发展”，研究

制定特殊监管区域之间、区内外之间的招商引资飞地政策。二是推进大通关建设。加快落实口岸“三互”（信息互换、监管互认、执法互助）合作，深化关检合作“三个一”改革（一次申报、一次查验、一次放行）。启动岳阳城陵矶港、长沙霞凝港“单一窗口”建设，推行“一站式作业”。二是拓展进出口通道。支持黄花机场空港加快发展货运空运业务。开拓城陵矶至洋山港直航，至港澳直航，至东盟接力航班，至台湾、日韩等近海直航；加快长沙北站申建国家一类口岸，加快中欧班列（长沙）发展，促进纳入“安智贸”计划，融入丝绸之路经济带。争取湘南三市纳入粤港跨境快速通关体系，打通对接珠三角和港澳的出海通道，对接海上丝绸之路。四是统筹港口区域发展。推进长江沿线城陵矶港、道仁矶港、陆城新港、儒溪－鸭栏港、江南港、塔市驿港、洪山头港等港口一体化发展，推动临港新区申报国家级新区。加快长沙和岳阳港口群合作开发，将湘阴县漕溪港作为长沙霞凝新港的深水外港。

（四）要注重维护长江生态安全，建立生态共建环境共治新机制

绿色发展是建设长江中游城市群的永恒主题，融入长江中游城市群要坚持绿色融入，着力共建长江生态安全战略格局，确保一江清水绵延后世、永续利用。一是全面实施湘江保护和治理“一号工程”，加强洞庭湖以及湘、资、沅、澧四水水质监测保护，推进五大重点区域综合整治。加强大气污染治理，健全大气质量监测预警和应急体系，提升大气污染防治基础能力。二是协调好江湖关系，促进长江沿线绿色生态廊道建设。加快洞庭湖、黄盖湖、白泥湖、南湖等湿地保护区建设，扩大保护区面积，实施江湖连通工程，规范湿地保护管理体制，控制周边人为活动。三是建立健全生态共建、环境共治体制机制。明确本省“四水一湖”和长江水资源开发利用和用水效率控制红线，确保水资源。以流域生态补偿、排污权交易、碳排放权交易、碳汇补偿等机制为重点，加快建立省内“四水一湖”和推动建立长江上下游区域生态保护机制。加快建立联合执法机制，加强区域内联合检查、突发性污染事件应急处置和污染防治。

参考文献

中共湖南省委:《关于大力实施创新引领开放崛起战略的若干意见》,2017。

湖南省人民政府:《湖南省国民经济和社会发展第十三个五年规划(2016~2020年)》,2016。

谢磊、李景保、何仁伟、赵中花、史文涛:《环长株潭城市群区域经济时空差异演变》,《城市问题》2013 年第 11 期。

马勇、刘军:《长江中游城市群产业生态化效率研究》,《经济地理》2015 年第6 期。

B.11

"一带一路"建设背景下湖南企业"走出去"的问题与对策研究

曲　婷*

摘　要：　"一带一路"建设的实施正为湖南企业"走出去"带来新机遇，为湖南经济增长注入新活力。然而由于"一带一路"沿线国家和地区有着特殊的地缘政治环境，加之世界经济增长低迷，不确定、不稳定因素增多，湖南企业"走出去"将遭遇比过去更为严峻的挑战与风险，亟须认真研判当前湖南企业所处的国内外发展形势，准确把握企业"走出去"面临的机遇和挑战，进而采取有力措施，切实加快在"一带一路"倡议引领下的湖南企业"走出去"步伐。

关键词：　"一带一路"　湖南企业　"走出去"

2013 年 9 月和 10 月，习近平主席在出访中亚和东南亚国家期间，先后提出共建"丝绸之路经济带"和"21 世纪海上丝绸之路"的重大倡议，由此，"一带一路"倡议作为我国对外开放战略的升级版，得到国际社会的高度关注。2014 年 3 月，《推动共建丝绸之路经济带和 21 世纪海上丝绸之路的愿景与行动》正式发布，标志着"一带一路"建设步入全面推进阶段。目前，已有 66 个国家和一些国际组织积极响应"一带一路"倡议，

* 曲婷，博士，湖南省社会科学院区域经济与绿色发展研究所科技创新研究室主任，助理研究员。

这些国家总人口达44亿人，约占全球总人口的63%；经济总量约21万亿美元，约占全球的29%①。由于这些国家以新兴经济体和发展中国家为主，普遍处于经济发展加速期，发展潜力巨大，为我国和湖南企业加快"走出去"步伐提供了重要机遇。"一带一路"建设的实施为湖南经济增长注入新活力，因此亟须认真研判当前湖南企业所处国内外发展形势，准确把握企业"走出去"面临的机遇和挑战，进而采取有力措施，切实加快在"一带一路"建设引领下的湖南企业"走出去"步伐。

一　湖南企业"走出去"的现状及特点

回顾湖南企业"走出去"的过程，大致经历了从货物出口到对外承包工程和劳务输出等较低层次，向境外直接投资、收购兼并等较高层次逐步转变的发展历程。总体来看，进入21世纪以来，特别是在"一带一路"建设带动下，湖南企业"走出去"发展步伐不断加快，形式日渐多样化，对经济发展的贡献度持续上升，湖南省委省政府对推进湖南企业"走出去"实施的各项政策机制也日趋完善。

（一）"走出去"的规模日益扩大化

"一带一路"沿线国家和地区正成为湖南企业"走出去"的重点。2016年，湖南省在"一带一路"沿线国家设立的境外投资企业113家，中方合同投资额12.96亿美元，约占全省总额的四成，主要集中在越南、柬埔寨、伊朗、德国等国家，投资行业以矿业、贸易、建筑建材等为主；完成对外承包工程营业额10.43亿美元，约占全省总额的1/3，主要集中在科威特、泰国、马来西亚、老挝等国家，以公路桥梁、电力设施等领域的工程建设为主。投资合作地区正由游击战向阵地战转变，通过开展境外经贸合作园区建

① 王优玲、陈炜伟：《构建对外开放新格局推进"一带一路"建设》，《光明日报》2014年12月7日。

设，湖南企业在园区内有效实现了产业规模化集群式发展，目前已在阿联酋、越南、柬埔寨、老挝、泰国、芬兰等7个国家建有省级境外经贸合作园区，下一步将重点推进埃塞－湖南装备制造合作园区，计划以该园区为载体，推进湖南与埃塞等非洲国家的工业投资合作①。

（二）“走出去”的形式日渐多样化

随着“一带一路”建设的深入推进，企业“走出去”方式从产品和劳务输出逐渐转变为资本输出，将生产能力直接向国外布局和延伸。湖南企业的投资合作方式也正由单打独斗向抱团出海转变。通过组建产业联盟，湖南海外承接工程能力不断加强。2016年先后组建了住宅产业化和水电产业两个产业联盟，联盟成员企业合作推进项目，如中建五局、远大住工、腾龙集团等联合推进阿尔及利亚产业化住房项目，中轻长沙、中湘海外和中建五局成立联合体积极争取埃塞高速公路项目等，有力地促进了湖南境外投资合作领域正由单一“走出去”向产业链“走出去”转变。在老挝，湖南省重点建设的橡胶产业园将与际华集团开展合作，不仅解决际华集团橡胶原材料问题，还将带动整个橡胶产业链的“走出去”②。

（三）“走出去”的政策机制日趋完善化

近年来，湖南省委、省政府为加快推进“开放崛起”和对接“一带一路”建设，出台了一系列政策，有力地推动了湖南开放型经济发展，加大了湖南企业“走出去”的发展力度。一是省政府专门成立发展开放型经济领导小组，相关省直部门和市州也相继出台了具体支持措施，针对直接制约湖南省开放型经济发展的通关、物流、金融、用工、产业配套、要素保障等难点问题，逐一重点突破，外商投资负面清单试点，重大项目审批代理制、

① 湖南省商务厅：《2016年湖南省“走出去”业务情况分析报告》，http：//www. hunanswt. gov. con。

② 湖南省商务厅：《2016年湖南省“走出去”业务情况分析报告》，http：//www. hunanswt. gov. con。

联合审批制等政策先后出台实施。二是湖南进一步夯实企业“走出去”的平台基础。目前湖南已有4个综合保税区、15个国家级园区、6个国家级加工贸易梯度转移重点承接地、4个国家级外贸转型升级示范基地，汽车整车进口、冻品进口等口岸平台相继获批。三是湖南不断强化与“一带一路”沿线各国的合作机制。通过参加经贸合作研讨会，举办合作项目对接会等一系列活动，与政府机构、中国商会、华商总会、中国交流委员会、湖南商会、文化交流协会等商协会建立联系机制，为今后双方经贸合作洽谈、贸易投资团组互访及合作项目对接打下坚实基础。

（四）对经济发展的贡献度持续上升

首先，湖南企业“走出去”大大带动了湖南开放型经济发展。据商务部2016年度统计年报，湖南对外投资企业带动的进出口总额达到35.2亿美元，对外承包工程每新增1亿美元的营业额，可带动约1000万美元的进出口额。其次，湖南企业“走出去”有效带动了产业升级。湖南企业通过跨国并购吸收国外先进技术和优势资源，提升产业发展水平。据统计，2016年湖南海外并购项目共计33个，中方合同投资额21.36亿美元，约占全省总额的2/3，随着“走出去”的不断深入，越来越多的企业意识到跨国并购是实现产业升级的有效途径，如时代新材自收购德国BOGE进入汽车减震系统领域后，目前又在尝试收购一家欧洲企业，拟进一步提升在该领域的竞争力；中联重科继收购意大利纳都勒后仍然在欧洲市场寻求并购机会，进一步提升技术实力，完善产业链布局。

二　“一带一路”背景下湖南企业“走出去”面临的机遇与挑战

总体而言，当前有利于湖南企业“走出去”的因素较多，湖南企业迎来“走出去”的重要机遇期。然而“一带一路”沿线国家和地区有着特殊的地缘政治环境，加之世界经济增长低迷，我国对外贸易发展面临的国内外环境仍然严峻复杂，不确定、不稳定因素增多，湖南企业“走出去”将遭遇比过去更为严峻的挑战与风险。

（一）“走出去”面临的困难与挑战

1. 世界经济下行趋势明显

据统计，2016 年全球 GDP 增长率是 2.6%，与 2014 年持平。由于全球增长放缓，大宗商品价格下降等，全球国际贸易增长率从以前的 20% 高速增长调到 3% 左右的低速增长，再到 2015 年的负增长，整个贸易结构面临调整。此外，全球金融市场经历大幅波动，且联动性很强，如 2015 年 8 月中国股市跳水，带领包括美国、欧洲、中国香港、新加坡等在内的全球股市“集体跳水”，全球经济再一次遭受重大打击。与此同时，由经济低迷导致的大宗商品价格持续低迷，2015 年全球大宗商品价格持续走跌，尤其是石油价格，亦在进一步下降，这些都直接或间接影响着湖南企业“走出去”的效率和效益。

2. 投资所在国政策法规不完善，政局变动不稳

当前湖南企业“走出去”面临的最大挑战莫过于来自当地政策和政局的变动。“一带一路”部分沿线国家基础设施薄弱，交通运输、油气管道、网络通信等设施联通度较低，大大制约了产能合作进程。此外，各国政策体制、法律法规、税收体系、办事流程存在较大差异，许多发展中国家甚至存在法律不完善乃至朝令夕改等问题。如 2015 年斯里兰卡新任总统上台后即宣布暂停 2014 年由我国主导开展的“科伦坡港口城”项目，因为斯里兰卡新政府认为该项目涉嫌规避当地法律和环境要求，需要成立专门的项目评估委员会，重新评估这一项目的可行性。又如，中远集团投资的希腊比雷埃夫斯港项目同样也因 2015 年当地政权更迭而被迫中断，导致中远集团在后期的收购过程中遇到较大阻碍①。与此同时，“一带一

① 廖萌：《“一带一路”建设背景下我国企业“走出去”的机遇与挑战》，《经济纵横》2015 年第 9 期。

路”沿线还存在众多信仰伊斯兰教的国家和地区，由于当地内部宗教冲突激烈，虽然经济增长潜力较大，但政局动荡给在当地经营的中国企业带来较大的安全隐患。

3. 湖南外贸依存度有待提升

从国际经验看，一般经济开放度和国际化程度较高的国家或者地区外贸依存度保持在30%以上。如2015年韩国外贸依存度超过80%，德国外贸依存度为69.8%，而湖南外贸依存度仅为6.3%，相当于国际水平的1/4～1/3，在中部6省中为最低，而同期全国外贸依存度为36.4%。从经济总量看，2015年湖南地区生产总值（GDP）跻身全国10强，排名全国第九，达到29047.2亿元，与四川省、河北省、湖北省、辽宁省的经济总量基本相当。然而受国际国内大环境等因素影响，2015年湖南对外贸易额为1825.4亿元，仅为同期四川省的62.1%、河北省的36.6%、湖北省的65.8%和辽宁省的27.4%。其中，出口仅为1189.9亿元，下降2.9%，行业性的产能过剩、需求疲软等导致湖南主要出口产品下降明显。与发达国家和各兄弟省市的差距，反映出湖南省开放型经济严重滞后于社会经济发展，“走出去”步伐有待进一步加快。

4. 对外开放渠道有待畅通

首先，湖南在陆、海、空的国际通道畅通方面有待加强，湖南至今没有一条国际货运航班、一条国际货运班列，仅开通对香港的直航班轮。而早在2011年重庆渝新欧国际班列就已开通，目前已开通11条国际货运航班；郑州已开通全货机航线24条，可见湖南差距明显。其次，湖南物流通关便捷度不高，通关方式、报检方式和效率等都远落后于沿海，同样的货物运输到深圳，湖南物流公司的报价要比深圳物流公司平均高出30%～50%，成本差异明显。2015年湖南省物流总费用占GDP的比重达17.4%，不仅远远高出发达国家10%的水平，也高出全国16%的水平，物流费用过高已成为湖南企业“走出去”的重要障碍。最后，湖南开放前沿和口岸的作用有待进一步发挥，岳阳城陵矶作为湖南省唯一的国家一类口岸和长江八大深水良港之一，是湖南省水路第一门户，开放的基础条件优越，在临港工业和现代港口服务业发展方面还有待发挥更大的作用。

5. 湖南企业“走出去”的经营决策能力有待提高

湖南企业对“走出去”的目的和动机需要更新换代。湖南企业海外投资起步较晚，很多企业认为做大了就应该对外投资，缺乏国际化经营管理经验和对企业国际经营的总体战略和长远规划，一味跟风式的仓促行动，使企业难以获得持久发展的后续竞争力。特别是在“一带一路”沿线一些落后国家或地区，铁路、港口等基础建设很难在短期内见到效益，甚至将在很长一个时期面临亏损经营的局面，而本土企业往往无法准确评估成本、收益和风险，从而会导致投资收益率低下①。与此同时，人才也是制约当前湖南企业“走出去”的另一棘手问题。企业在“走出去”过程中需要一批具有一定海外工作经验和了解海外相关法律政策与文化习俗的复合型人才。然而，当前有些企业由于对国际化创新人才招聘方式和渠道不太了解，而总是试图自主培养，导致花费巨大却收效甚微，甚至还面临花巨资投资培养的国际化人才都被其他企业挖走的情况；有些企业管理者甚至连海外工作经验都没有，出现与当地文化融合能力较低等现实问题。

6. 湖南企业“走出去”的服务环境有待优化

在国际经济形势风云变幻的当前，各级政府公共服务管理体制和工作机制还不能适应企业“走出去”步伐不断加快的现实需要。对“一带一路”沿线国家和地区投资的合作政策体系、服务保障体系和风险防控体系都有待进一步建立和完善；对外投资管理体制机制建设有待加强，特别是投资审批、外汇管理、金融服务、人员出入境、货物进出口等方面存在诸多障碍，不能完全适应大批企业“走出去”迅速发展的新形势，政府服务水平有待进一步提升。同时，针对“一带一路”沿线国家进行海外投资的包括会计师事务所、律师事务所、商会、协会在内的中介服务体系尚不健全，很多企业赴海外发展时无法获得有效咨询和投资引导服务，导致企业难以客观评估

① 辜胜阻、吴沁沁、庄芹芹：《推动“一带一路”建设与企业“走出去”的对策思考》，《经济纵横》2017 年第 2 期。

境外法律、政策以及投资经营环境等各种风险，大大影响了企业项目筛选和经营决策的成功率。

（二）湖南企业“走出去”面临的发展机遇

1. 我国成为世界上重要的投资来源国

当前，在区域经济一体化和全球价值链革命不可逆转的大趋势下，国际投资涉及行业、方式以及主体也呈现更加多元化的特点。对外投资不再局限于大型跨国公司的投资，国际金融机构、个人投资者也成为国际投资的主体，我国经济正朝着形态更高级、分工更复杂、结构更合理的阶段演进，进入中高速增长的经济新常态。这就要求发展动力从要素驱动、投资驱动向创新驱动转变。同时，我国作为全球重要投资来源国地位初步奠定，从过去单纯的“引进来”向“高水平引进、大规模走出去”转变，“走出去”也从布局价值链低端向价值链中高端转换，同时也为东道国带来了包括充实资本、增加就业、扩大税收等诸多益处，对维护国内经济安全、拓展国际市场发挥了重要作用。

2. 经济结构互补成为企业“走出去”重要抓手

由于“一带一路”沿线国家大多属于发展中国家，普遍经济基础薄弱，与我国经济结构互补性较强，经贸合作潜力巨大，贸易与投资齐头并进的局面正在形成。据统计，在全球贸易和中国对外贸易均疲软的情况下，2016年中国与“一带一路”沿线国家贸易额逆市上扬，达9535.9亿美元，占中国对外贸易总额的25.7%，较2015年上升0.4个百分点，我国企业面向“一带一路”沿线区域“走出去”提交了一份优异的成绩单①。此外，由于“一带一路”沿线国家基础设施建设严重滞后，而我国企业在基础设施建设方面具有丰富经验和高质量、低成本的独特优势，是“一带一路”沿线发展中国家提升基础设施建设的最佳选择。因此，“一带一路”建设将为沿线

① 张茂荣：《“一带一路”经济形势与中国企业走出去的机遇与挑战》，《中国货币市场》2017年第8期。

国家带来更大的市场空间、更多的就业机会和更广的合作领域，也给中国和湖南企业提升制造业整体实力、提升企业国际化经营水平、参与国际经济治理带来巨大机遇。

3. “一金一行”为企业“走出去”提供金融支持

2014 年 11 月，由我国发起设立的亚洲基础设施投资银行（简称“亚投行”）和丝路基金，旨在为“一带一路”沿线国家基础设施、资源开发、产业合作和金融合作等与互联互通有关的项目提供投融资支持[①]。区别于现有的亚洲开发银行、世界银行等多边开发银行，亚投行将优先用于“一带一路”区域内基础设施项目的商业投资，以推动与沿线地区的经济合作。目前，由我国倡导成立的亚投行，已吸引超过 50 个国家和地区申请加入，足迹遍布亚洲、欧洲、非洲、南美洲和大洋洲，出资 400 亿美元设立的丝路基金也已顺利启动，为企业“走出去”提供了坚实的投融资保障，有利于促进双边和多边经济合作发展。

4. 湖南开放型经济发展潜力巨大

随着全球经济一体化的深化和全球价值链的不断拓展，近年来，湖南省开放型经济发展取得长足进步，特别是在引进外资、对外投资等方面颇为亮眼，走在了中部省份前列。其中，在实际利用外资方面，湖南省连续 5 年居中部第一；在对外投资方面，连续九年居中部六省首位；航空口岸出入境人数突破 100 万人次大关，勇夺中部桂冠。但是，由于湖南发展开放型经济起步比较晚，加之当前我国经济增长下行压力加大，湖南企业经济运行效率趋于饱和。要把湖南省巨大的发展潜力转化为现实成就，需要在国家实施“一带一路”建设的大背景下乘势而为，在国际金融危机导致欧美发达经济体经济不景气、企业市场价值大幅缩水的情况下，“危”中寻“机”，通过低成本投资并购获取研发能力、先进技术和工艺、国际品牌和国际销售渠道，全面提升湖南开放型经济发展水平。

① 徐湘平：《抢抓“一带一路”机遇，湖南加快“走出去”步伐》，《国际商报》2015 年 12 月 25 日。

三　加快推进湖南企业“走出去”的对策建议

当前“一带一路”沿线地区是湖南企业对外投资和市场开拓的重点，在应对企业“走出去”的风险与挑战时，对于政府而言，需要为企业“走出去”提供各类服务保障，同时企业也须练好内功，统筹兼顾，争取将湖南打造成内陆开放新高地。为此，特提出以下对策建议。

（一）健全企业“走出去”政策措施

政府的政策引导和扶持对于加快推进企业“走出去”至关重要，湖南应尽快建立健全符合经济发展规律、国际通行惯例和企业“走出去”实际情况的政策支撑扶持体系。在财政扶持方面，设立湖南省实施扶持“走出去”专项引导资金，充分发挥专项资金的引导和支持作用，有目的、有重点地引导湖南企业开展与“一带一路”沿线国家和地区的对外投资合作、对外承包工程、对外劳务合作和境外高新技术研发平台建设，扶持企业开拓国际市场和防御风险，为企业“走出去”解除后顾之忧。在税收扶持方面，认真落实国家优惠政策，指导企业避免双重纳税；引导企业理性选择投资行业和方式，对资源开发型和科技开发型投资项目，在税收方面给予特殊扶持；探索实行湖南企业“走出去”专项税收减免政策和海外投资收入税收减免制度。在金融扶持方面，对国家政策性金融机构进行引导，争取商业银行等金融机构的支持，为企业提供融资便利；为缓解民营企业海外发展的资金瓶颈，发挥政府公共投资和国企投资对民间资本的引导和带动作用，通过政府牵头、金融机构跟进、民间资本参与的方式，完善金融服务体系，提供专项扶持资金鼓励民间资本参与企业海外拓展，推进民营企业更好地“走出去”；鼓励企业充分利用中长期信用保险、海外投资险和各类基金等金融平台，加强国际金融机构对接，拓宽融资渠道；逐步建立健全财政资金引导、政策性金融机构调节、商业性金融机构支持、资本市场利用的全方位金融支持平台，为企业规避汇率、利率的风险提供快捷完善的金融产品，帮助企业提高用汇和汇出的便利化程度。①

（二）创新合作发展模式和平台建设

创新“走出去”发展模式，打造“一带一路”沿线重点国家的“走出去”服务平台体系。一是要推进境外经贸合作园区建设。利用国家级承接产业转移示范区和国家级经济技术开发区，建设一批国家级境外经贸合作园区，构筑境外产业发展平台。制定出台《湖南省境外经贸合作园区管理试行办法》，着力培育和发展加工制造型、农业产业型、商贸物流型、资源利用型等四类境外经贸合作园区，推动湖南省优势产业集群式发展。按照“建设一批、培育一批、储备一批”的基本原则，积极培育三一重工、中联重科等境外产业基地，并在“一带一路”沿线地区选择一批优质项目作为境外园区储备，同时也作为中小企业在境外发展的重要平台和孵化器。二是要打造境外营销网络平台和省内功能性平台。依托境内外相关商协会和商务代表处，在“一带一路”沿线重点市场、重点区域建立贸易促进信息网络及湘品展示平台，支持“走出去”的重点行业龙头企业设立营销服务网点，拓宽营销渠道；同时完善省内功能性平台，进一步发挥各类口岸平台、海关特殊监管区域、外贸综合服务企业作用。三是要搭建国际经贸合作交流平台。充分利用东盟博览会、亚欧博览会、丝博会等经贸展会，依托长沙国际会展中心和湖南重点产业，搭建常态化、国际化、综合性的经济技术交流与合作平台。鼓励和支持湖南省内特色产业及企业参加境外国际性展会以及各类国内国家级经贸展会，积极拓展“一带一路”沿线市场渠道。

（三）实施国际化创新人才集聚工程

国际化人才是湖南企业“走出去”参与“一带一路”建设、增强企业

---

① 湖南省经信委：《“十三五”，看湖南工业企业如何“走出去”》，《湖南日报》2016 年 6 月 16 日。

国际化经营能力的重要保障，应该把“人才第一理念”放在“走出去”工作的首位，引进和培育一大批具有国际视野、创新意识、开拓能力的国际化人才。一是着力引进海外高层次人才。抓住海外国际化人才回流机遇，进一步完善引进海外高层次人才来湘工作、鼓励留学人员来湘创业的政策措施，拓宽引才引智渠道，为高层次人才引进提供高效便捷的服务；深入“一带一路”沿线合作国，设立专项基金，挖掘和培养符合一批企业需求的当地人才，构建当地化“人才供应链”管理体系，同时联通海外华人关系网，吸引留学人员与华人华侨，为企业“就地取材”提供便利。如2015年，中民国际控股有限公司在印度尼西亚成立“一带一路”人才培养基金，致力于为中国企业在印度尼西亚发展提供本土化人才支持，促进两国人才与智力资源交流。二是全力推进本土人才国际化建设。通过中外联合办学、选送专业人才出国深造、开展国际经贸科技合作、引进国外教育机构等多种模式，学习借鉴国外人才国际化培养和管理的先进经验和方法，培养一批精通外语、了解国外环境并熟悉法律金融等专业知识技能，具有国际化视野的复合型人才。同时建立“国际化人才遴选库”，实施跟踪服务和政策倾斜，储备一批熟悉国际惯例、跨文化沟通能力较强的国际化通用人才。

（四）倡导品牌引领和软实力提升机制

提升品牌效应和文化软实力是湖南企业“走出去”的必由之路。一是要大力扶持跨国公司提升国际知名度。对当前处于优势产业和有国际竞争力的企业给予重点扶持和政策倾斜，尤其是在支持企业参与重大国际并购项目等方面给予特别支持政策，对大企业和企业集团合并纳税提供“一对一”的个性化指导服务。二是要着力培育“走出去”梯队，促进更多中小企业和民营企业实施全球化战略，实现国际化发展，加快集聚“走出去”企业的品牌效应，为打造湖南本土知名品牌奠定基础。三是大力培养工匠精神。引导企业树立对产品质量、制造技术的崇敬，更加强调企业间的分工与合作。只有在“一带一路”沿线国家投资时输出质高价优的产品和工程项目，才能在与发达国家的竞争中立于不败之地。四是注重企业在“走出去”中打造与发挥区域软实力，深入挖掘湖湘文化的精神实质和时代内涵，以独具特色的湖湘文化为载体，通过电视、报纸等传统媒体与以互联网为代表的新兴媒体相融合的方式，用外国公众易于理解和接受的语言，精心策划和量身定做具有鲜明时代特征和湖南特色的外宣品牌活动，充分发挥华侨华人在对外宣传湖南中的传媒桥梁和文化纽带作用，提升湖南省和湖湘文化在“一带一路”沿线国家和地区的吸引力和美誉度，从而为湖南企业“走出去”奠定良好的舆论氛围①。

（五）提升湖南企业跨国经营管理水平

提升企业的海外跨国经营水平，增强企业市场开拓能力，对于提高企业产品在“一带一路”沿线国家市场占有率，拓展未来湖南企业“走出去”的空间和潜力至关重要。一是要大力扶持大型企业通过跨国并购、股权置换、境外上市、联合重组等方式，开展资源和价值链整合，在研发、生产、销售等方面开展国际化经营，逐步增加企业海外营业收入，提高海外雇员的比重，不断提高跨国经营管理水平，培育形成一批具有国际知名度和影响力的大型跨国公司。二是企业要注重培养本地化意识，强化社会责任意识。主动学习和掌握投资国当地制度和文化，主动学习和熟悉国际贸易投资规则，积极与当地政府部门沟通交流，尊重当地风俗习惯，主动融入当地文化，认真遵守当地法律法规，尽可能利用公开透明法律法规从事企业的海外运营。三是企业要充分利用国内外相关咨询机构，对“一带一路”沿线国家的经济、政治、法律、文化情况等进行全面评估，了解投资对象国具体情况及人文风俗，认清企业“走出去”可能面临的风险，根据自身发展需求以及投资对象国的实际需求进行谋划布局。四是努力实现企业经营模式和资源配置方式的国际化转变。不断通过优化对外投资程序，搭建海外营销网络，整合

① 李平贵、姚文静：《基于湖湘文化底蕴的湖南文化软实力建设战略思考》，《湖北科技学院学报》2015 年第 9 期。

国际资源，特别是品牌、技术、研发等战略性资源，拓展海外市场，为湖南企业“走出去”提供广阔的国际空间。

参考文献

盛毅、余海燕、岳朝敏：《关于“一带一路”建设内涵、特性及战略重点综述》，《经济体制改革》2015 年第 1 期。

申现杰、肖金成：《国际区域经济合作新形势与我国“一带一路”合作战略》，《宏观经济研究》2014 年第 11 期。

张茉楠：《全面提升“一带一路”建设发展水平》，《宏观经济管理》2015 年第 2 期。

B.12
环鄱阳湖城市群的扩容与发展

魏博通*

摘　要：　鄱阳湖城市群的雏形是“昌九景城市圈（群）”，2009年时和国务院批复的鄱阳湖生态经济区的规划范围一致，现在，范围进一步扩大，与《长江中游城市群发展规划》中划定的江西省相应辖区范围完全一致。本文首先梳理了环鄱阳湖城市群的扩容过程，其次对环鄱阳湖城市群的次区域做了分析，最后，提出了提升环鄱阳湖城市群一体化的对策。

关键词：　环鄱阳湖城市群　一体化　江西

环鄱阳湖城市群是长江中游城市群的重要组成部分，也是我国中部地区对接长江三角洲地区、珠江三角洲地区和海峡西岸经济区（闽三角地区）的桥头堡，战略地位十分重要。在长江中游城市群打造中国经济新增长极的征程中，环鄱阳湖城市群发挥着独特的作用。

一　环鄱阳湖城市群扩容过程及其概况

（一）环鄱阳湖城市群的扩容过程

江西最早提出的城市群是“昌九景城市圈（群）”，范围是南昌、九江

* 魏博通，经济学博士，南昌大学经济管理学院副教授。

和景德镇三个设区市及所辖县区。其中，南昌，又名豫章、洪城，为江西省省会，全省政治、经济、文化、科技、交通中心。南昌地处江西省中部偏北，赣江、抚河下游，濒临鄱阳湖。九江位于长江、京九铁路两大经济开发带交叉点，是长江中游区域中心港口城市，是中国首批5个沿江对外开放城市之一，鄱阳湖在九江境内进入长江。九江拥有鄱阳湖的水面约20万公顷，流域有都昌、湖口、星子、永修、德安、庐山区等六个县（区）。景德镇市位于江西省东北部，属于黄山、怀玉山余脉与鄱阳湖平原过渡地带。实际上，昌九景三市是围绕鄱阳湖分布的。

2009年12月，国务院批复《鄱阳湖生态经济区规划》，标志着江西省有了首个国家区域战略。鄱阳湖生态经济区是以鄱阳湖为核心，以昌九景城市圈为依托，以保护生态、发展经济为重要战略构想的新型经济区。国家把鄱阳湖生态经济区定位成为世界性生态文明与经济社会发展协调统一、人与自然和谐相处的生态经济示范区和中国低碳经济发展先行区。根据规划，到2020年鄱阳湖生态经济区要构建保障有力的生态安全体系，形成先进高效的生态产业集群，建设世界级生态宜居、经济发达的新型城市群。因此，鄱阳湖生态经济区在一定意义上也是一个城市群。鄱阳湖生态经济区一共涉及38个县市，具体范围如表1所示。

表1　进入鄱阳湖生态经济区范围的县市区

地级市	县市区
南昌市	南昌县、进贤县、安义县、东湖区、西湖区、青云谱区、湾里区、青山湖区、新建区
九江市	九江县、彭泽县、德安县、永修县、湖口县、都昌县、武宁县、浔阳区、濂溪区、瑞昌市、共青城市、庐山市
景德镇市	浮梁县、珠山区、昌江区、乐平市
鹰潭市	余江县、月湖区、贵溪市
新余市	渝水区
抚州市	东乡县、临川区
宜春市	丰城市、樟树市、高安市
上饶市	鄱阳县、余干县、万年县
吉安市	新干县

此后，为了与其他地区的城市群对应，鄱阳湖生态经济区又被称为“环鄱阳湖生态城市群”。2015 年 3 月 26 日，国务院批复《长江中游城市群发展规划》。江西省率先响应，积极贯彻落实，组织编制了《环鄱阳湖生态城市群规划（2015～2030）》，并于 2016 年 8 月向社会公示。规划范围与《长江中游城市群发展规划》划定的江西省相应辖区范围完全一致，涉及南昌市、九江市、景德镇市、上饶市、鹰潭市、宜春市、新余市、萍乡市的全部行政辖区和抚州市辖区、东乡县、金溪县、崇仁县，吉安市的新干县、峡江县。

表 2　环鄱阳湖生态城市群范围的县市区名录

地级市	县市区
南昌市	南昌县、进贤县、安义县、东湖区、西湖区、青云谱区、湾里区、青山湖区、新建区
九江市	九江县、彭泽县、德安县、永修县、湖口县、都昌县、武宁县、浔阳区、濂溪区、瑞昌市、共青城市、庐山市、修水县
景德镇市	浮梁县、珠山区、昌江区、乐平市
上饶市	信州区、广丰区、德兴市、上饶县、玉山县、铅山县、横峰县、弋阳县、鄱阳县、余干县、万年县、婺源县
鹰潭市	余江县、月湖区、贵溪市
宜春市	袁州区、丰城市、樟树市、高安市、万载县、上高县、奉新县、宜丰县、铜鼓县、靖安县
新余市	渝水区、分宜县
萍乡市	安源区、湘东区、莲花县、上栗县、芦溪县
抚州市	东乡区、临川区、金溪县、崇仁县
吉安市	新干县、峡江县

扩容后的环鄱阳湖生态城市群总面积 9.23 万平方公里，约占全省的 55.3%；2016 年末人口约 3143.45 万人，约占全省的 68.45%；地区生产总值 14477.1 亿元，约占全省的 78.83%。

（二）环鄱阳湖城市群的发展概况

1. 已成为内陆地区对外开放的重要高地

环鄱阳湖城市群地理区位优越，东部临近长三角，南部毗邻珠三角和港

表 3　2016 年环鄱阳湖生态城市群 GDP 和人口

单位：亿元，万人

地区	GDP	人口	地区	GDP	人口
南昌	4354.99	537.14	宜春	1770.38	553.25
九江	2096.13	484.76	新余	1028.17	117.37
景德镇	840.15	165.49	萍乡	998.28	191.42
上饶	1811.05	675.2	抚州 4 县区	700.7	249.12
鹰潭	695.35	115.93	吉安 2 县	181.9	53.77

资料来源：地级市的 GDP 和人口数据是通过各地区 2016 年的《国民经济和社会发展统计公报》得到的；抚州 4 县区和吉安 2 县的人口是 2015 年的数据，是通过官网以及各地区的《国民经济和社会发展统计公报》获得的。

澳地区，西部与长株潭对接，北部与长江经济带、长江中游城市群的建设相呼应。近年来，环鄱阳湖城市群积极联动国家“一带一路”发展战略，抢抓长江经济带的重大战略机遇，以全球化视野配置资源要素，着力实施全面对外开放战略，开放型经济取得巨大成就，成为我国内陆地区对外开放的重要高地。

以全面对接“一带一路”建设为前提，环鄱阳湖城市群积极与长三角、珠三角、闽南三角洲和长江中游城市群的钢铁、水泥、建材、工程装备等行业优势骨干企业抱团合作，到市场空间广阔、资源优势突出的沿线国家和地区建立生产基地，输出过剩产能。近两年，江西省 350 家企业在沿线国家设立了 434 家企业，累计完成直接投资 24.4 亿美元。[①] 同时，为吸引外资企业投资，促进经济转型升级，江西省出台了《关于进一步扩大开放打造招商引资新优势的实施意见》，取得巨大成就。2016 年，江西实际利用外资居全国第 14 位，其中，引进境外投资 500 万美元以上项目 42 个，列全国第 12 位。

2. 成为长江经济带绿色产业发展重要的潜力区

在要素成本不断上升、资源环境对经济增长的约束日益增强的背景下，

① 《打造内陆双向开放高地——我省外事侨务工作助力江西扩大对外开放纪实》，《江西日报》2016 年 11 月 18 日。

环鄱阳湖城市群立足自身的生态与环境优势，积极呼应长江经济带“生态优先、绿色发展”的战略选择，努力转变经济发展方式，坚持创新驱动战略，大力构建以新型工业化为核心、以现代农业和现代服务业为重点的绿色产业体系，取得明显成效。

首先，通过着力实施绿色生态农业“十大行动”，2016 年创建了 11 个国家级、66 个省级现代农业示范区，“三品一标”产品达 3321 个，环鄱阳湖城市群的生态资源优势转变为现代农业的市场竞争优势的态势明显。其次，通过实施推进“生态 + 旅游”“生态 + 大健康”，2016 年江西旅游总人次和总收入分别增长 23.5% 和 37.1%，宜春中医养生等一批重点基地初步建成。最后，2016 年江西省高新技术产业占工业增加值的比重达 30% 左右，服务业增加值占 GDP 比重突破 40%，绿色发展取得初步成效①。

3. 绿色城镇化发展优势显著

江西森林覆盖率高达 63.1%，且河湖众多，因而环鄱阳湖城市群山清水秀，岸绿景美，山水文化厚重，生态资源丰富。“城在水中、水在绿中、绿在人中、人在画中”是环鄱阳湖城市群的特色，也是环鄱阳湖城市群发展绿色城镇化的优势所在。环鄱阳湖城市群在绿色城镇化的建设过程中，坚持以绿色发展为主导，以天然塑造的自然格局为基础，将山、河、林、湖等生态资源要素植入城镇建设，构筑“山水林田湖城村”融合发展格局，取得了显著成效。早在 2014 年，江西就以城市绿化为切入点，以积极创建生态园林城市为契机，大力进行城市绿化建设和管理，城市建成区绿地率达到 42.09%，绿化覆盖率达到 46.12%，人均公园绿地面积达 14.15 平方米，城市园林绿化主要指标均处于全国领先水平。环鄱阳湖城市群所有的设区市全部进入国家园林城市行列，江西进入国家园林县城和国家园林城镇的德安县、分宜县、峡江县、奉新县、上高县和新余市双林镇均在环鄱阳湖城市群范围内②。

① 《江西：绿色发展初步成效积极探索绿色低碳循环发展路径》，中国江西网，2017 年 1 月 18 日。

② 《江西所有设区市都是国家园林城市》，中国江西网 – 江西日报，2015 年 3 月 12 日。

4. 山水文化旅游已经具备较大的国内影响力

环鄱阳湖城市群有巍峨挺拔的青峰秀峦，碧波荡漾的湖泊，蜿蜒流淌、绵延不息的河流，气势磅礴的云海，奇妙独特的飞瀑，浩瀚如海的原始森林，历史悠久、深厚渊博的宗教文化和书院文化。这些丰富的生态与人文资源为环鄱阳湖城市群发展山水文化旅游奠定了良好的基础。为了实现旅游业引领经济发展的引擎作用，环鄱阳湖城市群积极创建国家级旅游景区，努力提升旅游业的服务质量和水平。目前，江西创建了10个国家级5A级景区、102个国家级4A级景区、18个全域旅游示范区，其中，属于环鄱阳湖城市群的有8个国家级5A级景区、78个国家级4A级景区、10个全域旅游示范区。江西省有6个重点生态旅游目的地纳入长江上中游生态旅游片区，其中属于环鄱阳湖城市群的有5个。为了进一步提升旅游业发展的水平，环鄱阳湖城市群各地区政府以供给侧结构性改革为契机，以地区优势的山水文化资源为依托，大力发展休闲度假旅游、观光旅游、城市旅游，深入发展文化旅游，积极培育与山水文化相关的旅游新业态，形成有效对接旅游消费市场的产业结构和产品结构，山水文化旅游发展取得明显成效。2016年江西省旅游接待4.7亿人次，比2013年的2.48亿人次翻了近一番；旅游总收入4993亿元，比2013年的1896亿元翻了一番多①。这些数据说明，环鄱阳湖城市群在山水文化旅游方面已经具备较大的国内影响力。

二　环鄱阳湖城市群次区域发展概况

（一）南昌大都市区发展概况

南昌大都市区包括南昌市域，抚州市的临川区、东乡县，宜春市的高安市、丰城市、樟树市、奉新县、靖安县，上饶市的余干县和九江市的永修

① 《“十三五”期间江西省县县都有4A级以上旅游景区》，中国江西网－信息日报，2017年8月2日。

县，总面积约2.3万平方公里。其中，核心区范围包括南昌市辖区和南昌县以及安义县的万埠、长埠、石鼻和长均等乡镇，总面积约5090平方公里。①

2016年南昌大都市区GDP为6255.24亿元，占到江西省的1/3，凸显了南昌大都市区的综合实力，南昌大都市区GDP的增长速度为9.02%，比江西省9.0%的增速略高，未来是带动江西经济增长的重要增长极。分产业情况来看，南昌大都市区第一产业增加值为453.76亿元，第二产业增加值为3328.3亿元，第三产业增加值为2475.94亿元，增速分别为4.02%、8.27%、10.42%，一、二、三产业在产业结构中的比重分别为7.25%、53.18%、39.56%。可见，虽然南昌大都市区还是以工业为主导，但服务业已经成为三次产业中增速最快、对国民经济增长贡献最大的产业。

表4　2016年南昌大都市区产业结构状况

单位：亿元

地区	GDP	第一产业增加值	第二产业增加值	第三产业增加值
南昌市域	4354.99	181.77	2307.24	1865.98
临川区	361.6	40.50	199.60	121.50
东乡县	145.49	21.73	85.52	38.24
高安市	208	35.53	104.32	68.2
丰城市	423.66	63.32	220.68	139.67
樟树市	333.59	32.67	190.45	110.47
奉新县	123.11	18.04	65.81	39.27
靖安县	39.3	6.56	19.19	13.55
余干县	132.1	37.96	48.45	45.72
永修县	133.4	15.68	87.05	33.34
南昌大都市区	6255.24	453.76	3328.3	2475.94

资料来源：各市县2016年国民经济和社会发展统计公报，各市县2016年人民政府工作报告。

2016年南昌大都市区财政总收入为1055.46亿元，同比增长7.2%，快速增长的财政收入为实施创新驱动战略、推动经济的转型升级以及提升社会事业水平提供了坚实的保障。规模以上工业增加值为2445.82亿元，同比增

① 《南昌大都市区规划（2015～2030）》。

长 9.22%，传统产业的转型升级和新兴产业的快速增长在壮大了工业规模的同时，也提高了工业化发展的水平。社会消费品零售总额为 2500.52 亿元，同比增长 11.8%，社会消费品零售总额的快速增长。一方面说明随着人们收入水平的提高，消费能力在不断增强，这为实施供给侧结构性改革、促进产业从低端向中高端发展提供了良好的市场环境；另一方面也说明在经济增长的动力结构中，消费已经逐渐替代资本成为经济增长的主要驱动力。500 万元以上的固定资产投资达到 6467.16 亿元，同比增长 14.25%，在经济增长下行压力增大的情况下，固定资产投资依然保持了较快的增长速度，说明随着体制机制改革的进一步深化和产业的转型升级，改革的红利逐渐释放出来，形成新的投资热点，激发了社会投资的热情，成为带动经济增长的重要动力。从固定资产投资结构来看，第三产业的投资增速最快，其次是农业，第二产业尤其是工业的固定资产投资增速最慢，这正好契合了当前新常态条件下供给侧结构性改革的目标要求和动力结构调整的需要。

（二）九江都市区发展概况

九江都市区包括浔阳区、濂溪区、九江经济技术开发区、八里湖新区、九江县、瑞昌市、庐山市、湖口县、彭泽县、德安县、共青城市、都昌县全域，总面积约 8900 平方公里。其中，核心区包括浔阳区、濂溪区、九江经济技术开发区、八里湖新区、九江县全域，瑞昌市的湓城街道、桂林街道、码头镇、白杨镇、赛湖农场、武蛟乡，庐山市的南康镇、白鹿镇、温泉镇、海会镇、牯岭镇，湖口县的双钟镇、马影镇、凰村乡、流泗镇，彭泽县的定山镇，总面积约 2350 平方公里①。

九江都市区坚持工业引领、转型升级的发展战略，2016 年实现 GDP1709.43 亿元，同比增长 9.38%。分产业来看，第一产业增加值实现 103.06 亿元，同比增长 3.77%，第二产业增加值实现 878.29 亿元，同比增长 8.5%，第三产业增加值实现 725.44 亿元，同比增长 11.51%。一、二、三产业在产业结构中的占比分

---

① 《九江都市区总体规划（2014～2030 年）纲要》。

别为6.04%、51.46%、42.5%。虽然工业在产业结构中居于支柱性的地位，在经济发展中起着主力军的作用，但服务业的增速已经持续超过工业的增速，成为与工业并驾齐驱，并对国民经济增长起着重要作用的产业。

2016年九江都市区的财政总收入为354.56亿元，比上年增长15.09%，占GDP的20.74%，实现税收收入276.27亿元，占财政总收入的77.92%。快速增长的财政和税收为实施“新工业十年行动”、创新开放加快绿色发展、改善民生和加强社会事业发展提供了坚实的支撑。

九江都市区把新工业作为振兴实体经济的重中之重，努力推动工业发展转型升级、量质齐升。2016年九江都市区规模以上工业增加值实现857.03亿元，同比增长9.29%，规模以上工业企业主营业务收入实现4284.35亿元，同比增长9.2%，利税总额达到510.22亿元，比上年高出19.14%。工业尤其是新型工业的发展成为九江转型升级、提升综合实力的重要动力。

由于改革红利的释放以及产业转型升级带来的投资机会，全社会固定资产投资保持了较高的增速。2016年九江都市区全社会固定资产投资总额达到1847.05亿元，同比增长14.1%。其中，受“新工业十年行动”发展战略的影响，第二产业获得的固定资产投资最多，增速也较快；农业受信息化、自动化和机械化技术改造的影响，固定资产投资增速最快；第三产业投资出现了下降。

消费市场持续活跃，伴随人们收入水平的提高和消费结构的升级，消费市场的规模日益扩大。2016年九江都市区实现消费品零售总额526.26亿元，同比增长12.96%。分城乡来看，城镇消费品零售额为416.94亿元，同比增长12.5%，农村消费品零售额为109.32亿元，同比增长14.51%。随着全社会消费能力的提升，城乡消费水平和模式的一体化在增强，人们对于汽车、家用电器及器材类、粮油食品类的消费迅速增长，而对于服装鞋帽等的消费增长相对缓慢。

（三）信江河谷城镇群发展概况

城市群发展战略是城镇化发展的重要抓手，信江河谷城镇群位于赣东北的上饶市境内，具体包括信州区、广丰区、上饶县、玉山县、铅山县、横峰县和弋阳县，总面积10062平方公里。信江河谷城镇群人口众多，交通便利，资源丰富，产业基础雄厚，市场空间广阔。加快建设信江河谷城镇群有利于顺应城市发展规律，把不同定位和产业分工的7个地区有机相连，实现资源的优化配置、生产效率的提高，推动赣东北成为对外开放合作的重要平台和最具潜力的经济增长板块①。

在国家大力推进城镇化努力扩大内需、江西省大力支持赣东北加快发展的背景下，上饶努力建设和发展信江河谷城镇群，信江河谷城镇群的综合实力出现了显著提升。2016年信江河谷城镇群的GDP达到1150.77亿元，同比增长9.29%，占到上饶市GDP的63.54%，比上饶9.0%的GDP增速高出0.29个百分点。可以说，信江河谷城镇群已经成为上饶市经济发展的引擎。从三次产业来看，第一产业增加值为101.6亿元，比上年增长3.92%，第二产业增加值为580.09亿元，同比增长8.9%，第三产业增加值为469.07亿元，同比增长11.02%。一、二、三产业在产业结构中所占比重分别为8.83%、50.41%、40.76%，以工业为主导的产业结构特征比较显著，但是社会资本向服务业领域投资的趋势比较明显，因而服务业的增速相对较快，对国民经济增长的贡献也在不断增大，成为与工业双轮驱动经济增长的动力。

表5　2016年信江河谷城镇群产业结构状况

单位：亿元

地区	GDP	第一产业增加值	第二产业增加值	第三产业增加值
信州区	212.60	7.00	48.40	157.20
广丰区	321.90	21.97	174.77	125.16
玉山县	148.31	15.70	75.40	57.21
横峰县	76.80	7.20	45.70	23.90
弋阳县	91.62	14.83	42.83	33.95
上饶县	191.83	17.02	144.46	30.35
铅山县	107.71	17.88	48.53	41.30
信江河谷城镇群	1150.77	101.60	580.09	469.07

资料来源：各区县2016年国民经济和社会发展统计公报，各区县2016年人民政府工作报告。

① 《上饶崛起信江河谷城镇群》，新华网，2013年10月29日。

2016 年信江河谷城镇群的财政总收入为 156.02 亿元，同比增长 5.05%，一般公共预算收入 120.35 亿元，同比增长 4.21%。在经济下行压力增大的情况下，信江河谷城镇群中的每一个地区都实现了财政收入的增长，尤其是玉山县，增幅达到 10.4%。不断增加的财政收入为基础设施建设、实施创新驱动产业升级、支持民生工程建设奠定了良好的基础。

工业是信江河谷城镇群振兴实体经济的抓手。最近几年，在上饶市政府“主攻工业”战略不动摇的方针引领下，信江河谷城镇群把光伏、光学、汽车作为工业的主攻方向，工业发展规模持续扩大，工业集聚能力明显提高。2016 年信江河谷城镇群规模以上工业增加值达到 493.67 亿元，同比增长 9.34%；规模以上工业主营业务收入达到 2156.14 亿元，同比增长 10.81%。

信江河谷城镇群 2016 年全社会固定资产投资为 1073.71 亿元，同比增长 14.13%，受“主攻工业”战略的影响，工业投资占到全社会固定资产投资的 50% 以上。服务业由于基础薄弱，基数较低，且存在巨大的市场需求，因而获得的固定资产投资增速最快。

由于经济增速快，人们的收入水平得到较大幅度提升，从而使社会消费品零售总额出现较快增长。2016 年信江河谷城镇群社会消费品零售总额达到 422.96 亿元，同比增长 12.64%。在社会总的消费中，提升人们素质水平的教育支出和能有效改善人们健康的医疗、保健、娱乐等支出所占比重明显提升，传统的消费支出所占比重出现了下降。

经济的快速增长和人们收入水平的迅速提高对金融业起了很大的推动作用。2016 年末，信江河谷城镇群金融机构人民币各项存款余额达到 1745.46 亿元，同比增长 25.02%；金融机构人民币各项贷款余额达到 1281.02 亿元，同比增长 16.79%。

（四）新宜萍城镇群发展概况

构建以中心城市为核心、大中小城镇协调发展的城镇群，是扩大内需、转变经济发展方式、提高区域整体竞争力的必然要求和重要手段。赣西地区区位优势明显，自然资源丰富，产业发展特色突出，区域综合竞争力不断增强，构建以新余、宜春、萍乡为复合中心，以城市间重点县城为节点，以沪昆铁路为纽带的新宜萍城镇群对于提升赣西地区产业竞争力、探索发展新模式、加快区域升级乃至中部地区崛起具有重要意义。新宜萍城镇群包括新余、宜春、萍乡三个中心城区及渝水、袁州、安源、湘东四区，以及周边联系密切的分宜、万载、上高、芦溪、上栗、莲花六县，总面积12585平方公里①。

赣西地区是江西的老工业基地，需要通过产业的转型升级焕发出新的增长动力，新宜萍城镇群的构建适应了这一需要。新余、宜春、萍乡三市改变了以往各自为政的局面，通力合作，加强区域协调发展，实现了经济的快速增长。2016 年新宜萍城镇群 GDP 达到 1980.45 亿元，同比增长 9.08%，比江西 9.0% 的 GDP 增速略高。从三大产业来看，第一产业增加值为 182.1 亿元，比上年增长了 4.06%；第二产业增加值为 1033.36 亿元，同比增长 8.3%；第三产业增加值为 764.98 亿元，同比增长 11.39%，一、二、三产业在产业结构中所占比重分别为 9.2%、52.18%、38.6%。可见，工业依然是支柱产业，服务业发展相对不足。然而，适应居民消费结构升级的需要，服务业已成为增长最快的产业，随着服务业对国民经济增长的贡献度不断提高，以工业为主导的产业结构正在逐步改变。

表 6　2016 年新宜萍城镇群产业结构状况

单位：亿元

地　区	GDP	第一产业增加值	第二产业增加值	第三产业增加值
渝　水	245.23	29.41	130.15	85.66
分　宜	224.8	18.6	116.9	89.3
袁　州	248.94	30.07	93.73	125.14
上　高	143.2	20.36	76.14	46.7
万　载	120	15	67.4	37.6
萍乡市	998.28	68.66	549.04	380.58

注：由于萍乡市的行政区划范围辖安源区、湘东区两区和芦溪县、上栗县、莲花县三县，因此这五个县（区）级行政区就统一由萍乡市替代。

资料来源：各区县 2016 年国民经济和社会发展统计公报，各区县 2016 年人民政府工作报告。

① 《新宜萍城镇群战略规划（2015～2030）》。

新宜萍城镇群经济的快速增长带动了财政收入的稳步增加。2016 年新宜萍城镇群实现财政总收入 310.71 亿元，同比增长 4.43%；一般公共预算收入为 224.05 亿元，比上年增长 0.47%，税收收入也保持了基本稳定。在经济发展进入新常态、传统经济增长动力衰竭、新增长动力不足的情况下，新宜萍城镇群各县（区）均实现了财政收入的正增长，成绩来之不易，这为产业转型升级、民生改善和社会事业发展提供了强有力的财力支撑。

由于区位条件优越，产业发展基础良好，消费市场巨大，政府支持力度较大，新宜萍城镇群经济增长潜力十足，因而吸引了国内外的投资者在新宜萍城镇群投资兴业。2016 年吸引省外的资金达到 960.81 亿元，同比增长 12.94%；实际利用外资达到 8.2 亿美元，增长了 8.66%。虽然消费已成为拉动经济增长的最重要的动力，但投资依然起着重要的作用。在固定资产投资方面，2016 年新宜萍城镇群全年固定资产投资额达到 2203.33 亿元，比上年增长 12.96%，虽然工业投资占固定资产投资的比重最大，但增长速度在放缓，相对而言，服务业的固定资产投资增速较快。

新宜萍城镇群中的各地政府以工业强基为经济发展的基本战略，立足于自身的比较优势和产业基础，努力招商引资，加大实施创新驱动的支持力度，工业发展取得很大成就。2016 年新宜萍城镇群实现规模以上工业增加值 841.09 亿元，同比增长 8.97%；实现规模以上工业主营业务收入达到 3398.77 亿元，同比增长 7.38%；实现利税 491.23 亿元，同比增长 7.61%。

由于居民收入水平的不断提升以及消费结构的逐步升级，全社会的消费品零售总额增长很快。2016 年，新宜萍城镇群社会消费品零售额达到 799.03 亿元，同比增长 11.28%。在社会消费品中，汽车、网上商品、医药类产品、机电产品增长较快。很显然，这和人们生活方式的改变、消费结构的升级、对健康的需求日益增加有密切的关联。

三　环鄱阳湖城市群扩容后提升一体化水平的对策

（一）建设赣江新区，深化昌九一体化

赣江新区范围包括南昌市青山湖区、新建区和共青城市、永修县的部分区域，规划面积465平方公里，其中南昌267平方公里，九江198平方公里。赣江新区的建设是推动中部地区崛起和促进长江经济带发展的重要支点、对接国家战略的重大平台、引领江西发展升级的强大引擎[①]。

推动昌九一体化是建设赣江新区的关键，而推动昌九一体化的主要内容包括全面促进规划的一体化、基础设施的互联互通、公共服务业的一体化以及产业的互补对接[②]。规划的一体化要求地方政府加强合作，密切联系，建立常态化的沟通交流机制，妥善处理和解决涉及双方利益的相关问题，切实按照构建赣江新区的目标和要求形成各地规划方案的有效对接。

基础设施的互联互通主要是指大力提升交通、能源、水利、信息等基础设施共建共享、互联互通水平，构建网络完善、高效便捷的一体化基础设施体系。建立交通基础设施体系主要是依托南昌作为全国性综合交通枢纽、九江为长江黄金水道重要节点的优势，共享交通通道与枢纽，促进各种运输方式紧密衔接，形成“两港（空港、河港）四网（铁路网、轨道交通网、快速路网、高速公路网）”一体化综合交通运输体系。建立能源基础设施主要在于利用先进的通信、信息和控制技术，构建以电网控制自动化、电网通信数字化为主要特征的昌九两市电网与电源、输电与配电、一次与二次系统的同步建设、相互适应和协调发展的体系。建立水利基础设施体系主要在于通过水资源配置工程建设、河湖综合治理、鄱阳湖水利枢纽工程建设以及水务一体化改革建立供水安全保障体系、防洪减灾体系、湿地生态和水生态保护

---

① 《赣江新区江西腾飞的新引擎》，《江西日报》2016年8月17日。

② 《昌九一体化发展规划（2013～2020年）》。

体系、水务一体化管理体系。信息基础设施建设主要在于通过推进“三网融合”，实施智慧昌九等工程，构筑覆盖昌九的高速宽带网络，协同建设昌九宏观经济、信用信息、地理空间、自然资源、人口、法人、金融、税收、统计等基础数据库，促进电子政务、公共安全、市政管理等信息资源共享①。

公共服务的一体化是指统筹公共服务资源在昌九之间的合理配置，加快建立公共服务资源共建共享体制机制，推动公共服务区域合作，促进基本公共服务均等化，主要包括构建区域科技创新体系和教育文体资源的共建共享机制，加强医疗卫生、就业与社会保障合作，促进社会管理的一体化。

深化昌九一体化的核心是实现南昌与九江产业的互补对接。它是在遵循现代产业发展和分工规律的前提下，通过资源的优势互补和产业的分工协作，形成地区间合理的产业分工格局，构建国内具有比较优势的产业基地和现代产业体系。赣江新区区位优势突出，教育科技人才荟萃，自然生态优势显著，产业基础雄厚，南昌和九江在产业互补对接方面，应以长江经济带建设为契机，立足于自身的产业基础和比较优势，主动参与长江经济带产业分工，加快产业链对接和产业集群发展。在工业方面，打造航空、汽车及零部件、有色金属冶炼、先进装备制造、新材料等一批特色优势产业基地；在服务业发展方面，应按照产业升级的方向和自身具备的优势，积极推动产业的对接与协作，大力发展现代物流、旅游、文化暨创意、健康养老等现代服务业；在农业发展方面，应积极推动农业互动合作，加快发展高效生态农业，提升产业化经营水平，构建区域共享的农业服务体系，共建现代农业示范基地。②

（二）完善互联互通的交通设施

1. 构建区域之间联系密切的铁路交通运输网络

建设覆盖广泛、功能完善、运输服务一体高效的铁路交通运输网络

① 《昌九一体化发展规划（2013～2020年）》。

② 《引擎发力互补对接》，《江西日报》2014年7月27日。

对于加强环鄱阳湖城市群与外部的经济联系、促进内部地区间协调发展、打造一体化的经济体系具有十分重要的意义。首先，加快“三横四纵两联”快速铁路网的建设。“三横”是沪昆客专通道、南沿江客专通道（武九城际－合九客专/预留池九客专）、昌景黄客专－南昌－奉新－修水/上栗城际通道；“四纵”是京九客专通道、京福客专通道、向莆铁路通道、渝长厦快速铁路通道；“两联”是安庆－景德镇－鹰潭－南城快速铁路联线、九景衢快速铁路联线。其次，打造“四横五纵”普通铁路网建设；“四横”分别为武九线/铜九线、常岳九线、浙赣线、吉安－资溪－武夷山线四条横向铁路；“五纵”分别为咸宜井线、蒙西至华中重载铁路、京九线、合九线、皖赣线/鹰厦线五条纵向铁路。再次，为加强南昌与武汉、长沙之间的经济联系，建设南昌－奉新－修水－咸宁城际和南昌－奉新－上栗－浏阳城际铁路，促进长江中游城市群联动发展。最后，为促进环鄱阳湖城市群内部各地区的联系，建立以南昌为核心的“一环八射两联通”的城际轨道网。“一环”就是环鄱阳湖城际铁路；“八射”是以南昌为中心，向九江方向、奉新－修水方向、奉新－上栗方向、高安方向、丰城－樟树方向、抚州方向、鹰潭－上饶方向、景德镇方向等四周放射的城际铁路；“两联通”分别为新余－吉安城际和景鹰铁路（开行城际班列）①。

2. 进一步加强高速公路网的建设

一方面，基于与周边省区加强交通联系的需要，加快推进南昌－上栗－长沙高速、南昌－宁都－定南高速、杭长高速（德兴－衢州段）、湖口－宿松跨长江公路、彭泽－东至高速、修水－平江高速、上饶－万年高速公路、花山界－里木高速等公路通道建设，衔接湖北武穴跨长江高速公路。另一方面，为强化都市区外围城镇之间的连通性，缓解昌九高速公路和沪昆高速公路的过境交通压力，加快昌九高速公路“四改八（车道）”工程，建成南昌大都市区西部半环高速公路。

---

① 《环鄱阳湖生态城市群规划（2015～2030）》。

3. 进一步完善航空运输系统

进一步强化南昌昌北国际机场作为国际门户枢纽和区域性枢纽的地位，通过增加航线数量加强与其他中心城市之间的联系；通过招商引资吸引大型物流企业在九江机场开展业务，强化九江机场的航空货运服务功能；按照航空运输规模扩张和服务升级的要求，加快景德镇机场加密与其他中心城市之间的航线，开辟面向其他国家和地区的中转型国际航线，争取国家跨境贸易电子商务服务试点；推进上饶机场建设，推动宜春机场改扩建。在抚州－鹰潭之间，新建抚州赣东南机场，以利于推动廉价航空与旅游业发展。在鹰潭、萍乡、鄱阳县和共青城适时推进通用机场建设。

4. 完善内河航运体系

一方面，加快推进长江－赣江“三横一纵”高等级航道网建设。“三横”分别为长江九江段、信江、赣江东河航道，“一纵”为赣江航道。形成江西省干支通畅、江海直达的内河水运体系，融入长江黄金水道。另一方面，整合九江港现有的港区，规划建设南昌新港六大港区，积极推进环鄱阳湖城市群内内河港口的扩能与升级改造，强化以九江港为龙头的现代港口群的运输、中转和商业服务的功能。

（三）促进都市区、城镇群紧凑高效发展

推动都市区、城镇群紧凑高效发展的基础是强化综合交通枢纽体系建设。要以南昌大都市核心区、九江都市核心区、信江河谷城镇群、新宜萍城镇群运输体系建设为契机，强化南昌与九江作为全国性综合交通枢纽的功能，共同构筑联动长珠闽和长江中游地区的综合交通枢纽。上饶是具有跨省辐射作用的一个全国性综合交通枢纽，应着力提升上饶的综合交通枢纽功能，强化与长三角城市群的联动发展。除了重点建设南昌、九江、上饶三个跨省全国性综合交通枢纽外，还须建设4个区域性综合交通枢纽，分别为景德镇－婺源（组合型）、新余－宜春－萍乡（组合型）、鹰潭、抚州－南城（组合型），分别服务于赣东北、赣西地区与赣东南地区。

都市核心区和城镇群的中心城区一般具有区位优势良好、要素和产业集

聚度高、创新能力强的特点，充分发挥都市核心区和城镇群中心城区要素和产业的集聚和辐射功能，带动处于区域腹地的县城、镇、中心村社区发挥自身优势，与都市核心区和城镇群中心城区形成要素自由流动、产业分工合理、经济联系密切的城乡一体化发展格局，是实现都市区、城镇群中心城区与周围城镇群节约空间用地、高效发展的重要途径。

在城市土地资源、空间资源集约利用的基础上，按照产业与城市功能融合、整合的要求，充分利用都市区和城镇群内要素集中、产业集聚带来的外部经济，根据“政府引导、社会参与、市场运作”的运行模式，采取“一区多园”的建设思路，把大型产业园区、研发基地、物流园区、农林产业基地等在都市区和城镇群内统筹布局，形成上下游分工合理、社会成本节约、集聚经济效应显著的产城融合区。

在都市区和城镇群内实施公共服务一体化建设。统筹布局上游城镇排污口与下游城镇取水口，严格限制排污口设置审批，保护水源地用水安全，协调推进地区间给排水系统一体化建设；适时推进通信、电力、环卫等设施体系建设；加强生态环境监管，建立地区间生态环境协同保护机制。

（四）创新跨区域协同发展机制

创新跨区域行政管理体制和机制。在省发改委的协调下，环鄱阳湖城市群的次区域之间创新合作的组织和机制，具体可以效仿长三角地区的实践经验，采取“三级运作、统分结合、务实高效”的区域合作机制框架组织、协调、处理大都市区和城市群之间的协调发展问题。区域合作机制框架包括决策、协调和执行等三个层面。决策层为“环鄱阳湖城市群主要领导座谈会”，每年召开一次，由次区域主要领导参加，主要决策关系区域发展的重大事项，是最高层次的联合协调机制。协调层为“环鄱阳湖城市群地区合作与发展联席会议”，主要由次区域主要领导座谈会轮值顺序轮流承办，主要任务是落实领导座谈会部署，协调推进区域重大合作事项。执行层包括“联席会议办公室”“重点合作专题组”，以及“环鄱阳湖城市群经济协调会（城市经济合作组）”，具体推动环鄱阳湖城市群区域合作工作[1]。

探索环鄱阳湖城市群次区域市场化合作新模式。通过跨区域行政管理体制改革，打破地区间的行政壁垒，发挥市场在资源配置中的决定性作用，让资金、劳动力、技术等生产要素在更大范围内实现优化配置，形成统一开放的要素市场。坚持政府引导、市场主导的运作方式，各大都市区和城镇群应在立足自身的功能地位和战略布局的基础上，发挥产业技术联盟等新型社会组织对资源的整合优势，开展地区间的技术研发、组织项目、设立分支机构等合作，在产业链和价值链上形成对接和配套，推动次区域间产业的协作分工和有效衔接。

① 刘西忠：《跨区域城市发展的协调与治理机制》，《南京社会科学》2014 年第 5 期。

B.13

通平修次区域合作示范区现状、问题与发展建议*

刘章生　宋德勇　李东方**

摘　要：　建设通平修次区域合作示范区是实现区域脱贫的新动力，也是推动长江中游城市群一体化发展的重要内容，有助于实现中部绿色崛起，可为国内次区域合作建设提供积极示范。本文在分析合作示范区发展现状的基础上，剖析其面临的问题与挑战，并基于全面深化基础设施、产业布局、商贸市场、文化旅游和生态环保一体化发展理念，提出合作区的建设思路与发展建议。

关键词：　长江中游城市群　通平修　次区域合作

一　合作示范区的现状

长江中游城市群中的湖北通城、湖南平江与江西修水三个毗邻县，在开展次区域合作方面拥有得天独厚的条件，从客观条件来看，三县“血脉相连、情同意和”，文化和地域因素是先天条件，而发展困境和目标促成了

* 根据《长江中游城市群发展规划》，湘鄂赣三省发改委签订了《通平修合作示范区建设共识》，提出将通城、平江、修水三县建设成为省际毗邻地区一体化发展先行区和示范区，通平修次区域合作示范区由此而来。

** 刘章生，博士，江西师范大学城市建设学院讲师；宋德勇，博士，华中科技大学经济学院教授，博士生导师；李东方，华中科技大学博士研究生。

“抱团取暖”、协同发展。目前，通城、平江和修水初步达成“规划引领、生态优先、开放合作、改革创新”的合作共识，在基础设施共建、医疗服务共保和开展多规合一行动等方面取得了显著成效。

（一）合作基础

1. 社会文化相融

首先，合作区内共同受到楚文化的影响：从历史上看，通城在周朝时属于楚国，其方言即起源于古楚语，长久以来受到楚文化的影响；平江县则处于汨水和罗水的上游位置，作为湘楚文化代表之一的汨罗江贯穿全境，平江也因此被誉为“蓝墨水的上游”；修水在古代被称为宁州，地处九岭山脉和幕阜山脉之间，由于东西连接楚国和吴国，因此有“吴头楚尾”的美誉，又被称为“吴楚形胜”。其次，三县近代同属于红色革命老区，通城黄袍山是全国第一个红色县级政权成立之地，秋收起义的罗荣桓等人率先在此点燃秋收起义的烽火；平江也是全国著名的革命老区，1928 年南昌起义和秋收起义之后，彭德怀等人领导的平江起义在天岳书院爆发，起义军占领了平江县城并建立了临时苏维埃政府，同时创建了中国工农红军第五军，开辟了湘鄂赣革命根据地，此后作为湖南省爱国主义教育示范基地平江起义纪念馆也是因此建立；修水与平江相邻，是著名的革命老区，也是秋收起义的重要策源地。此外，修水制作了工农革命军第一面军旗。目前分布在修水的红色革命遗址遗迹有 60 余处，包括秋收起义修水纪念馆，该纪念馆被授为全国爱国主义教育基地。最后，三县同属幕阜山脉范围，从古至今就有密切的商贸往来和文化交流，在地方风俗、方言饮食等方面的交汇明显，例如，通城的方言是湘语和赣语的混合体，三地的历史、文化和经济相互融合，具备开展区域合作的良好基础。

2. 地域一脉相连

通城、平江、修水三县位居鄂湘赣三省交界处，是长江中游城市群的地理核心板块，具有融入长江经济带建设的独特优势，长久以来，三县在生态保护、基础设施互联互通、文化旅游共同开发、毗邻地区市场建设等方面合作空间广阔。更有幕阜山脉贯穿全域，在围绕幕阜山自然资源、矿产资源与旅游资源的开发过程中，三县的社会经济文化联结变得更为紧密。建设通城－平江－修水合作示范区有利于加快三大城市群建设衔接，也有利于探索省级毗邻地区发展先行示范经验。

3. 面临困难相似

通城是省级贫困县，平江与修水为国家级贫困县，合作区内三县经济发展水平滞后。从整体上看，三县发展阶段相近，面临困难相似，集中体现在基础设施和产业体系等方面。首先，从基础设施建设来看。通城、平江、修水三地都是革命老区县，也是有名的山区县、贫困县、重点生态功能县，三县交通区位劣势明显，水、电、路、通信等基础设施有待改善，县内公路等级普遍低，与省会城市缺乏高等级公路和高等级铁路直接相连，缺乏交通优势，全面小康社会建设、生态文明建设任重道远。其次，从产业发展情形来看。目前三县产业基础比较薄弱，经济结构单一，除通城外，修水与平江的龙头企业带动力有限，规模化生产水平不高、科技含量低导致产业转型升级难度大，进而使经济总量小，地方财力不足，在一定程度上制约了产业扩张速度，影响了县域和区域经济发展。而且由于行政区域划分，三县难以形成产业集群效应，除同质化竞争情形外，通平修三地在产业上的交流较少。总体而言，在经济总量和社会发展方面，三县不仅在各省，而且在各市均处于相对落后位置，创新合作、迅速脱贫、跨越式发展，已成为合建次区域的主要动力。最后，从自然条件基础来看，由于通平修合作区位于丘陵山区地带，极易遭到暴雨、山洪、干旱、低温等恶劣天气的侵袭影响。山体滑坡、泥石流、洄水淤积等地质灾害频繁，自然灾害引发的致贫、返贫现象突出。开展区域合作、联合消除灾害隐患是三县人民的共同愿景。

4. 发展目标相同

从短期来看，合作区共同面临加快经济增长、完成脱贫致富的目标，在三县的“十三五”规划中，分别制定了高于全国经济增速的目标，这也意味着必须通过三县的合作共同实现。

从长期政策来看，三县发展目标也保持一致。国家《国民经济和社会发

表1 通城、平江与修水“十三五”主要发展指标对比

单位：%

指标名称	通城	平江	修水
	年均增长目标		
地区生产总值增长率	10	10	11
财政收入增长率	12	10	10
规模以上工业增加值增长率	8.8	10	11
固定资产投资增长率	14	14	17
城镇居民可支配收入增长率	8.5	10	11
农村居民可支配收入增长率	10	9	13

资料来源：通城年鉴，平江年鉴，修水县政府工作报告。

展第十三个五年规划纲要》指出，“支持革命老区开发建设，积极支持沂蒙、湘鄂赣、太行、海陆丰等欠发达革命老区加快发展。加快交通、水利、能源、通信等基础设施建设，大幅提升基本公共服务水平，加大生态建设和保护力度”，《长江中游城市群规划》明确提出“鼓励和支持通城、平江、修水建设次区域合作示范区，共同加强幕阜山生态保护，全面深化基础设施、产业布局、商贸市场、文化旅游和生态环保一体化发展”，建立合作示范区，实现革命老区跨越式发展，是通平修三县共同的政策目标。

（二）合作成就

1. 合作机制已成雏形

以规划先行，通过共同签订《“通平修”共建长江中游城市群次区域合作示范区框架协议》和示范区交通、旅游合作备忘录，通城、平江和修水初步拟定了《通平修次区域合作示范区建设总体规划》。在这一合作共识的指导下，三县将致力于打造互联互通的交通枢纽网，建设生态文明示范区和重点生态功能区，携手开发幕阜山旅游资源，共同发展绿色产业，互促互推开展精准扶贫事业，立足“长江中游城市群‘通平修’次区域合作示范区”的定位，为全国省际边界地区经济合作提供宝贵经验和积极示范。

2. 医疗合作已见成效

2016年三县社会保障和医疗卫生支出分别增长14.16%和8.96%，共同支持解决了“养老难、看病难”等一批民生问题。改扩建中心卫生院、乡村卫生室以及配套妇幼保健院，建立健全了示范区内医疗卫生合作的医疗机构体系，形成以通城县人民医院为中心，以其他两县人民医院为两翼，包括以中医院、妇幼保健院为主体涵盖各乡镇卫生医疗服务站的医疗基础设施网络。进一步发挥合作区内丰富中药资源与中药文化优势，大力推进环幕阜山中国医疗旅游试验区建设，推广集中医药健康旅游示范产品以及养生、养老、养学于一体的老年旅游产品，积极发展通城中医药健康旅游与老年旅游。推动环幕阜山中国医疗旅游试验区项目的建设，建设“国家康养旅游示范基地”。

3. 多规合一已经启动

目前，通城、平江与修水城乡已陆续启动多规合一行动，城乡总体规划（修改）暨多规合一编制服务项目以公开招标的方式进行采购，确保城镇、村庄、景区等规划与合作区总体规划结合，实行“一份办事指南、一张申请表单、一套申报材料、完成多项审批”的运作模式。根据合作共识，在建设次区域合作示范区的过程中，不仅要加强顶层设计，规划先行，而且要保证规划兼具科学性、可持续性和可操作性，全面推进各领域的对接合作，包括生态文明、产业发展、基础设施、市场建设和公共服务等方面的合作。

二　合作示范区面临的问题

（一）内部困境

1. 经济发展相对滞后

通城、平江、修水三县均属于革命老区县、贫困县、山区县、重点生态功能区。近年来，三县各项经济指标均获得相应发展，综合实力有所提升，但整体经济发展相对滞后，三县在各省市发展中均处于落后位置，经济建设任重道远。

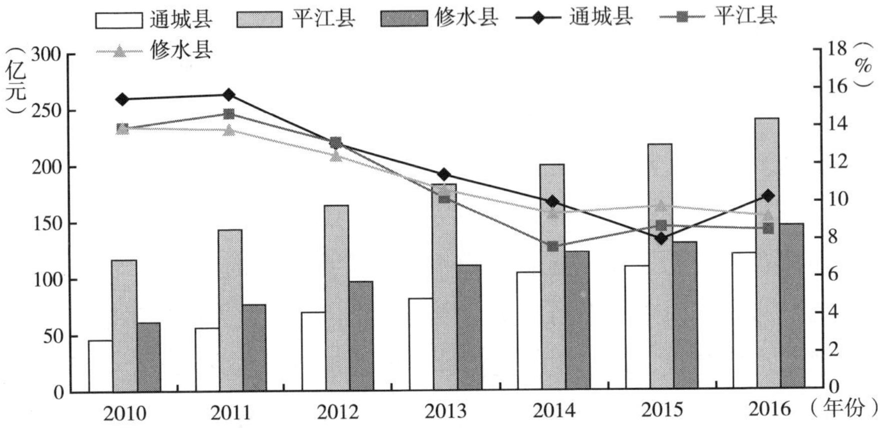

图1　2010～2016年通平修三县GDP总量及增速

资料来源：通城年鉴，平江年鉴，修水县政府工作报告。

首先，经济基础薄弱。由图1可知，截至2016年，通城县地区生产总值为114.95亿元，占咸宁市生产总值的10.38%，位居全市第四，占长江中游城市群的0.1%，人均生产总值27766元，位于湖北省第Ⅲ类县的第11位，远低于55412.49元的全国平均水平；平江县地区生产总值239.09亿元，占岳阳市生产总值的7.7%，占长江中游城市群生产总值的0.3%，城镇、农村居民人均可支配收入分别为20148元、7994元；修水县地区生产总值为145.45亿元，占九江市的6.9%，占长江中游城市群的0.2%，人均生产总值19263元，远低于全国人均生产总值。其次，发展差距较大，增长速度放缓。同时由于地理位置、历史文化等因素的限制，三县经济发展差距均较大。由图1可知，2010～2016年通城、平江、修水三县地区生产总值增速均呈现放缓趋势，截至2016年，三县GDP增速在7%～9%波动。最后，财政收入增长缓慢。2016年通城县地方公共财政预算收入为6.7亿元，增长9.8%。平江县全年完成财政总收入11.54亿元，同比增长11.8%，地方一般预算收入为7.6亿元，同比增长11.6%，完成税收总额8.6亿元，同比增长8.2%，下降幅度约为2%。修水县全年财政总收入21.79亿元，同比下降5.9个百分点，其中地方财政收入约为17.03亿元，实现税收收入

18.48 亿元，同比下降 6.6%。

2. 基础设施欠账严重

通城、平江、修水三县位于湘赣鄂省际边界地带，形成了我国中部黄金三角区域，但由于地处山区，水、电、通信、教育等多项公共基础设施建设相对滞后，欠账严重。特别是，交通道路网络尚未形成，公路等级较低。通城县全县公路里程约为 1245 公里，公路密度为 1.085，其中国道 70.62 公里，乡村道路 680 公里，全县高级、次高级公路 118 公里。截至 2016 年，平江县人均道路面积为 17.99 平方米，县乡道路经常性损坏，少有标准的完好道路。其次，教育、文化等领域公共服务设施严重滞后，博物馆、科技馆等公共设施建设“欠账”严重①。

3. 扶贫攻坚任务艰巨

通城县是幕阜山连片特困地区、扶贫攻坚重点县，平江县、修水县两县均属于国家级贫困县，脱贫任务异常艰巨。首先，贫困时间较长，贫困人口较多，贫困程度较深。通城、平江、修水三县受地理位置、历史条件等因素的制约，社会经济发展面临的主要矛盾和深层次的问题仍突出，产业结构调整和转型升级阻力较大，整体脱贫任务艰巨。2016 年，通城县全县农村居民可支配收入 12544 元，低于全国平均水平，贫困发生率高达 27.4%，居咸宁市第一，扶贫开发工作任务十分艰巨。1986 年，平江县被国务院列为全国重点扶持贫困县，因此贫困问题由来已久，目前尚存在包括尧塘村等在内的 191 个贫困村、8.04 万名贫困对象还未脱贫。为此，平江县政府积极探索行业扶贫道路，出台了一系列行业扶贫规划方案，整合县直职能单位力量，集中涉农资金优先贫困村。此外平江县成立了基层组织与公共服务工作组、产业发展工作组等 13 个行业扶贫工作组，出台具体帮扶措施 200 多项，涵盖基础设施建设、产业扶贫、政策兜底、教育扶贫等方面，让扶贫“滴灌式”真正落到实处，深入到户，明确到人。1994 年，修水县被纳入国家级贫困县的范畴，在 2002 年成为国家扶贫开发工作重点县，2011 年被划入

① 《通城年鉴》《平江年鉴》《修水政府工作报告》。

省定特困片区县。2011～2014 年，全县贫困人口由 17.78 万人减少到 10.59 万人，农民人均纯收入由 3615 元提高到 5547 元，但仍低于全国平均水平。目前修水县脱贫步伐日益加快，2016 年全县 30 个贫困村退出，9525 户贫困户、29103 人成功按期脱贫，形成了精准扶贫、精准脱贫“事事有人管、户户有人帮、人人结对扶”的工作格局。其次，返贫现象突出。通城、平江、修水三县均处于山地、丘陵地区，极易遭受暴雨、山洪、干旱、低温等恶劣天气的严重侵袭。特别是山体滑坡、泥石流等地质灾害频发，居民因灾致贫、返贫现象较为严重。

表 2　2015 年通平修三县贫困情况

统计指标	通城县	平江县	修水县
行政面积(平方公里)	1140	4125	4504
总人口(万人)	51	110.07	87
建档立卡贫困村个数(个)	42	191	—
贫困户户数(户)	24090	24000	24400
贫困总人口(人)	69996	80400	82700

资料来源：通城、平江、修水县政府工作报告。

4. 产业结构亟须调整

近年来，通城、平江、修水三县产业结构存在突出的问题，城乡差距日益扩大，并对未来发展形成制约，转变经济发展方式，调整产业结构，切实提高经济发展质量，破解贫困困境，成为推动经济发展的主要推力。三县产业结构主要存在以下几个方面的问题。首先，产业结构不协调。2016 年通城县三次产业比重分别为 21.1∶41.8∶37.1，第一产业、第三产业比重较低，而相比来看第二产业依旧成为区域支柱性产业。其中，第一产业、第二产业地区生产总值分别约为 24.29 亿元、48.09 亿元，相应增幅分别为 3.8%、6.2%，高新技术产业增加值为 17.26 亿元，旅游业总收入为 17 亿元，同比增长 17.1%，占全市水平的 7%；平江县三次产业比重为 19.4∶44.8∶35.8，第一产业比重严重偏低，第三产业仍具有较大提升潜力；修水县三次产业比重为 13.4∶48.9∶37.7，第一产业、第三产业比重相对偏低，第二产业仍占据核心地位。其次，现代农业发展相对缓慢。通城县茶叶、中药材等优势农业发展缓慢，农业基础设施欠缺，农业发展尚未形成规模，具有强带动作用的农业产业化龙头企业相对较少。最后，第三产业潜力尚未充分挖掘。通城、平江、修水三县文化旅游资源丰富，但由于景观特色单一、人文景点过于分散、旅游产品结构不合理、交通基础设施不完善等问题的制约，旅游业发展仍具有较强的发展潜力，作用尚未充分发挥。

5. 边贸市场有待规范

得益于地缘优势，通城、平江、修水三县边贸市场由来已久，边贸潜力巨大，但也存在些许因素制约边贸发展，边贸市场有待规范。首先，恶性竞争异常激烈。在边贸市场优越的地理位置、文化历史等条件的吸引下，大量企业涌入，边贸市场获得快速发展，但与此同时，由于企业品牌战略意识的欠缺，企业尚未形成正确的经营策略，难以设计出适合边贸市场特点的多样化产品，产品雷同现象严重，恶性“价格战”较为普遍，边贸市场秩序有待规范。其次，产品质量尚未形成统一标准。边贸市场发展迅速的同时由于监管体系尚未健全，因此，企业产品质量水平参差不齐，还未形成统一的质量标准。

（二）外部挑战

湘鄂赣三省毗邻地区各县市在地理区位、发展基础、资源环境等方面县情相近。近年来，各县市共同发展，在合作示范区的建设上由于地理区位等因素所面临的外部挑战也是相似的，我们从以下四个方面加以说明。

1. 宏观经济增速放缓

在当前我国经济进入新常态的大背景下，投资、消费等传统增长动力的作用逐渐下降，传统产业正面临日益严峻的产能过剩、劳动力和资源环境约束等问题，“十三五”期间经济增长的驱动方式实现转换，产业结构转型升级，将是通平修次区域合作发展的重要挑战。

2. 大城市产生的“虹吸效应”明显

长江中游城市群包括武汉城市圈、长株潭城市群、环鄱阳湖城市群，分别是以武汉、长沙、南昌三大城市为中心所形成的特大城市群组合。在这些特大型城市群中，特别是中心城市因为在医疗、教育、基础设施等资源上高度聚集，往往会产生“虹吸效应”：三、四线小城市的人才和资金不断流向大城市。通平修合作示范区地处湘鄂赣三省毗邻地区，在建设发展过程中将面临武汉城市圈、长株潭城市群、环鄱阳湖城市群所带来的强大“虹吸效应”。

3. 生态任务不断加码

随着国家生态文明建设的推进，生态环境保护成为地方政府的重要任务。在《长江中游城市群规划》中提出要“构建以幕阜山和罗霄山为主体，以沿江、沿湖和主要交通轴线绿色廊道为纽带的城市群生态屏障，建设城市群‘绿心’”。这样在城市群之间进行的“绿心”建设将对示范区内的产业开发提出了更严格的要求和标准：节能减排将更加严格，产业布局将增加约束，资源开发将添加制约等。

4. 行政体制亟待梳理

在合作示范区的建设上，通城、平江、修水三县分别属于鄂湘赣三省，如果无法梳理行政体制，示范区的建设过程中将面临沟通成本和执行效率的巨大挑战。具体表现为联席会议制度的稳定性、联动审批机制的有效性、区域合作系统的灵活性、合作交流机制的长期性等。

三　建设思路与发展建议

（一）创新区域合作思路

1. 携手构建“双创”平台

当前，通平修地区虽然在创新创业方面步伐不断加快，但仍存在平台支撑不足、核心技术薄弱、应用水平不高、激励机制亟须完善等问题。因此，要积极搭建支撑制造业转型升级的各类互联网平台，充分汇聚整合制造企业、互联网企业等“双创”力量和资源，带动技术产品、组织管理、经营机制、销售理念和模式等创新。积极筹建“返乡创业园”，鼓励基础电信企业、大型互联网企业、制造企业、高等学校和科研院所建设或合作建设面向中小企业的互联网“双创”平台，营造大中小企业合作共赢、优势互补的“双创”生态链。以区域创新型企业孵化基地建设为突破点，通过配套政策支持、创业中介服务、高校人才合作等，为初始“双创”团队和创业人员提供创业指导、信息咨询、投融资交易等全方位服务。

2. 共推绿色技术创新

传统技术创新，是一种以经济效益为核心的创新导向，而忽略了技术本身对生态和社会等方面的影响，而绿色技术创新则将经济、生态和社会效益共同置于评价范围内，也符合人类社会的可持续发展理念。但通城、平江、修水三县初始经济发展水平较低，绿色技术创新激励政策不健全，各类要素资源明显不足，也制约着该地区绿色技术创新效率的提高。实施区域绿色技术创新驱动发展战略，从表层来说应该进一步完善财政和税收政策，增强政策激励；从中层来说，需要建立完善的绿色技术投资体系、人才体系和金融服务体系；从深层来说，需要培育发展新动力，拓宽发展新空间，使创新成为引领发展的第一动力。

3. 建立区域联动机制

以区域多边生态环境防控平台为依托，对域内环境风险事件采取规划引领、监测推动、防治一体的合作模式，形成“共保、共防、共治、共建、共享”的跨区域联动机制。推进通城、平江、修水三县次区域合作示范区建设，以交通和文化旅游为切入点，推动生态保护、基础设施建设、文化旅游、绿色产业、边贸市场、城乡发展、社会民生等全方位、多层次、有重点合作。积极探索建设区域合作治理新模式，以体制机制创新为动力，拓宽区域合作纵深，打造国家创新高地，建设“组织协调，市场运营，开放平台”三位一体的协同机制。

4. 联创对外开放平台

积极融入“一带一路”建设，深化实施“请进来，走出去”战略，全面融入长江中游城市群和长江经济带，加强同周边区域合作，提升开放水平，推动与京津冀、珠三角合作，扩大协作范围，提升协作领域，深化研究层次。以做强支柱产业为基础，加快产业升级转型，培育发展新兴产业，大力发展现代服务业，从等待辐射到主动融城，找到自身发展特色与定位，与整个区域实现产业联通。

（二）合力开展生态保护

1. 落实区域主体功能定位

根据三县自然环境状况、生态资源条件、生态承载力、经济基础条件等，加快推进区域生态保护与建设规划编制与实施，建立和完善生态保护与建设的投入机制，加快出台水土保持、植被保护、生态环境修复与保护等方面政策，进一步提高生态环境质量。加强生态环境变化过程监测，构建生态环境监测网络体系，为生态环境与环境保护提供决策依据。开展矿区土壤污染治理与修复，石漠化综合治理和崩岗治理，积极推进通城矿区植被恢复与生态治理工程、平江三阳乡矿区生态环境保护与恢复工程、修水四都大理石采矿区生态修复工程。

2. 强化环境污染协同治理

完善通平修地区负面清单产业特别管理措施，建立市场退出机制和污染防治区域联动机制，严禁高耗能、高污染项目进入。充分利用工业上游企业与下游企业之间的承接关系，积极建立跨区域联动的工业园循环经济体系，形成企业间、园区间资源循环利用产业链。转变资源利用方式，强化资源节约意识，切实加强污染防治，进一步降低单位 GDP 能耗，减少工业废弃物排放。加强对汨罗江、修水河、陆水河及其支流的污染治理，加快对黄金溪、清水河、钟洞河、丽江、白沙三联河、黄沙河等含铅砷底泥污染治理。

3. 完善综合防灾减灾网

以幕阜山为中心，强化应急联动机制合作，加快构建综合防灾减灾网。以区域自动气象站监测网为基础，重点建设通城气象自然灾害监测和预警预报体系、平江农作物预警区域站和观测站、修水农业气象灾害防御工程，提高自然灾害预警防范能力。加快建设通城城市防水排涝工程、修水生物防火林带等防护项目，构建各种突发公共事件应急预案、突发事件预警预报系统和应急保障体系。

4. 生态文明意识与文化培育

有针对性地开展生态文明宣传教育活动，结合地球日、环境日、世界水日、世界土地日等，在各级单位、中小学校，开展如摄影、演讲、生态知识竞赛等形式多样的活动，大力弘扬生态文化与节能环保意识。积极开展生态文明单位、学校、小区等创建活动，引导公众参与生态文明建设，努力使保护环境和爱护资源成为全社会的共同价值观和自觉行动。在积极利用电视、报纸等传统宣传工具的同时，充分发挥各类移动终端设备和社交媒体的作用，通过知识宣讲、生态主题活动等方式，努力提升全民生态文明意识水平。

（三）合作共建基础设施

1. 构筑综合交通运输网络

统筹建设合作区内铁路网络，积极促进省会城市与三县连线间的铁路互通，实现“通平修”与长江中游城市群城际铁路线对接。共建城区间互联互通的高速公路，形成通平修“一小时交通圈”。布局延伸合作区内高速路网，交汇外部通道，融入大广、武深及京珠等高速交通体系，形成武汉－长沙－南昌“两小时交通圈”。以环幕阜山旅游公路建设为核心，共同推进景区公路提质改造，加快共建湘鄂赣大循环交通网络，实施对通城、平江和修水县区的主干公路、县道以及乡道的全面绿化提质改造工程。加快推进通城与修水通勤机场建设。畅通乡村路网，以乡镇为重点，重点围绕交界地区，同步改造现有行政村公路。

2. 积极推进信息基础设施共建共享

统筹规划信息基础设施建设管理，加快完成以管道、基站等为主的信息通信基础设施空间布局规划，对接城乡建设、土地利用等各类总体规划和控制性详细规划，从源头上解决基站选址难、管线铺设难问题。积极推进信息基础设施共建共享，加强统筹协调，促进业务融合，避免重复建设，不断提高信息基础设施的利用率、综合服务功能和应用服务水平。加大信息基础设施保护力度，建立完善信息基础设施安全防护体系，加强信息基础设施的日常维护；制定通信分级应急方案，增强应对信息通信网络突发事件的能力。

3. 共建水利基础设施体系

共推流域河道综合治理，加强对流域内生态补偿机制，开展对汨罗沿线、修河沿线与隽水河沿线的综合治理工作。共建饮水基础设施，打破乡村供水行政边界，以乡镇水厂为供水中心辐射周边村组，推进跨行政区集中供水。共促水库加固工程，联合开展地形测量和地质勘查工作，沿隽水河、汨罗及修河流域，科学兴建水利设施。共兴农田水利建设，共同开展小型农田水利设施建设，完善农田及灌排工程设施，提高抗御自然灾害能力。

4. 加强能源保障体系建设

根据现有的资源禀赋和比较优势，大力发展绿色能源，积极有序开展风力发电和光伏发电，有效利用农村各类生物质能。坚持政府引导与市场调节相结合，共同探明区内能源资源储备，着重加大对通城县非金属矿产、平江县沉积矿及修水县金属矿产的开发利用比例，加快页岩气资源等新能源的开发步伐。在保证可持续发展的前提下，制订长远开采规划，实现能源资源共享。

（四）协同开发文化旅游

1. 明确发展目标，加速推进合作

文化旅游协同是通平修次区域协同发展的重要组成部分。通平修次区域历史上均受楚文化浸润，人文底蕴与民俗氛围相近，近现代又同属红色革命老区，红色文化交相辉映，共同滋养三县风土人情。域内以幕阜山为共同资源，又分别有隽水河、修河和汨罗江等江河湖泊，依山傍水，旅游资源及生态环境优势明显。

加快区域内文化旅游事业的发展，首先要明确目标，要将协调合作、共同开发作为立足点与出发点，而不能拘泥于各方的利益纠葛，要放眼全局，争取做到以小利搏大利，实现共同繁荣。为此，三县政府应积极谋划，彼此加强交流与沟通，切实建立起完善有效的合作示范区联席会议制度，并按时按需召开实质性会议，共同讨论协同发展的各项事宜。此外，要尽快出台通平修次区域旅游合作的相关规划，做到规划先行，以规划引领全局，并且要在基础设施与交通运输互联互通的共识下，将道路交通作为重要考量体现在发展规划中，在旅游开发领域加速推进合作。

2. 旅游分类布局与整体开发

在总体发展上，示范区应注重打造“三色”文化旅游布局，即以近现代革命历程为代表的红色旅游，以秀丽山川自然景观为代表的绿色旅游，以及依托历史文化的蓝色旅游。围绕文化旅游主题，打造内涵深刻的文化旅游资源，构建一体化的区域旅游发展框架。不仅要完善自身旅游规划，更要发挥三县的辐射带动作用，合力打造以爱国主题教育为题材的红色旅游，以设计红色旅游精品路线、开发旅游长廊为手段，努力提升示范区红色品牌影响力。此外加快建设以黄龙山景区为核心的特色旅游区，充分利用自然旅游资源的同时，将民族传统与民俗文化融入其中，推动特色旅游商品开发，将民俗表演、文化展览、特色商品进行融合，以使纯自然景观的游览升级为现代休闲度假旅游区，培育新的消费热点。同时，要立足于三县，带动周边乡村旅游与特色城镇的发展，注重开发与培育老年旅游市场，将“康养”旅游的理念引入旅游规划，拓宽既有旅游群体的受众层面，识别不同年龄层消费者的旅游需求，促进区域旅游个性化、特色化发展，以此来提升区域旅游核心竞争力。在项目建设上，一方面完善现有旅游景区的景点建设与规划管理，做精做细现有旅游文化产业，同时积极推动域内景区、自然保护区申请评级，在注重保护的前提下进一步扩展知名度。另一方面吸引新项目落户，运用多种投资方式共同开发，同时争取与影视传媒的合作机会，通过多种媒体平台进行宣传。

要进一步加强次区域文化旅游协同合作，就要立足于“资源整合，体制协调”，加快打造更具活力的旅游产业。在明确自身优劣势的基础上，共同实现发展规划、管理制度、信息服务平台、服务监管方面的“四个统一”。在景区建设方面引入多重投资渠道，以旅游道路互联为基础，共同探讨精品路线，深掘文化内涵，起到文化与旅游的联动作用。同时利用示范区内三色（红色、绿色、蓝色）旅游资源，积极探索休闲产业、生态旅游与农业观光的共同开发路径，实现扶贫工作与旅游创收的完美结合。

（五）协同发展绿色产业

1. 发展现代农业与特色农产品

在生态文明建设的大背景下，产业结构升级并且向着“绿色”目标发展是当前各产业转型的要求。在此过程中，要明确以农业为根基的地位，保持耕地面积不退缩，保证粮食安全，加快建设主要粮食作物示范园区。以各县资源禀赋为依托，注重发展农业特色板块，在油茶、茶叶、果蔬、药材等特色领域做大品牌效应，尤其关注以通城黄袍山油茶产业园为代表的油茶产业以及以“宁红茶”为代表的茶叶产业，全力提升生产能力与影响能力，进行基地化建设与培育。三县政府应促进农业机械化与标准农田建设，以多种方式鼓励农民参与农业现代化经营管理，加大强农惠农富农力度，提升农业专业化与规模化程度。

2. 促进绿色工业产业建设

在推进农业现代化的同时，更要关注工业绿色化，共建区域绿色产业集群。以豆制品为主，以乳、茶制品为补充形成绿色食品体系，以通城豆制品、平江面筋、修水“盐津铺子”等现有品牌为依托，不断扩大休闲食品市场占有率，打造休闲食品之乡，使绿色食品逐渐成长为支柱型产业，成为区域经济增长的带动点。以涂附磨具生产项目和云母新材料为重点，进行新材料产业的建设，共同研发新技术，延长区域内产业链。以上下游产业对接为目标，构建华中地区电子信息产业基地，扶持企业上市。以中药材种植与研发转化为重点，加快生物医药产业的形成与销售平台的建设。以淘汰落后产能为目标，提升装备制造产业整体能力。以矿产资源整合为目的，集约化管理矿产品加工业，推进企业重组上市。

3. 发挥电子商务的联结作用

电子商务作为绿色产业的新兴部分，随着“互联网+”的普及以及物流环节的便利化，电子商务的发展动能与联结作用有了量的提升与质的飞跃，尤其在与其他产业的融合方面更是发挥了巨大的作用。因此，在通平修次区域内进行绿色工业的探索，要注意发挥电子商务的联结作用，推动电子商务与域内农业、制造业和服务业的深度融合，将线下资源与线上平台整合，推进电子商务创业园区的建设，继续招商引资吸引电商企业落户，在各级村镇培养电商专业人才以保证电商发展的顺利推进。

要协调发展绿色产业，就要按照“市场主导、引领发展、重点突破”三大原则的要求，以区域产业为载体，充分发挥示范区资源禀赋优势，做大做强主导型产业与龙头产业。共同推进产业园区建设以及重大项目落户，不仅要共造全国特色农产品基地，也要共建绿色工业集群，在促进现有制造业、矿业升级转型的同时，重点培育电子信息、生物医药、食品等新型产业的发展与壮大，共同创造区域绿色产业新体系。此外，在产业布局与市场推进中建立利益协调机制，在资源开发、企业协作、科技创新、品牌建设、市场拓展、管理提升等方面实现产业协同发展，共树产业协同发展新典范。

（六）协力共兴边贸市场

通平修次区域内应建立活跃的边贸市场，大力发展商贸服务业，加快各类商贸专业市场的建立。一方面依托现代农业的稳步发展，改良绿色农产品基础设施建设，在农产品流通与零售方面加快配套设施的完善，改造升级现有农贸市场与集散中心，引导跨区域综合农贸市场的建立。另一方面拓展中医药、茶产品等特色市场，以中医药龙头企业为核心，搭建现代中医药生产、交易、流通、服务平台，使中医药产业蓬勃发展并加快向市场推进。以特色茶文化为产业切入点，将茶品、茶文化、茶旅游等项目一体化，带动茶文化体验馆、茶文化庄园等项目的建设，共同打造茶文化产业大市场。此外，加快建设新型商贸市场，在县域内以实现专业化、规模化、品牌化的商贸流通产业为目标，建设一批商业集聚区、商业综合体、特色商业街区，并与特色工业相结合，利用陶瓷与石膏生产优势，就地打造品牌家居建材专业市场，同时引进家居行业知名品牌，构建包括卫浴、灯具、地板、五金水暖等建材家居在内的商业综合体模式。建设商品零售批发及家具建材等项目，不仅能满足人们的日常消费，而且能提升贸易便利化水平。同时与电子商务的快速发展相配套，从物流环节入手，优化物流网络空间布局，建设物流平台聚集区，完善示范区内贸流通体系，将次区域打造成商贸流通中心。

加快边贸市场建设，要注重商贸核心区的形成，完善边贸市场服务体系，促进边贸市场发展转型升级，不断提升示范区贸易便利化水平，构建通平修地区以大的市场体量、高效的流通速度、大规模的商贸体系为特色的贸易格局。

（七）协作统筹城乡发展

坚持走智慧发展道路，提高区域内城镇及乡村信息化水平，协作统筹城乡发展。充分发挥中心城区辐射带动作用，加大对样板村及示范村投资力度，共兴宜居型新乡村。发挥规划引领作用，共促城乡协调发展，推动通平修次区域城镇化水平进一步提升。

1. 加强基础设施建设，协作统筹城乡发展

协作统筹城乡发展，促进基础设施建设网络化。大力实施农业产业区、景区旅游点、山林林场等通道路改造工程，加大农村路网密度，加快形成以中小镇为枢纽、城乡通达便捷的县域高效交通网；加快完善水利基础设施建设，充分发挥供水、灌溉、发电、防洪等功能；全面完成农网改造，实施农村电网升级改造配网工程和农村村级农网升级改造工程，以及一系列变电站建设和扩容改造工程，优化供电网络，形成供电能力强、供电质量高的大电网格局。

2. 进一步提升城市品位，建设智慧城镇

在城镇建设方面深入开展合作，加大城镇建设管理及改造力度，推动智慧城镇建设。促进新一代信息技术在交通、安全及公共服务领域的创新应用，加快推进智慧城镇建设；充分发挥增长极的辐射带动作用，合理规划城区建设，加快中心城区提质扩容；以村镇联动形式推进示范镇建设和城乡一体化改革建设，形成多样化的城镇体系。一是加快实施智慧县域建设。合力推进“智慧通城”、“智慧平江”和“智慧修水”以及配套智慧公共平台建设，推动新型信息技术与经济社会各方面的融合，构建互联互通的信息资源价值开发利用平台，提高智慧政府建设水平和公共管理能力，共建“智慧通平修”。二是促进中心城区提质扩容。全面推进通城县重点建设新城区和旧城区改造工程，平江县城区市政建设规范化工程和“一江两岸、滨水新城”城市扩容提质，修水县城区路网建设项目和实施城区景观建设等工程。三是推进城镇体系多样化发展。采取镇村联动的模式，大力扩大中心镇、特色镇建设规模，形成辐射周边、各具特色的区域边贸集镇，实现“就地城镇化，就近市民化”。四是扎实强化新型城镇化建设。加强顶层制度设计，加大城镇规划协调力度，建立共同推进新型城镇化协调机制。全面推行流动人口居住制度，逐步建设区域间人口综合信息交换平台，合理有序推进农村人口向城市人口转变过程。

3. 进一步加强新农村建设

进一步加强合作，推进乡村建设，共建宜居型新农村。一是突出创建特色自然村。大力建设美丽乡村工程，实施村庄整治和特色农房风格修复打造、特色自然资源保护开发、特色文化资源挖掘完善、特色产业资源培育发展等项目，结合“三色”文化，以通城瑶族文化、平江县杜甫墓和修水县高峰书院等为依托，打造一批地域风貌明显的美丽村庄。推进旅游名村、产业新村、生态文明村、美丽乡村建设，助推合作区域经济发展。二是重点建设样板中心村。设立新农村建设基金和县直机关单位帮扶资金，支持一大批样板中心村建设。三是着力打造干线示范带。加强农村人居环境治理，沿干线公路村庄实施农房坡屋顶改造、农房里面墙面涂新、房前屋后空场整治、村庄绿化补植提升、沿路景观培育打造等工作，高标准、高品位完成三县的主要干线公路沿线村庄整治提升工作，全力提升乡村“宜居、宜业、宜游”水平，打造美丽乡村休闲旅游风景带。

（八）联动增进民生福祉

紧紧围绕实现全面小康目标，推进扶贫攻坚、教育文化、医疗社保、社会治理等领域全面合作，共同改善人民生活，共同增进民生福祉，打造“民生一体化，幸福通平修”的跨区域民生发展模式。

1. 抓住机遇，进一步推进精准扶贫

示范区必须紧紧把握历史机遇，全力开展精准扶贫工作。在坚持扶贫开发的同时，保证区域发展，保证在各项工作中形成“政府主导、农民主体、部门联动、社会参与”的格局。扶贫过程中要确保扶贫对象精准、扶贫项目精准、扶贫资金精准、督促检查精准、考核评价精准以及动态管理精准；打响“六大攻坚战”，即搬迁扶贫攻坚战、产业扶贫攻坚战、基础扶贫攻坚战、教育扶贫攻坚战、健康扶贫攻坚战、社保兜底扶贫攻坚战；到“十三五”期末，争取三县农村绝对贫困现象基本消除，实现创建湘鄂赣革命老区连片脱贫示范区的目标。

2. 协同推进教育文化事业发展

加强合作，协同推进教育文化事业发展。一是协同发展各类教育。促进学前教育、义务教育、普通高中教育均衡发展。创建次区域性的示范性、综合性高中，大力普及高中教育。大力发展职业教育，紧密围绕修水县职业中专（修水县技工学校）、平江职业技术学院，扩建职业教育公共实训基地，推进职业中等专业学校升格为高等职业学院，培养大批专业性强的各类人才，减轻就业压力。统筹规划特殊教育事业，大力新建老年大学场所，改善老年教育条件，整合各县党员和干部，集中建立一所大型党员干部培训学校。二是协同推进公共文化设施与服务建设。完善基础设施建设，健全服务机制。实施文艺人才、文物文博人才培养工程，打造一支高能力的文化广电新闻出版队伍。组织开展重大题材、重大项目系列创作采风活动，吸引更多的人才加入文化事业的行列。大力发展文化事业。统筹规划通平修红色旅游一体化路线，利用共享幕阜山的地理优势和特色文化，积极建设幕阜山民俗风情园工程，促进文化与旅游协同发展。加强公共体育事业发展，开展农民体育健身工程和城区体育中心工程，鼓励全民参与。三是加强文化遗产保护。加强区域内物质文化遗产保护。大力保护中共通城县苏维埃旧址、平江县南江露江山、上塔市黄泥湾抗战医院等抗战纪念遗址以及修水县秋收起义纪念馆，建立文物保护与管理中心，对区域内物质遗产进行统一管理。大力开展非物质文化遗产传承保护和传统村落的申报保护工作。在继续保护和传承示范区内重要非物质文化遗产的基础上，签订非物质文化遗产传承保护合作协议，积极对外，共同实施申报工作，健全非遗项目数据库。

3. 健全社会保险体制，提升医疗卫生水平

合作健全社会保险体制，共同提高医疗卫生服务水平。一是健全社会保险体制。实现基本保险全民覆盖，扩大基本医疗保险覆盖范围，健全和完善以基本医疗保障为主体、以其他形式为补充、覆盖城乡的合作多层次医疗保障体系，积极推进医保支付制度改革，实施住院医疗费总额控制办法。不断调整“新农合”完善补偿方案，全面推行合作区域内门诊统筹，扩大参合农民受益范围。简化和完善参合农民补偿程序和报销手续，进一步扩大相邻县市区定点医疗机构互认范围。二是推动医疗卫生资源共享。实施中心及乡镇卫生院、乡村卫生室以及配套县妇幼保健院改扩建项目，建立健全示范区内医疗卫生合作的医疗机构体系，形成以通城县人民医院为中心，以其他两县人民医院为两极，以中医院、妇幼保健院为主体涵盖各乡镇卫生医疗服务站的医疗基础设施网络。三是合作提高医疗卫生服务。依托通城县推进建设的生物医药产业园，带动合作区域内建设中药种植、中药、制剂药品、医疗器械研发、生产基地，建设现代区域性的医药物流园区和销售批发基地。共同促进“医养融合”发展，激励养老院、零售药店及各类医疗机构提供中医医疗预防保健服务。四是完善养老服务体系。完善城镇职工基本养老保险制度和城乡居民基本养老保险制度，积极推进机关事业单位养老保险制度改革。统筹规划通平修综合福利院、养老中心、互助性养老服务设施、社区日间照料中心、乡镇敬老（光荣）院等项目建设，完善养老服务设施，落实新型农村养老保险政策，逐步提高待遇标准。

参考文献

曹志耘：《湖北通城方言的语音特点》，《语言研究》2011 年第 1 期。

何敏：《回眸与重识：平江起义 80 周年祭》，《求索》2008 年第 11 期。

锺兴永、刘旖：《南方伏羲文化生成及天岳幕阜山伏羲信息遗存》，《湖南社会科学》2016 年第 5 期。

李长安、张玉芬、殷鸿福：《长江中游流域自然环境的对称性及其对区域经济发展的影响》，《长江流域资源与环境》2002 年第 11 期。

孔娜、庄士成、汤建光：《长三角区域合作：基于"合作理性"的动力分析与思考》，《经济问题探索》2012 年第 4 期。

《中华人民共和国国民经济和社会发展第十三个五年规划纲要》。

国家发展改革委：《长江中游城市群发展规划》，http：//www. ndrc. gov. cn/zcfb/zcfbtz/201504/t20150416_ 688229. html。

郝寿义、程栋：《长江经济带战略背景的区域合作机制重构》，《改革》2015 年第 3 期。

王林梅、邓玲：《我国产业结构优化升级的实证研究——以长江经济带为例》，《经济问题》2015 年第 5 期。

张智勇、杨再惠：《长江经济带区域合作的优化路径——长期视野的中短期策略》，《理论与改革》2015 年第 1 期。

Abstract

Since 〈the Development Plan of Changjiang Middle Reaches Megalopolis〉 was approved by State Council, Hubei Hunan and Jiangxi follow the strategic positioning of "One Pole and Three Zones", and make great efforts to promote the construction of Changjiang Middle Reaches Megalopolis. "One Pole" is the new growth pole of China. Since the reform and opening up, Yangtze River Delta, Pearl River Delta and Jing-jin-ji are called the three growth poles of China's economic development, but they are both in the coastal areas. Changjiang Middle Reaches Megalopolis has been decided that the first new growth pole by State Council, it can also say "the fourth pole". "Three zones" are considered as "New Urbanization Demonstration Area in the central and western China, Open and Cooperative Demonstration Area Inland, the leading zone of Two-type Society Construction".

This book consisting of three parts: General Report, Special Report andRegional report, there are 13 research reports totally. The ganeral report analyzes the overview of "One Pole and Three Zones" in Changjiang Middle Reaches Megalopolis, it consider that the development of New Urbanization Demonstration Area in the central and western China, Open and Cooperative Demonstration Area Inland, the leading zone of Two-type Society Construction, that can make Changjiang Middle Reaches Megalopolis be the green growth pole, and it can set an example for the global sustainable development. The special repaort has 6 research reports, the study included the synergetic development of Changjiang Middle Reaches Megalopolis, cities' economic power, ecological environment protection, industry development, Civil Military Integration, the going-out and so on. 6 research reports are in the reginoal reports, it focus on the experience and effectiveness of Hubei, Hunan and Jiangxi in the development of Changjiang Middle Reaches Megalopolis, and particularly it discussed the cooperation of the provincial capital and the cooperation of Tongcheng Pingjiang and Xiushuiurban agglomeration. It is because of the sustained cross regional cooperation, Changjiang Middle Reaches Megalopolis can keep the strong vitality and the great development energy, which is bringing the new progress and effectiveness in the development of Changjiang Middle Reaches Megalopolis.

Contents

Ⅰ General Report

Abstract: Since "the Development Plan of Changjiang Middle Reaches Megalopolis" was released, Hubei Hunan and Jiangxi strive to build "New Urbanization Demonstration Area in the central and western China, Open and Cooperative Demonstration Area Inland, the leading zone of Two-type Society Construction", and there are rich achievements from the three provinces. It should continue to strengthen cooperation and build the Changjiang Middle Reaches Megalopolis into green growth poles.

Keywords: Changjiang Middle Reaches Megalopolis; Hunan Hubei Jiangxi; New Growth Pole

Ⅱ Special Reports

Abstract: From the theory of Synergetic Development, based on the position of "New Urbanization Demonstration Area in the central and Western China, Open and Cooperative Demonstration Area Inland, the leading zone of

Two-type Society Construction" in the Changjiang Middle Reaches Megalopolis. Around the common probelm of three provinces which can not be solved alone, the top design for the mechanism of Synergetic developing in Changjiang Middle Reaches Megalopolis, and put forword the main works to enhance "One Pole and Three Zones" in Hubei hunan and jiangxi.

Keywords: Changjiang Middle Reaches Megalopolis; One Pole and Three Zones; Synergetic Development; Top Design

B. 3 Evalution of the Cities' Economic Power and Analysis of Influencing Factors for Changjiang Middle Reaches Megalopolis

Qin Zunwen, Huang Zhan / 051

Abstract: The cities' economic power has been quantified by using principal component analysis in Changjiang Middle Reaches Megalopolis, it analyzes the evolution rules and characteristics of urban agglomerationthrough transverse and lengthways contrast; using the panel model analysis method and regression analysis of panel data. Set up a regression model based on various economic indicators of 2005 –2015 in Changjiang Middle Reaches Megalopolis, the model analyzes the impact on the economic power from the economic base, industrial sructure, openness, financial enviroment and the input of technology education.

Keywords: Changjiang Middle Reaches Megalopolis; Ecnomic Power; Influence Factor

B. 4 Current Situation, Problems and Countermeasures of the Great Protection in Changjiang Middle Reaches Megalopolis

Chen Liyuan / 069

Abstract: Changjiang Middle Reaches Megalopolis has obviously advantages in resources and ecological construction, but it still faces many problems under the dual pressures from the economic development and the environmental protection. Hubei, Hunan and Jiangxishould work together to strengthen cooperation in the ecological protection, environmental governance, energy conservation, industrial transformation and upgrading, system construction and so on. Green hills, clear water and blue sky that will be come ture in Changjiang Middle Reaches Megalopolis.

Keywords: Changjiang Middle Reaches Megalopolis; Ecological Construction; Environmental Protection

Abstract: Based on thequantitative analysis of the manufacturing industry, there are some outstanding problems on the manufacturing agglomeration, the industrial division, the development of leading enterprises, then put forword ideas and suggestions for the development of the manufacturing cluster in Changjiang Middle Reaches Megalopolis.

Keywords: Changjiang Middle Reaches Megalopolis; Manufacturing Industry; Industriral Cluster

Abstract: There arelots of successfully experience in the development of the collaborative innocation of civilmilitaryintegration in hunan, hubei and Jiangxi, but it still has some problems on cooperation mechanism, the commercialization of research findings, talent mechanism and so on. So it should follow the relationship between the economic, national defense and technological innovation, and strengthen the innoviation of the system, the management, the technology and the culture. Build a strong foundation for the cooperation, promote the innovation of interaction between the army and the society, and in order to reach a higher level for the collaborative innovation of civilmilitaryintegration.

Keywords: Civil Military Integration; System Mechanism; Collaborative Innovation; Hunan Hubei and Jiangxi

Abstract: It shows the history and the reality between Changjiang Middle Reaches Megalopolis and the Belt and Road Initiative, and it analyzes the opportunities and challenges, then put forward the development direction of the open economic.

Keywords: Changjiang Middle Reaches Megalopolis; the Belt and Road Initiative; Open Economic Development

Ⅲ Regional Reports

Abstract: It describes the present situation and the cooperation progress of the provincial capital in Changjiang Middle Reaches Megalopolis, and put forward six suggestions for the cooperation.

Keywords: Changjiang Middle Reaches Megalopolis; Provincial Capital; Cooperation

Abstract: It analyzes the construction progress and practical difficulties, and make policy recommendations for the new inland opening pattern.

Keywords: the Great Wuhan Agglomeration; Open Economy; the Belt and Road Initiative

Abstract: Hunan is on the move in the development of Changjiang Middle Reaches Megalopolis. Hunan actively integrates the Yangtze River Economic Beltand connection with the Belt and Road Initiative. Hunan saved some new experience. Especially the Ring of Chang-Zhu-Tan Urban Agglomeration tightly hold on national development opportunities. Hunan has scored some achievements and offered the useful experience for Changjiang Middle Reaches Megalopolis.

Keywords: Changjiang Middle Reaches Megalopolis; Ring of Chang-Zhu-Tan Urban Agglomeration; Experience

Abstract: Hunan has new opportunities in the strategy of Belt and Road Initiative, it brings the new energy to Hunan. Based on the special political environment of the countries along the Belt and Road and the global economic slowdow, Hunan's enterprises may face more challenges. We need carefully analyze the situation at home and abroad, and hold the opportunities and challenges. Then take effective measures, efforts to accelerate the process of Hunan enterprises go global under the strategy of the Belt and Road Initiative.

Keywords: the Belt and Road Initiative; Hunan's Enterprises; Going-Out

Abstract: The Poyang Lake Urban Agglomeration grew out of Chang-Jiu-Jing Urban Agglomeration, it has the same range with the planning of Poyang Lake Eco-economic Zone from the State Council. Recently, the region is totally same with theJiangxi corresponding area based on the Planning of Changjiang Middle Reaches Megalopolis, and its scope is extending. This paper firstly shows the upgrading process of Poyang Lake UrbanAgglomeration, then it analyzes the seconary area of Poyang LakeUrbanAgglomeration, finally, put forward the countermeasures for the integration of Poyang Lake Urban Agglomeration.

Keywords: Poyang Lake Urban Agglomeration; Integration; Jiangxi

Abstract: It is also a new impetus to realize the integration ofChangjiang Middle Reaches Megalopolis, which will help to realize the green rise of the central region and provide a positive demonstration for the cooperation of the sub-regional cooperation. Based on the analysis of the status quo of the cooperation demonstration area, this paper analyzes the problems and challenges of the cooperation, and based on the concept of comprehensive development of the infrastructure, industrial layout, trade market, cultural tourism and eco-environmental protection, development proposals.

Keywords: Changjiang Middle Reaches Megalopolis; Tong-Ping-Xiu; Subregional Cooperation

S 子库介绍
Sub-Database Introduction

中国经济发展数据库

涵盖宏观经济、农业经济、工业经济、产业经济、财政金融、交通旅游、商业贸易、劳动经济、企业经济、房地产经济、城市经济、区域经济等领域，为用户实时了解经济运行态势、 把握经济发展规律、 洞察经济形势、 做出经济决策提供参考和依据。

中国社会发展数据库

全面整合国内外有关中国社会发展的统计数据、 深度分析报告、 专家解读和热点资讯构建而成的专业学术数据库。涉及宗教、社会、人口、政治、外交、法律、文化、教育、体育、文学艺术、医药卫生、资源环境等多个领域。

中国行业发展数据库

以中国国民经济行业分类为依据，跟踪分析国民经济各行业市场运行状况和政策导向，提供行业发展最前沿的资讯，为用户投资、从业及各种经济决策提供理论基础和实践指导。内容涵盖农业，能源与矿产业，交通运输业，制造业，金融业，房地产业，租赁和商务服务业，科学研究，环境和公共设施管理，居民服务业，教育，卫生和社会保障，文化、体育和娱乐业等 100 余个行业。

中国区域发展数据库

对特定区域内的经济、社会、文化、法治、资源环境等领域的现状与发展情况进行分析和预测。涵盖中部、西部、东北、西北等地区，长三角、珠三角、黄三角、京津冀、环渤海、合肥经济圈、长株潭城市群、关中一天水经济区、海峡经济区等区域经济体和城市圈，北京、上海、浙江、河南、陕西等 34 个省份及中国台湾地区 。

中国文化传媒数据库

包括文化事业、文化产业、宗教、群众文化、图书馆事业、博物馆事业、档案事业、语言文字、文学、历史地理、新闻传播、广播电视、出版事业、艺术、电影、娱乐等多个子库。

世界经济与国际关系数据库

以皮书系列中涉及世界经济与国际关系的研究成果为基础，全面整合国内外有关世界经济与国际关系的统计数据、深度分析报告、专家解读和热点资讯构建而成的专业学术数据库。包括世界经济、国际政治、世界文化与科技、全球性问题、国际组织与国际法、区域研究等多个子库。

法律声明